Andreas Edmüller und Judith Faessler

Verschwörungstheorien als Waffe

Wie man die Tricks der Verschwörungsgauner durchschaut und abwehrt

Dossier Verschwörungstheorie – Band 2

Andreas Edmüller und Judith Faessler

Verschwörungstheorien als Waffe

Wie man die Tricks der Verschwörungsgauner durchschaut und abwehrt

Dossier Verschwörungstheorie – Band 2

Rediroma-Verlag

Bibliografische Information der Deutschen Nationalbibliothek:
Die Deutsche Nationalbibliothek verzeichnet diese Publikation in der Deutschen Nationalbibliografie; detaillierte bibliografische Daten sind im Internet über http://portal.dnb.de abrufbar.

ISBN 978-3-98527-395-9

www.rediroma-verlag.de
16,95 Euro (D)

Inhalt

Vorwort

In **Band 1** unseres *Dossier Verschwörungstheorie* ging es um die systematische argumentative Analyse von Verschwörungstheorien. Wir plädieren aus nüchtern-wissenschaftstheoretischer Perspektive dafür, Verschwörungstheorien erst einmal ernst zu nehmen und jede für sich auf Sinnhaftigkeit und Qualität zu prüfen. Es geht um diese Leitfragen:

- Was ist eigentlich eine **Theorie**?
- Was zeichnet eine **gute Theorie** aus?
- Woran erkennt man eine **schlechte Theorie**?
- Wann haben wir es mit einer **Pseudo-Theorie** zu tun?

Das Ergebnis: Es gibt gute und zutreffende sowie schlechte und falsche Verschwörungstheorien - und Pseudo-Theorien, die nicht einmal die Mindestanforderungen erfüllen, um als Theorie zu gelten.[1]

Worum geht es in diesem Buch?

Band 2 knüpft an diese Erkenntnisse an uns stellt schlechte Verschwörungstheorien bzw. Pseudo-Theorien in den Mittelpunkt. Diese haben ein beachtliches Schadenspotential und können sehr gefährlich werden: Woran liegt das und was können wir dagegen tun? Darauf geben wir in diesem Buch die Antwort. Wir orientieren uns dabei an den folgenden **Leitfragen**:

- Was macht gewisse Verschwörungstheorien so **gefährlich**?

---

[1] In Kapitel 0 dieses Buches fassen wir die wesentlichen Ergebnisse aus Band 1 zusammen.

- Welche **Strategien und Manipulationstaktiken** werden immer wieder eingesetzt, um unhaltbare Verschwörungstheorien als respektable Theorien zu tarnen?

- Warum fallen immer wieder so viele Menschen auf diese Tricks herein und **glauben** an unhaltbare Verschwörungstheorien und Pseudo-Theorien?

- Warum **handeln** Menschen sogar immer wieder auf Basis dieser schlechten Theorien?

- Wie **diskutiert** man mit Menschen, die ernsthaft an unhaltbare Verschwörungstheorien glauben?

- Welche Rolle spielen Verschwörungstheorien im **Extremismus**?

- Wie können wir als offene Gesellschaft die *Waffe Verschwörungstheorie* wirkungsvoll **entschärfen**?

Warum ist das wichtig?

Die gesellschaftliche Debatte zu und über Verschwörungstheorien ist emotional aufgeheizt, unübersichtlich und von Oberflächlichkeit, Vorurteilen und Stereotypen geprägt. Man sieht das alleine schon daran, wie schnell und oft der Ausdruck *Verschwörungstheorie* als Wortkeule eingesetzt wird, um unliebsame Positionen verächtlich oder unliebsame Personen mundtot zu machen. Auch und gerade dann, wenn diese Personen gute Argumente, kluge Fragen und berechtigte Anliegen haben. Darin sehen wir eine enorme Fehlentwicklung: Die offene Gesellschaft lebt von Kontroverse, Widerspruch, Meinungsvielfalt und Diskussion. Sie hat viel Platz für Menschen, die gegen den Strom schwimmen, ihre Mitbürger argumentativ fordern und herausfordern, deren Geduld und Nerven strapazieren.

Dieser Fehlentwicklung liegt eine weit verbreitete Denkfalle zugrunde, das **Strohmann-Argument**:

- Besonders schlechte und absurde Verschwörungstheorien werden immer wieder als repräsentativ für **alle** hingestellt. Damit sollen dann auch gute Verschwörungstheorien diskreditiert werden.

In Band 1 haben wir ausführlich gezeigt, dass es sehr viele gute und zutreffende Verschwörungstheorien und sehr seriöse Verschwörungstheoretiker gibt - und überhaupt keinen Grund, diese aus der Debatte auszuschließen.

Welche Position vertreten wir?

Das führt natürlich sofort zur nächsten Frage: Wie ist die mangelhafte argumentative Qualität unserer gesellschaftlichen Debatte zu erklären? Ganz einfach: Die Diskussion leidet unter anderem an einer Vielzahl von Denkfallen und schlechten Theorien zu Auftreten und Stabilität unhaltbarer Verschwörungstheorien:[2]

- **Die Psychogramm-Falle:** Herzstück des Erklärungsversuchs sind bestimmte psychische Eigenheiten, Auffälligkeiten oder ein besonderer Persönlichkeitstyp der Vertreter von Verschwörungstheorien.

---

[2] Im Verlauf des Buches werden wir unsere Antwort natürlich präzisieren und ausführlich begründen.

- **Die Soziogramm-Falle:** Kern der angeblichen Erklärung sind gewisse soziale Charakteristika oder die Beschreibung eines *verschwörungstheoretischen Milieus.*

- **Die Polit-Falle:** Man versucht bestimmte politische Einstellungen mit schlechten Verschwörungstheorien in Verbindung zu bringen und das Phänomen so zu verstehen.

- **Die Journalismus-Falle:** Über Verschwörungstheorien wird unter dem Blickwinkel *Alarmismus, Oberflächlichkeit und politische Überkorrektheit* berichtet. Das schafft Zerrbilder.

- **Die Experten-Falle**: Wenn Experten für Extremismus oder Radikalisierung Verschwörungstheorien untersuchen, dann wird leicht die ganze Bandbreite des Phänomens und der Blick über den Tellerrand vergessen.

Wir setzen diesen Fehlentwicklungen erneut eine **philosophisch-nüchterne argumentative Analyse** entgegen und kommen zu folgenden Ergebnissen:

- Schlechte Verschwörungstheorien beruhen auf denselben **Manipulationstaktiken und Denkfehlern**, die wir aus dem Alltag und vielen anderen Bereichen sehr gut kennen: Esoterik, Religion, „alternative Heilmethoden“ …

- Diese **alltäglichen Denkfehler** sind weit verbreitet und keinem speziellen Persönlichkeitstypus oder sozialem Milieu, keiner bestimmten politischen Richtung oder irgendwelchen Extremismen zuzuordnen.

- Schlechte Verschwörungstheorien finden bei uns außerdem einen reichhaltigen **gesellschaftlichen Nährboden** positiv belegter und bisweilen sogar als vorbildlich hingestellter Formen der Irrationalität.

- Schlechte Verschwörungstheorien sind also kein Phänomen sui generis, sondern schlicht und einfach **eine von vielen Ausprägungen menschlicher Irrationalität** und somit der conditio humana.

An diesen Einsichten orientiert sich dann **unser Lösungsansatz**:

- Das ***Menschheitsprojekt Aufklärung***, die Orientierung an rationalem Denken, Entscheiden und Handeln in allen wichtigen Fragen ist unsere Leitidee.

Lieber **Sigi Schawe**, wir bedanken uns herzlich bei Dir als dem zuverlässigsten aller Testleser für die vielen Anregungen. Sie haben das Buch deutlich besser gemacht. Allerdings bist Du jetzt auch für alle unsere Fehler verantwortlich!

Zur Erinnerung an Max Mannheimer

Kapitel 0
Zum Auftakt ein Rückblick

In diesem zweiten Band geht es um andere Fragestellungen als im ersten. Trotzdem werden wir an mehr als einer Stelle auf dessen Inhalte anspielen bzw. sie heranziehen. Deshalb beginnen wir mit einer kompakten Zusammenfassung der wichtigsten Thesen und Erkenntnisse des ersten Bandes. Das kann die Lektüre zwar nicht ersetzen, soll dazu sogar anregen - wird aber ein Fundament für Band 2 legen.[3]

Unsere philosophisch-nüchterne Herangehensweise an das Thema *Verschwörungstheorie* hat in Interviews, bei Vorträgen und Podcasts immer wieder zu Verwunderung und Fragen geführt. Wir plädieren nämlich entschieden dafür, Verschwörungstheorien erst einmal ernst zu nehmen und sie nicht pauschal als irrational, aberwitzig und lächerlich wegzuwischen. Das schließt nicht aus, dass am Ende einer professionellen Prüfung das Urteil *Unsinn* steht - aber nur, wenn dem tatsächlich so ist und es dafür belastbare Argumente gibt.

Wie begründen wir unsere neutrale Haltung gegenüber Verschwörungstheorien?

Wir wollen damit verhindern, dass ernsthafte und mutige Aufklärer und Whistleblower vorschnell als *Spinner* oder *Verschwörungsheinis* diffamiert werden und die von ihnen erkannten Missstände oder Skandale geheim bleiben. Dazu ein Beispiel:

---

[3] In diesem Video gibt Andreas Edmüller einen Überblick zu den Kernthesen des ersten Bandes: https://www.youtube.com/watch?v=pYuMVIB7n84.

- Die Journalisten der Financial Times um Dan McCrum, die in jahrelanger akribischer Arbeit den Betrugsskandal bei Wirecard aufgedeckt haben, wurden sehr lange als abgedrehte Verschwörungsspinner verleumdet und verächtlich gemacht, ihre professionell und sorgfältig recherchierten Berichte als haltlose Erfindungen abqualifiziert. [4] Die BaFin, unsere bundesdeutsche Pseudo-Börsenaufsicht, reichte sogar Klage gegen die Financial Times wegen Marktmanipulation ein! [5] Im Dezember 2020, nachdem sich herausgestellt hatte, dass die Journalisten richtig lagen und die BaFin auf ganzer Linie versagt hatte, hielt Olaf Scholz, der seinerzeit verantwortliche Finanzminister, eine Laudatio auf Dan McCrum und dessen Team.[6] So kann es gehen … und wir hoffen, dass Scholz sich in Grund und Boden geschämt hat!

Dieses Beispiel liefert bereits einige gute Gründe dafür, Verschwörungstheorien ernst zu nehmen. Der erste ist offensichtlich, sogar trivial:

- Es gibt reale Verschwörungen und Theorien, die sie beschreiben und aufdecken, nämlich zutreffende und gute Verschwörungstheorien.

---

[4] Eines von zahlreichen Beispielen: **Handelsblatt**, 19.3.2021: *Umstrittene Commerzbank-Analystin zeigt sich uneinsichtig: „Ich durfte das“*: https://www.handelsblatt.com/finanzen/banken-versicherungen/banken/wirecard-untersuchungsausschuss-umstrittene-commerzbank-analystin-zeigt-sich-uneinsichtig-ich-durfte-das/27020512.html.

[5] Vermutlich wollten sich die BaFin-Mitarbeiter nicht beim Zocken mit den Papieren von Wirecard stören lassen.

[6] **Spiegel**, 7.12.2020: *Scholz hält Laudatio auf Wirecard-Enthüller McCrum.* https://www.spiegel.de/wirtschaft/unternehmen/olaf-scholz-haelt-laudatio-auf-wirecard-enthueller-mccrum-a-5e2821a4-2dac-4baf-9948-cb737539a470.

Allerdings werden diese nicht mit einem Gütesiegel angeliefert. Es ist oft nicht leicht herauszufinden, ob die Theorie stimmt oder nicht. Wahrheitssuche bedarf sorgfältiger Recherche und Prüfung:

- Oft dauert es, bis sich ein klares Bild ergibt.

Die Financial Times hatte über Jahre hinweg immer wieder kritische Berichte über Wirecard veröffentlicht, in denen Fragwürdigkeiten und Seltsamkeiten skizziert wurden. Es hat aber tatsächlich mehrere Jahre gedauert, bis das ganze Ausmaß der Betrügereien sichtbar und schlüssig belegbar war. Man muss also bisweilen schon genau hinschauen, um zu erkennen, ob an einer Verschwörungstheorie etwas dran ist - und Geduld mitbringen.

- Die Verschwörer und Betrüger werden sich natürlich von Anfang an dagegen wehren, entdeckt und enttarnt zu werden.

Sie werden wie Ehrenmänner mit Empörung, Unschuldsbekundungen und Gegendarstellungen reagieren.[7] Sie werden Verbündete mobilisieren, die oft guten Glaubens und aus ehrenwerten Motiven mithelfen, die ihnen selbst unbekannte Verschwörung zu verschleiern und die Argumente der Aufklärer abzuwerten und zu entkräften. Das war auch bei Wirecard so: Viele Finanzjournalisten und Börsenprofis haben diese Betrugsfirma sehr lange verteidigt - bösen Willen kann und sollte man da pauschal nicht unterstellen. Anders ausgedrückt:

---

[7] Warum wir auf Gendern verzichten: **Die Offene Gesellschaft**, 17.12.2016: *Feministische Sprachkritik.* http://blog.projekt-philosophie.de/argumente-check/feministische-sprachkritik/. Man kann das auch musikalisch ausdrücken: **SZ**, 8.2.2023: *SPD-Stadtrat singt Spottlied übers Gendern.* https://www.sueddeutsche.de/muenchen/muenchen-gendern-roland-hefter-lied-stadtrat-1.5747702.

- Die Reaktionen der Fachleute sind oft über längere Zeit gespalten und kein klarer Indikator dafür, was stimmt.

Auch aus diesen Gründen kann es recht lange dauern, bis wir sagen können, ob eine Verschwörungstheorie zutrifft oder nicht. Deshalb sollten wir geduldig sein und sie nicht vorschnell verwerfen, sondern die Argumentationslage in Ruhe und Besonnenheit prüfen. Und wir sollten auf persönliche Angriffe, Beleidigungen und Diffamierungen verzichten.

- Eine weitere Überlegung verweist darauf, wie wichtig ein gesundes Misstrauen gegenüber Politik und Autoritäten für eine offene Gesellschaft und deren Erhalt ist.

Ein Musterbeispiel dafür haben wir alle noch vor Augen: Während der Coronapandemie hat sich sehr schnell ein an Hysterie grenzendes Meinungsklima in Deutschland aufgebaut. Kritische, kluge und sehr kompetente Köpfe, die ganz einfach nur naheliegende, berechtigte und klare Fragen hatten - z.B. zu den außerplanmäßigen Zulassungsverfahren für die Impfstoffe, den wissenschaftlichen Gründen für eine Schließung der Schulen, der Berechtigung einer staatlich verordneten Impfpflicht oder der Sinnhaftigkeit wiederkehrender Lockdowns - fanden sich schnell am Empfängerende von Shitstorms und allseitiger Diffamierung als *Querdenker*, *Verschwörungsdeppen* und *Aluhutträger*. Offensichtlich kam es dabei nicht auf die wissenschaftliche Qualität der Beiträge und Empfehlungen an, auf rationale Prüfung - sondern auf deren mangelnde Passgenauigkeit mit der Linie der Regierung.[8]

Um Missverständnisse zu vermeiden: Unsere Position hängt nicht davon ab, dass jemand etwas Richtiges sagt. Selbstverständlich haben wir auch ein Recht, uns zu irren und Dinge zu behaupten, die sich als falsch herausstellen. Wir dürfen sogar sehr weit danebenliegen und dumme Fragen stellen.[9] Solange wir uns einer kritischen und sachlichen Diskussion stellen, hat niemand das moralische Recht, unsere Anliegen einfach abzubügeln oder uns mundtot zu machen. Und das gilt eben auch für Verschwörungstheorien. Irren ist menschlich und kompetente Kritik und Prüfung eine exzellente Methode, um Irrtum zu erkennen. Diffamierungskampagnen und persönliche Angriffe tragen dazu nicht bei. Auch dann nicht, wenn sie aus tiefster Empörung der moralisch Selbstgerechten erwachsen.

Abgesehen von dem persönlichen Leid, das derartige Verleumdungen für die Betroffenen und ihr Umfeld wie Freunde, Familie und Kollegen bedeuten gibt es noch einen Grund, so etwas in Zukunft nicht mehr zuzulassen:

- Vor dem Hintergrund dieser Kampagnen konnten unsere Politiker zu oft und zu leicht ihre Macht kritikfrei ausüben - und dabei leider zahlreiche Fehlentscheidungen treffen und umsetzen.

---

[8] Ein umfassender und kompetenter Rückblick: **Hessisches Ärzteblatt** 5/2023: *Covid-19-Pandemie – wirkliche Aufarbeitung tut not.* https://www.laekh.de/fileadmin/user_upload/Heftarchiv/Einzelartikel/2023/05_2023/Ansichten_Einsichten_Heudorf_lang.pdf.

[9] Auch Unsinn ist erlaubt und wird durch das Recht auf Rede- und Meinungsfreiheit geschützt. Und durch die Religionsfreiheit!

Anders ausgedrückt: Die für eine offene Gesellschaft unverzichtbare Machtkontrolle durch öffentliche Diskussion und Prüfung von Argumenten wurde viel zu oft durch einen Mix aus Angstmacherei, Diffamierung, Diskussionsverweigerung, unqualifizierter Pseudoargumentation und schlichten Machteinsatz ausgehebelt![10]

Also: Gesundes Misstrauen gegenüber Politik und Autoritäten ist Bürgerpflicht; Meinungskonformismus kann sehr schnell sehr gefährlich und sehr teuer werden.

Konkrete und typische Beispiele dafür liefert die gerade beginnende Auswertung zur Sinnhaftigkeit vieler Maßnahmen zur Bekämpfung der Coronapandemie:[11] Eine ruhige und sachliche Diskussion war oft nicht möglich. Auch nicht nach der Anfangsphase, in der verständlicherweise oft unter Bedingungen von Informationsmangel und Unwissenheit gehandelt werden musste. Das konkrete Resultat dieses erzwungenen Konformismus waren z.B. ungerechtfertigte Schulschließungen, ein so umfassendes wie unglaubliches Datenchaos, wiederholte Lockdowns ohne wissenschaftliche Begründung, sinnfreier Maskenzwang im Außenbereich und - vor allem - eine fatale Blockade von Lernschleifen, die wir jahrelang nicht durchbrechen konnten. Dieses Lernen hätte

---

[10] **Legal Tribune Online**, 22.11.2022: *Ausgangsbeschränkung in Bayern war unverhältnismäßig.* https://www.lto.de/recht/nachrichten/n/bverwg-3cn121-3cn221-corona-verordnung-ausgangssperre-bayern-unverhaeltnismaessig/.

[11] **Cicero**, 14.2.2023: *Lehren aus der Pandemie.* https://www.cicero.de/kultur/stellungnahme-sokrates-corona-pandemie-schrappe-antes.

spätestens nach den ersten sechs Monaten der Pandemie konsequent einsetzen müssen.[12] Der dadurch entstandene gesellschaftliche, soziale, wirtschaftliche und finanzielle Schaden ist enorm und kann wahrscheinlich gar nicht beziffert werden.

Zurück zu unserem eigentlichen Kernthema. Eine manchmal unbequeme aber in jedem Fall moralisch gebotene Facette einer offenen Gesellschaft ist es also, auch prima facie unplausible Verschwörungstheorien erst einmal ernst zu nehmen und ihnen die Chance auf sachliche Diskussion und Prüfung zu bieten. Ja, das hat seinen Preis: Einige Diskussionen werden wenig zielführend sein, nervtötend, nicht besonders rational und geprägt durch Uneinsichtigkeit und sogar Manipulation. Aber das sind viele unserer Debatten eh schon, dazu brachen wir keine Verschwörungstheorien. Andererseits werden wir über diese unbequemen Diskussionen immer wieder zu Einsichten kommen, die sonst leicht im Keim erstickt und unterdrückt werden könnten. Genau die brauchen wir aber, ohne sie funktioniert eine offene Gesellschaft nicht!

Unser Fazit: Verschwörungstheorien erst einmal ernst zu nehmen und sauber zu prüfen ist ein Gebot der intellektuellen Redlichkeit, der Fairness gegenüber ihren Vertretern und des Selbstschutzes der Bürger einer offenen Gesellschaft.

Verschwörungstheorien ernst nehmen: Wie geht das?

Das beginnt mit einer inhaltlich angemessenen und neutralen Begriffsbestimmung:

---

[12] **Die Offene Gesellschaft**, 4.7.2022: *Aufklärung, Liberalismus und Corona*. http://blog.projekt-philosophie.de/liberalismus/aufklaerung-liberalismus-und-corona/.

- Eine **Verschwörungstheorie** versucht gewisse Phänomene, Ereignisse, Abläufe etc. durch das Handeln von Verschwörern zu erklären. Dieser Versuch kann glücken - oder nicht.

Anders ausgedrückt: Verschwörungstheorien sind, abstrakt betrachtet, Aussagenmengen. Diese können wahr oder falsch, gut oder schlecht, erkenntnistheoretisch respektabel oder unseriös sein. Das hängt vom Einzelfall und dem Ergebnis der argumentativen Prüfung ab.

Diese Herangehensweise an Theorien ist vorurteilsfrei, sehr gut begründbar und im Grunde eine Selbstverständlichkeit: Wir wenden einfach die Begriffe zur Beschreibung von Theorien und die Qualitätskriterien zu ihrer Beurteilung an, die wir aus der Wissenschaftstheorie und -geschichte kennen, die sich dort bewährt haben und mit deren Hilfe wir in allen anderen Bereichen über Theorien reden: Physik, Esoterik, Chemie, Homöopathie, Biologie, Psychologie, Soziologie ... Überall dort prüfen wir Theorien (und Pseudotheorien) mit Hilfe dieser Kriterien! Wer von dieser exzellent verankerten und bewährten Systematik abweicht, braucht gute Gründe: Warum sollen wir ausgerechnet für Verschwörungstheorien die große Ausnahme machen?

Also: Wenden wir doch einfach die Erkenntnisse, Begriffe und Argumente der Wissenschaftstheorie auf Verschwörungstheorien an - so wie wir das in allen anderen Bereichen tun!

Was ist eigentlich eine Theorie?

Oben haben wir eine Theorie abstrakt als eine Menge von Aussagen charakterisiert. Allerdings verdient nicht jedes Sammelsurium an Aussagen, Behauptungen und Vermutungen den Namen *Theorie*. Auch dann nicht, wenn es dazu unterhaltsame Videos auf youtube geben sollte. Was heißt das? Das lässt sich am Beispiel der Evolutionstheorie gut veranschaulichen:[13]

- **Fragestellung:** Wie entstehen die biologischen Arten auf unserem Planeten?

- **Theoriekern:** Zusammenspiel aus Mutation, Rekombination, Vererbung, Selektion.

- **Muster-Erklärungen:** Überzeugende und typische Anwendungsfälle, z.B. Finkenschnäbel, Stammbaum der Primaten …

- **Hilfs- und Beobachtungstheorien:** Fossilienkunde, Geologie, Radio-Karbon-Methode zur Altersbestimmung, Genetik …

- **Forschungsperspektiven:** Interessante Fragestellungen bzw. Anwendungsfelder, z.B. *Wie entsteht Bewusstsein?*

Was heißt das? Eine Theorie basiert auf einer klaren **Fragestellung**, die eine Forschungsrichtung vorgibt. Sie legt fest, was wir eigentlich wissen oder untersuchen wollen - nur so ist zielgerichtetes Forschen möglich. Der **Theoriekern** enthält die Antwort auf die Fragestellung, also die zentralen Aussagen der Theorie darüber, wie sie die Welt sieht. Den Bezug zur Realität stellen die **Muster-Erklärungen** her. Diese bauen auf qualitativ hochwertigen Daten auf. Konkrete Beispiele wären präzise Vorhersagen, deren Eintreffen überprüft werden kann. Wohlgemerkt: Diese können sich als falsch erweisen - aber damit sich das feststellen lässt, brauchen wir im ersten Schritt eine halbwegs präzise Formulierung. Keine Theorie tritt der Realität als Einzelkämpfer entgegen -

[13] Natürlich vereinfachen wir hier - man sieht aber, worauf es ankommt.

im Normalfall gibt es ein **Netzwerk an Hilfs- und Beobachtungstheorien**, die ihrerseits wichtigen Input und Daten liefern. Darwin hätte seine Evolutionstheorie nicht ohne Fossilienkunde oder Geologie entwickeln können. Später erwies sich die Genetik als optimale Ergänzung. Schließlich wird eine Theorie **Forschungsperspektiven** aufzeigen, neue und interessante Fragestellungen entwickeln, auf die wir ohne sie wohl nicht gekommen wären. Daran lassen sich Dynamik und Entwicklungspotential einer Theorie ablesen.

Also: Unter einer **Theorie** verstehen wir eine Aussagenmenge, die die eben skizzierten Minimalbedingungen oder Mindestanforderungen erfüllt. Dieser Maßstab gilt selbstverständlich auch für Verschwörungstheorien - warum auch nicht?

Welche Arten von Verschwörungstheorien gibt es?

Tatsächlich gibt es zahlreiche Beispiele für **gelungene, zutreffende Verschwörungstheorien**, die wir zum Teil in Band 1 ausführlich analysiert haben: Cäsars Ermordung, das Attentat von Sarajewo, Watergate, Wirecard, das Thema Cum-Ex. Hier haben wir es mit Verschwörungen zu tun, die von erkenntnistheoretisch respektablen und vermutlich zutreffenden Theorien beschrieben und erklärt werden.

Wie in allen anderen Gebieten gibt es natürlich auch Verschwörungstheorien, die **vermutlich falsch** sind: Die Mondlandung war höchstwahrscheinlich nicht vorgetäuscht, die Chemtrailtheorie irrt sich in Bezug auf Zusammensetzung und Entstehung der Kondensstreifen am Himmel und die Erde ist annähernd kugel- und nicht scheibenförmig.

Aber, Vorsicht! Damit ist nicht gesagt, dass falsche Theorien per se wertlos, überflüssig oder gar unsinnig sind. Das kann nur jemand glauben, der sehr naiv und unbedarft an das Thema herangeht - oder sich in den Wissenschaften und deren Geschichte nicht auskennt. Oft bieten falsche Theorien ja einen vielversprechenden Ansatz und wir erkennen erst über die Arbeit an und mit der Theorie, dass dieser nicht stimmen kann. Klassische Beispiele dafür sind das Modell des Ptolemäus für unser Sonnensystem, die Äthertheorie oder die Lamarcksche Evolutionstheorie:[14] Sie sind falsch - aber wir kennen niemanden, der sie deshalb als belanglos, wertlos oder gar dumm einschätzen würde. Ganz im Gegenteil: Wissenschaftsgeschichte und Wissenschaftstheorie befassen sich auch heute noch als interessante Forschungsgegenstände damit. Auch die Physik Newtons, ein Musterbeispiel herausragender Theoriebildung, ist in letzter Analyse falsch.

Also: Falsche Theorien sind ein ganz normales Phänomen menschlicher Erkenntnisarbeit. Unsere Wissenschaftsgeschichte ist randvoll mit falschen aber erkenntnistheoretisch höchst respektablen Theorien.

Natürlich gibt es - genau wie in den Naturwissenschaften - auch **erkenntnistheoretisch respektable Verschwörungstheorien, die falsch sind.**

- Aktuell wird die These diskutiert, das Coronavirus sei durch Forscher künstlich erzeugt worden und dann bei einem Laborunfall entkommen. Die Vertreter dieser Theorie argumentieren

---

[14] **Wikipedia:** *Almagest*. https://de.wikipedia.org/wiki/Almagest. **Wikipedia:** *Äther (Physik)*. https://de.wikipedia.org/wiki/%C3%84ther_(Physik). **Wikipedia:** *Lamarckismus*. https://de.wikipedia.org/wiki/Lamarckismus.

auf den ersten und zweiten Blick sehr solide, transparent und durchaus überzeugend. Sollte sich trotzdem herausstellen, ihre Theorie stimme nicht und das Virus sei tatsächlich ohne menschlichen Eingriff entstanden, dann hätten wir es mit einer falschen, aber erkenntnistheoretisch respektablen Theorie zu tun.

Die Vertreter dieser Theorie haben auch in diesem Fall nach bestem Wissen und Gewissen gearbeitet und es gibt keinen Grund, sie zu diffamieren, aus der Diskussion auszuschließen oder ihre Theorien als Unfug abzutun. Die Vermutung einer Entstehung im Labor war es allemal wert, zu einer Theorie ausgearbeitet und rational geprüft zu werden.[15]

Was es natürlich auch gibt, sind **falsche und erkenntnistheoretisch nicht respektable Verschwörungstheorien.** Damit meinen wir Theorien, für die es nur sehr schlechte oder schwache Argumente gibt, die einer kritischen Prüfung nicht lange standhalten. Einige sehr bekannte Verschwörungstheorien lassen sich so einordnen:

- Die eben genannte Chemtrail-Theorie in ihre plausibelsten Variante, Donald Trumps Theorie von der gestohlenen oder gefälschten Wahl 2020 oder die historisch enorm einflussreiche Dolchstoßlegende genügen zwar als Aussagenmengen den formalen Anforderungen, um als Theorien eingestuft zu werden. Es handelt sich dabei aber um erkenntnistheoretisch nicht respektable Theorien: Sie beruhen auf schlechten, lückenhaften

[15] Günter Theißen: **Das Virus**. Frankfurt, 2022. **ntv,** 25.10.2022: *Forscher erklärt umstrittene Studie zu Labor-Ursprung von Sars-CoV-2.* https://www.n-tv.de/wissen/Forscher-erklaert-umstrittene-Studie-zu-Labor-Ursprung-von-Sars-CoV-2-article23672806.html.

oder sehr schwachen Argumenten, der Datenbestand ist fragwürdig, sie lassen viele wichtige Fragen dauerhaft unbeantwortet und werden von Alternativtheorien leicht ausgestochen.[16]

Aber auch hier haben wir es nicht mit einer Besonderheit von Verschwörungstheorien zu tun. Schlechte Theorien gibt es überall! Das ist bedauerlich, darf aber nicht ignoriert werden: Der religiöse Kreationismus ist schlicht und einfach eine sehr schlechte Theorie, in den zeitgenössischen sogenannten *Critical Studies* finden sich zahlreiche Beispiele für sehr unseriöse Theorien und auch in den Ernährungswissenschaften kommt das leider oft vor.[17]

Neben wahren und falschen, respektablen und nicht respektablen Theorien gibt es schließlich noch **Pseudotheorien**. Darunter verstehen wir Aussagenmengen, die auf den ersten Blick wie richtige Theorien aussehen, tatsächlich aber die im letzten Abschnitt erläuterten Minimalbedingungen nicht erfüllen, die wir an jede Theorie stellen. Es sind, bildlich gesprochen, Theorie-Hochstapler. Was heißt das?

---

[16] Ihr Unterhaltungswert ist allerdings oft beachtlich - aber darauf kommt es hier nicht an.

[17] **Wikipedia:** *Kreationismus.* https://de.wikipedia.org/wiki/Kreationismus. Helen Pluckrose, James Lindsay: **Cynical Theories: How Activist Scholarship Made Everything about Race, Gender, and Identity - And Why this Harms Everybody.** Durham, 2020. Der Ernährungswissenschaftler Udo Knop kritisiert seit langem die miserable Qualität von Theorien in diesem Bereich: **Deutschlandfunk,** 8.1.2020: *„Auf den Körper hören, nicht auf Ernährungstipps“:* https://www.deutschlandfunkkultur.de/ernaehrungswissenschaftler-uwe-knop-auf-den-koerper-hoeren-100.html.

Klassisches Beispiel einer Pseudotheorie aus dem Genre *Verschwörung* ist QAnon.[18] Dabei handelt es sich im Grunde um eine lockere Sammlung an Vermutungen, Geschichten, vagen Andeutungen und Behauptungen. Es lässt sich nicht genau sagen, wer sich zu welchem Zweck verschworen hat - vielleicht ist Bill Gates dabei und es geht um Pädophilie und die Gewinnung eines Verjüngungsmittels aus dem Blut entführter Kinder. Vielleicht ist Bill Gates aber auch nicht dabei und die Verschwörer sind Satanisten, die unter Führung der Familien Clinton und Obama die Demokratie in den USA beseitigen wollen. Ob die Queen dabei war, ist strittig - für Mark Zuckerberg ist das schon wahrscheinlicher.

Auch die Quelle der wichtigsten Informationen, die ominöse Internet-Person QAnon selbst, ist unbekannt. Sie hat bereits sehr viele Vorhersagen getätigt, die nicht gestimmt haben. Sie sagt von sich sogar selber, ihre „Vorhersagen" seien gar keine: Es handle sich vielmehr um taktische Aussagen zur Verwirrung der Gegner, des sogenannten *Deep State*, einer Verschwörergruppe, die sich die Weltherrschaft unter den Nagel reißen will. Wer sich dahinter genau verbirgt ist ebenfalls unklar. Im Zweifelsfall gehört zum Deep State, wer einem QAnon-Gläubigen politisch gerade auf die Nerven geht, gegen Trump ist, Fox News für dubios hält oder für höhere Steuern eintritt.[19]

Allerdings gilt auch für Pseudotheorien: Es gibt sie überall, auch in den Wissenschaften. Sie sind in den gut entwickelten Naturwissenschaften wie Physik, Chemie oder Biologie heutzutage eher selten zu finden. Im Laufe ihrer rasanten Entwicklung haben diese Disziplinen hohe Qualitätsstandards entwickelt. Leider gilt das

---

[18] QAnon analysieren wir im Detail in Band 1. **Wikipedia:** *QAnon.* https://de.wikipedia.org/wiki/QAnon.

[19] Um Missverständnisse zu vermeiden: Man kann auch ohne QAnon gegen höhere Steuern sein.

nicht für alle Disziplinen: Einige Wissenschaftsphilosophen, wie z.B. Adolf Grünbaum, vertreten die These, Freuds Psychoanalyse sei eine Pseudotheorie. Für die Homöopathie vertreten Nikil Mukerji und Edzard Ernst die Bullshit-These. Auch diese Diskussionen können sehr spannend und lehrreich sein.[20]

Pseudotheorien im Bereich Verschwörung, wir nennen sie ***Verschwörungsmärchen***, können unterhaltsam sein, sich um reale Personen oder Ereignisse ranken und eine gewisse Ähnlichkeit zu richtigen Theorien haben. Tatsächlich sind sie aber zu lückenhaft, zu vage, zu unbestimmt und zu unverbindlich, um sich als Theorie zu qualifizieren. Sie erfüllen die fünf oben erläuterten Minimalbedingungen nicht.

Unser Fazit: Diese Betrachtungen und Beispiele zeigen, dass wir jede Verschwörungstheorie sauber klassifizieren und beurteilen können - genau wie alle anderen Theorien. Es gibt keinen guten Grund, den ausgefeilten und bewährten Begriffs- und Argumentationsrahmen der Wissenschaftstheorie nicht auf Verschwörungstheorien anzuwenden.

Wer vertritt Verschwörungstheorien?

Ein Schwerpunkt dieses zweiten Bandes liegt auf den Manipulationsstrategien und -taktiken, mit deren Hilfe schlechte Verschwörungstheorien und Verschwörungsmärchen als respektabel getarnt werden. Dahinter stecken häufig Personen mit dubiosen oder gar

---

[20] Adolf Grünbaum: **The Foundations of Psychoanalysis. A Philosophical Critique.** Berkeley, Los Angeles, London, 1984. Die Analyse von Mukerji und Ernst ist frei zugänglich: **Synthese** 200(5), September 2022: *Why homoeopathy is pseudoscience.* https://www.researchgate.net/publication/363547027_Why_homoeopathy_is_pseudoscience.

verwerflichen Absichten. Aber nicht jeder, der an eine unhaltbare Verschwörungstheorie glaubt, hat finstere Motive. Es gibt auch ehrlichen Irrtum und intellektuelle Pannen. Deshalb sollte man auch hier genau hinschauen und begriffliche Unterscheidungen vornehmen.

Seriöse Verschwörungstheoretiker entwickeln oder vertreten erkenntnistheoretisch respektable Verschwörungstheorien. Ihre Argumente und Diskussionen orientieren sich an leistungsstarken und belastbaren Qualitätskriterien für Theorien. Ihr Umgang mit der Theorie ist von intellektueller Redlichkeit, skeptischer Offenheit und argumentativer Konsequenz geprägt.

- Dan McCrum und seine Kollegen bei der Financial Times haben den Skandal um Wirecard aufgedeckt, Woodward und Bernstein Nixons Watergate-Verschwörung, die Laborthese zur Entstehung des Coronavirus wurde von sorgfältig arbeitenden Wissenschaftlern entwickelt - sie alle gehören in diese höchst ehrbare Kategorie. Sie verdienen unseren Respekt für ihre Arbeit und ihren Mut.

Unseriöse Verschwörungstheoretiker gibt es auch. Sie entwickeln oder vertreten erkenntnistheoretisch nicht respektable Verschwörungstheorien, bisweilen sogar Verschwörungsmärchen.

- An dieser Stelle führen wir den Begriff des *Verschwörungskonstruktes* für diese beiden ein: Er umfasst Verschwörungsmärchen und nicht respektable Verschwörungstheorien.

Die Argumente und Diskussionen unseriöser Verschwörungstheoretiker orientieren sich allerdings wenigstens fragmentarisch an leistungsstarken und belastbaren Qualitätskriterien für Theorien. Ihr Umgang mit dem Verschwörungskonstrukt ist zumindest in Ansätzen von intellektueller Redlichkeit, skeptischer Offenheit und argumentativer Konsequenz geprägt. Kurz: Sie argumentieren nicht besonders kompetent und haben keine bösen Absichten. Sie können es halt nicht besser oder haben sich verrannt - das kommt vor. Man kann sie im Prinzip noch mit rationalen Argumenten erreichen. Ein unseriöser Verschwörungstheoretiker vertritt also mit schwachen Argumenten eine erkenntnistheoretisch nicht respektable Theorie oder ein Verschwörungsmärchen. Jeder von uns dürfte in seinem Freundes- oder Bekanntenkreis Beispiele dafür finden.

Verschwörungsspinner entwickeln oder vertreten ebenfalls Verschwörungskonstrukte. Dabei orientieren sich ihre Argumente aber erkennbar nicht an sinnvollen Qualitätskriterien für Theorien. Ihr Umgang mit Verschwörungskonstrukten ist nicht von intellektueller Redlichkeit, skeptischer Offenheit und argumentativer Konsequenz geprägt. Anders ausgedrückt: Sie greifen in der Regel auf Scheinargumente oder Manipulationstaktiken zurück und versuchen gar nicht erst, es besser zu machen.

Verschwörungsspinner glauben allerdings an ihre Aussagen und Behauptungen, an ihre Verschwörungsmärchen. Man kann in diesem Zusammenhang auch noch zwischen harmlosen und gefährlichen Verschwörungsspinnern unterscheiden - mehr dazu dann in den folgenden Kapiteln. Beispiele für Verschwörungsspinner sind bekannt:

- Attila Hildmann und Xavier Naidoo waren beide lange aktiv, voller Motivation und haben nur selten und dann wohl eher aus

Zufall ein vernünftiges Argument hingekriegt.[21] Auch wer an den *Impfterroristen Bill Gates* glaubt, der uns mittels Impfung Chips injizieren lassen möchte, darf mit Fug und Recht als *Verschwörungsspinner* bezeichnet werden - vernünftige Argumentation lässt dieses Verschwörungsmärchen einfach nicht zu.[22]

Schließlich gibt es noch die **Verschwörungsgauner**. Sie entwickeln oder vertreten Verschwörungskonstrukte - und wissen genau, was sie machen. Sie tun das in der Absicht, diese Konstrukte für unlautere Zwecke zu nutzen, z.B. persönliche Bereicherung, Diffamierung bestimmter Personen oder Gruppen, Durchsetzung politischer oder ideologischer Ziele etc.

Ihre Vorhaben sind in aller Regel mit einem konkreten Schaden bzw. Schadensrisiko für andere Personen verbunden. Kurz: Das Verschwörungskonstrukt wird mit Absicht und gezielt als Betrugsinstrument oder gar Waffe benutzt. Dabei versteht sich von selbst, dass ihre Argumente und Diskussionen sich nicht an sinnvollen Qualitätskriterien für Theorien orientieren. Ihr Umgang mit der Theorie ist nicht von intellektueller Redlichkeit, skeptischer Offenheit und argumentativer Konsequenz geprägt - sondern bewusst, gezielt und oft ziemlich geschickt vom Gegenteil. Auch nach Verschwörungsgaunern muss man nicht lange suchen:

---

[21] **Wikipedia:** *Attila Hildmann*. https://de.wikipedia.org/wiki/Attila_Hildmann. **Wikipedia:** *Xavier Naidoo*. https://de.wikipedia.org/wiki/Xavier_Naidoo. Naidoo hat sich im April 2022 in einem Video für seine diversen Exkurse in die Welt der Verschwörungsmärchen entschuldigt.

[22] Seriöse Impfkritiker gibt es natürlich auch - aber die argumentieren ganz anders.

- Donald Trump ist dafür ein Musterbeispiel. Er weiß meistens sehr genau, dass er lügt und nutzt z.B. ganz gezielt sein Verschwörungsmärchen vom Wahlbetrug als Waffe gegen die Verfassung der USA und seine politischen Gegner.

- Unterstützt wurde und wird er dabei von einigen sehr bekannten und einflussreichen Journalisten des dubiosen Senders Fox News. Ihnen war völlig klar, dass Trump und seine Unterstützer lügen, dass sich die Balken biegen. Trotzdem haben sie diese unhaltbaren Verschwörungstheorien eifrig verbreitet und als gesicherte Erkenntnis verkauft: Auch sie darf man getrost auf die Liste der Verschwörungsgauner setzen.[23]

- Alex Jones, einer der prominentesten Verschwörungsgauner der USA, hat vor Gericht im Rahmen eines Verfahrens zum Sorgerecht für seine Kinder sogar selbst zugegeben, dass er sich Lügen ausdenkt und verbreitet, um damit Geld zu machen.[24]

- Auch Ludendorff und anderen Erfindern und Vertretern der Dolchstoßlegende war klar, dass sie lügen.

Also: Wir unterscheiden zwischen seriösen und unseriösen Verschwörungstheoretikern, Verschwörungsspinnern und Verschwörungsgaunern. Dieses Begriffsraster erlaubt, wie unsere Einteilung der Theorien selbst, eine differenzierte, klare und dem jeweiligen Einzelfall angemessene Betrachtung.

---

[23] **SZ,** 28.2.2023: *Rupert Murdoch gesteht, dass Fox News Wahllügen verbreitet hat.* https://www.sueddeutsche.de/medien/fox-news-rupert-murdoch-usa-biden-trump-1.5759510.

[24] **Wikipedia:** *Alex Jones (Radiomoderator).* https://de.wikipedia.org/wiki/Alex_Jones_(Radiomoderator).

Damit haben wir die Grundbegriffe und Kernargumente des ersten Bandes skizziert, die für die weiteren Betrachtungen wichtig sind. Wie gesagt: Die Lektüre des ersten Bandes können sie nicht ersetzen; es geht vielmehr um eine Verständnishilfe.

Vertiefende Literatur zu Kapitel 0

Andreas Edmüller: **Verschwörungsspinner oder seriöser Aufklärer? Wie man Verschwörungstheorien professionell analysiert.** Dossier Verschwörungstheorie Band 1. Rediroma-Verlag, 2021.

Kapitel 1
Wie werden Verschwörungstheorien zur Gefahr?

In diesem Kapitel erklären wir, woher eigentlich das bisweilen erhebliche Gefahren- und Schadenspotential bestimmter Verschwörungskonstrukte kommt. Sie erinnern sich:

- Den Begriff *Verschwörungskonstrukt* wenden wir als Oberbegriff auf Verschwörungsmärchen und erkenntnistheoretisch nicht respektable Verschwörungstheorien an.

Diese haben gemeinsam, dass sie wahrscheinlich nicht stimmen, die Welt nicht korrekt beschreiben. Und genau das macht unsere Fragestellung so interessant:

- Warum werden Verschwörungskonstrukte nicht einfach verworfen und durch bessere Theorien ersetzt?
- Warum werden sie oft ziemlich lange von erstaunlich vielen Menschen für wahr gehalten?
- Warum führen manche Verschwörungskonstrukte zu gefährlichen Handlungen?[25]
- Worin liegt der Unterschied zu harmlosen Verschwörungskonstrukten, wie dem zur angeblich vorgetäuschten Mondlandung oder zur Scheibengestalt der Erde?

---

[25] Alleine schon diese Fragen sollten uns optimistisch für die Suche nach Antworten stimmen. Für andere prima facie verwandte Phänomene, wie z.B. Religionen oder Ideologien, stellen sie sich bekanntlich auch. In diesen Zusammenhängen wurden und werden sie intensiv untersucht und überzeugend beantwortet. Von diesen Ergebnissen kann unsere Untersuchung natürlich profitieren.

Kurz: Wir möchten verstehen, wie Verschwörungskonstrukte zur Waffe von Verschwörungsgaunern und -spinnern werden können. Eine klare und konkrete Antwort auf diese Frage ist wichtig. Will man wirkungsvolle Gegenstrategien entwerfen und umsetzen, dann muss man verstehen, woher genau Schadenspotential und Gefährlichkeit kommen. Und gefährlich können Verschwörungskonstrukte tatsächlich sein - daran erinnern uns diese Beispiele:

- Gegen Ende des Ersten Weltkrieges war der deutschen Heeresleitung um Ludendorff und Hindenburg klar, dass der Krieg verloren war. Der erhoffte Erfolg der letzten Offensiven war ausgeblieben, die Überlegenheit der Gegner enorm und die strategische und taktische Lage aussichtslos. Allerdings lag es Ludendorff fern, dafür die Verantwortung zu übernehmen. Zusammen mit seinem Kollegen, dem späteren Reichspräsidenten Hindenburg, entwickelte er den Plan, die Schuld an der Niederlage von der militärischen und politischen Führung des Kaiserreiches abzuwälzen. Als Sündenbock war „die Heimat" vorgesehen, also die politischen Kräfte, die nach Beendigung der Kämpfe die Republik gründeten und aufbauten, die Waffenstillstandsverhandlungen führten und dann den Vertrag von Versailles unterzeichneten. Sie hätten, so Ludendorffs und Hindenburgs Erfindung, das Heer perfide im Stich gelassen und das Reich verraten. Diese Dolchstoßlegende entwickelte eine enorme Wirkung, wurde schnell eine der propagandistischen Hauptwaffen der Nationalsozialisten und anderer Republikfeinde. In Ihrer Popularität und Wirkkraft lag tatsächlich eine der Hauptursachen für das Scheitern Weimars.[26]

[26] Gerhard P. Groß liefert eine sehr klare, fachkundige und überzeugende Darstellung: **Das Ende des Ersten Weltkrieges und die Dolchstoßlegende.** Ditzingen, 2018.

- Spätestens seit das Christentum die Juden für den Tod Jesu am Kreuz verantwortlich gemacht hat, sind diese einer der beliebtesten Sündenböcke und Anwärter auf eine universale Schurkenrolle. Zahlreiche Verschwörungsmärchen schreiben ihnen mittlerweile über Jahrhunderte hinweg alle möglichen Schandtaten zu. Brunnenvergiftung, Hostienschändung, ritueller Kindesmord, Kriegstreiberei, die Verbrechen des Kommunismus und des Kapitalismus, das unablässige und hartnäckige Streben nach Weltherrschaft und die Zerstörung der abendländischen Zivilisation sind nur ein kleiner Ausschnitt des gängigen Portfolios. Dieses weitgehend hirnfreie Sammelsurium an Verschwörungskonstrukten hat immer wieder schrecklichen Verbrechen den Weg geebnet. Und nicht einmal der Holocaust markierte ein Ende; es ging weiter: Im Mai 2014 tötete ein Franzose mit algerischen Wurzeln im Jüdischen Museum in Brüssel vier Menschen. Dieses Attentat hatte einen islamistischen Hintergrund.[27] Im Oktober 2018 erschoss Robert Bowers bei seinem Angriff auf eine Synagoge in Pittsburgh elf Menschen.[28] Im Oktober 2019 wollte dann der Rechtsterrorist Stephan Balliet ein Massaker an den Besuchern der Synagoge in Halle begehen. Er kam zum Glück nicht durch die Tür, trotzdem erschoss er auf offener Straße noch zwei Menschen, bevor er festgenommen wurde.[29]

---

[27] **Wikipedia:** *Anschlag auf das Jüdische Museum von Belgien 2014.* https://de.wikipedia.org/wiki/Anschlag_auf_das_J%C3%BCdische_Museum_von_Belgien_2014.

[28] **Wikipedia:** *Attentat in der Tree-of-Life-Synagoge in Pittsburgh 2018.* https://de.wikipedia.org/wiki/Attentat_in_der_Tree-of-Life-Synagoge_in_Pittsburgh_2018.

[29] **Wikipedia:** *Anschlag in Halle (Saale) 2019.* https://de.wikipedia.org/wiki/Anschlag_in_Halle_(Saale)_2019.

- Die sogenannten *Reichsbürger* bestreiten die staatsrechtliche Existenz der Bundesrepublik. Diese sei das Ergebnis einer Verschwörung.[30] Aus ihrer Sicht besteht das Deutsche Reich weiter fort. Die Reichsverfassung von 1919 sei nämlich niemals staatsrechtlich bindend abgeschafft bzw. außer Kraft gesetzt worden.[31] Auf dieser Basis haben einige selbst ernannte „Reichsregierungen" ihre „Geschäfte" aufgenommen. Sie stellen Ausweisdokumente, Führerscheine, Baugenehmigungen und andere Dokumente gegen Entgelt aus. Außerdem weigern Reichsbürger sich oft, für den „Phantomstaat Bundesrepublik" Steuern und Abgaben zu bezahlen. Und es kam bereits zu Gewalttaten mit tödlichem Ausgang: Im Oktober 2016 wurde in Georgensgmünd ein Polizeibeamter von einem Reichsbürger erschossen, der seine Waffen nicht abgeben wollte. Drei weitere Beamte wurden bei dieser Aktion verletzt.[32] Das ist leider nur eines der krassesten Beispiele für Gewaltbereitschaft. Im Jahr 2020 wurden der Szene der Reichsbürger und Selbstverwalter 599 extremistische Straftaten zugerechnet.[33]

Diese und viele weitere Beispiele zeigen, dass Verschwörungskonstrukte als Wegbereiter für Terror und Gewalt dienen können und das leider auch oft genug tun. Ob QAnon-Anhänger das Kapitol

[30] **Wikipedia:** *Reichsbürgerbewegung.* https://de.wikipedia.org/wiki/Reichsbürgerbewegung.

[31] Deshalb sollte man die Reichsbürger auch nicht mit Anarchisten verwechseln. Diese bestreiten grundsätzlich, dass staatliche Autorität begründet werden könne. Von dieser philosophisch durchaus respektablen Skepsis ist natürlich auch das Deutsche Reich betroffen. Michael Huemer: **The Problem of Political Authority.** Palgrave MacMillan, 2013.

[32] **Wikipedia:** *Polizistenmord in Georgensgmünd 2016.* https://de.wikipedia.org/wiki/Polizistenmord_in_Georgensgm%C3%BCnd_2016.

[33] **Bundesamt für Verfassungsschutz:** *Zahlen und Fakten.* https://www.verfassungsschutz.de/DE/themen/reichsbuerger-und-selbstverwalter/zahlen-und-fakten/zahlen-und-fakten_node.html.

stürmen, Impfgegner Kinder von einer sinnvollen Masernimpfung abhalten oder das Verschwörungskonstrukt vom Großen Austausch Gewalttaten gegen Menschen islamischen Glaubens motiviert - Gefahr für Leib und Leben ist ihr Wegbegleiter.[34]

Das muss nicht heißen, dass jedes dieser Verschwörungskonstrukte das Potential hat, die gesellschaftliche und politische Ordnung umzustürzen. Wie wir später argumentieren werden, wird diese spezielle Gefahr in aller Regel weit überschätzt. Es ist aber schlimm genug, wenn ganz einfach „nur" Menschen getötet oder verletzt werden. Oder wertvolle Lebenszeit und Freundschaften verloren gehen, weil man sich geistig und emotional in ein Verschwörungskonstrukt verbohrt hat. Das führt zur nächsten Frage: Woher genau kommt eigentlich dieses Schadenspotential?

Falsche Theorien können zu gefährlichen Handlungen führen

Der erste Teil der Antwort ist der naheliegendste: Falsche Theorien können üble Folgen haben, wenn auf ihrer Basis Entscheidungen getroffen und umgesetzt werden. Beispiele dafür sind uns allen bekannt:

- Eine falsche Diagnose kann dazu führen, dass eine Krankheit zu lange unbehandelt bleibt oder falsch behandelt wird.

- Eine mangelhafte Beweisführung der Anklage kann dazu führen, dass ein Unschuldiger verurteilt wird.

---

[34] **Wikipedia:** *Großer Austausch.* https://de.wikipedia.org/wiki/Gro%C3%9Fer_Austausch.

- Ein falscher Wetterbericht kann zu fatalen Entscheidungen einer Bergsteigergruppe führen.

- Eine falsche Theorie zu den Absichten eines anderen Staates kann zu Krieg führen.

- Eine falsche Theorie zu Impfstoffen und deren Wirkung kann dazu führen, dass Menschen auf eine Impfung verzichten, sich anstecken und erkranken - mit allen möglichen Folgen.

Das ist allgemein bekannt und natürlich einer der Gründe, warum wir unsere Theorien mit höchster Sorgfalt ausarbeiten, prüfen, verbessern und wieder prüfen sollten. Wir brauchen gute Theorien, um uns erfolgreich in der Welt zurechtzufinden.[35]

Natürlich wissen wir, dass auch auf Basis guter Theorien mit üblen Folgen gehandelt werden kann, z.B. wenn Gewinn über Moral oder Hass über Menschlichkeit triumphiert: Auch hinter atomaren, biologischen und chemischen Waffen stehen leistungsfähige, wissenschaftlich respektable Theorien. Außerdem können gute Verschwörungstheorien, z.B. Watergate, zu ganz ähnlichen Folgen führen wie schlechte: Das Vertrauen der US-Bürger in ihr politisches System wurde durch die Enthüllungen der Washington Post über die kriminellen Aktivitäten Präsident Nixons mit Sicherheit erschüttert. Gleiches gilt für unser Finanzsystem in Zusammenhang mit dem Skandal um die Betrugsfirma Wirecard: Das Vertrauen in den Staat als Aufsichtsinstanz wurde dabei einmal mehr

---

[35] In Band 1 geht es im Zusammenhang mit Verschwörungstheorien genau darum: Wie prüft und beurteilt man die Qualität von Theorien?

massiv geschädigt.[36] Wie derartige Entwicklungen zu bewerten sind - darüber lässt sich natürlich trefflich diskutieren. Auf jeden Fall zeigen diese Beispiele, dass die Lage für wahre Theorien etwas komplizierter ist, als man auf den ersten Blick vermuten könnte: Auch wahre Theorien sind nicht immer harmlos, haben bisweilen Schadenspotential!

Aber wenigstens eine klassische und oft genug fatale Fehlerquelle menschlichen Handelns hätten wir mit falschen Theorien eliminiert.

- Das ist der erste Teil unserer Antwort auf die Frage, woher das Schadenspotential gefährlicher Verschwörungskonstrukte kommt: Sie stimmen nicht.

Das ist allerdings auch der für unsere Zwecke etwas weniger interessante Teil der Antwort. Er ist nämlich unabhängig davon, ob wir es mit einer Verschwörungstheorie oder einem Verschwörungsmärchen zu tun haben - jede falsche Theorie kann fatale Folgen haben.

Also: Denkfehler, Schlampigkeiten, „ehrliche" Irrtümer oder bewusste Manipulation können alle zu falschen Theorien führen. Diese wiederum können leicht erhebliche Fehlentscheidungen nach sich ziehen und so in fatales Handeln münden. Das gilt natürlich auch für Verschwörungskonstrukte.

---

[36] **Süddeutsche Zeitung,** 14. 9. 2020: *Wie groß ist das Versagen der Bafin im Fall Wirecard?* https://www.sueddeutsche.de/wirtschaft/wirecard-bafin-versagen-1.5031110.

Verschwörungskonstrukte mit hohem Konfliktpotential können zu gefährlichen Handlungen führen

Ein zweites gemeinsames Element gefährlicher Verschwörungskonstrukte liegt unseres Erachtens in ihrem Konfliktpotential. Dieses wiederum ist durch ein aggressives, emotional geladenes Feindbild zu erklären. Der darin skizzierte Feind hat in der Regel drei zentrale Eigenschaften:

- Er ist erstens gefährlich.
- Er ist, zweitens, speziell für *uns* gefährlich, also die Opfer der vermeintlichen Verschwörung.
- Und drittens werden *wir* im Kampf gegen diesen Feind alleine oder sogar im Stich gelassen; niemand sonst stellt sich gegen seine dunklen Machenschaften.

Was heißt das genau? Der Anschaulichkeit wegen lohnt sich ein erneuter Blick auf die eingangs skizzierten Beispiele für gefährliche Verschwörungskonstrukte. Wir beginnen mit der Dolchstoßlegende:

- Die vermeintlichen Verräter an Heer und Volk wurden recht vage und uneinheitlich als jüdisch, politisch links, also sozialistisch und kommunistisch, als liberal, atheistisch, katholisch, demokratisch, kapitalistisch, pazifistisch und republikanisch gesinnt skizziert.

Ein derart nebulöses, in sich nicht stimmiges und offen gehaltenes Feindbild findet sich gerade bei populären Verschwörungskonstrukten immer wieder. Diese Vagheit ist paradoxerweise ein Vorteil. Sie ermöglicht es allen möglichen Personen und Gruppen, sich mit ihren jeweiligen „Lieblingsfeinden“ an das Konstrukt anzudocken - dazu im nächsten Abschnitt mehr.[37]

- Auf jeden Fall werden die Feinde als brandgefährlich dargestellt: Sie seien mächtig und einflussreich, da international gut vernetzt, sehr raffiniert und gewitzt, gut organisiert, kompetent bei Planung und Umsetzung ihrer finsteren Ziele, finanzstark und moralisch skrupellos.

- Diese Feinde sind aber nicht nur gefährlich - sie sind es konkret *für uns*: Sie handeln gezielt gegen unsere Interessen und unser Wohl. Im Rahmen der Dolchstoßlegende geht es um das vermeintliche Wohl des deutschen Volkes, aller Personen mit anständiger und vaterländischer Gesinnung und aller, die treu und zuverlässig im Krieg ihre Pflicht getan und Opfer gebracht hatten.

- Schließlich wird ein Versagen der zuständigen Schutz- und Abwehrinstanzen behauptet. *Wir* seien den Verschwörern schutzlos ausgeliefert, würden im Stich gelassen. Die zuständigen Instanzen seien entweder feige, naiv, inkompetent, von den Verschwörern unterwandert, mit ihnen im Bunde oder selbst Teil der Verschwörung. Im Fall der Dolchstoßlegende wurden die eigentlich zuständigen Schutzinstanzen für das Wohl des Reiches, also Parlament und Regierung der Republik, als zentraler Teil der Verschwörung hingestellt.

Genau diese Aspekte charakterisieren auch die jeweiligen Feindbilder der anderen Beispiele:

---

[37] Der Klassiker dazu ist natürlich das zu allen Jahreszeiten sehr populäre Feindbild *Die da oben*. Das passt eigentlich immer - irgendwie.

- *Die Juden* werden immer wieder als mächtig, einflussreich, raffiniert, bestens vernetzt etc. dargestellt. Sie bedrohen angeblich *unsere* Interessen und die für *unseren* Schutz zuständigen Instanzen können oder wollen ihrer Aufgabe nicht gerecht werden.

- Die Bundesrepublik und ihre Vertreter werden von den Reichsbürgern und ihren Seelenverwandten ebenfalls als mächtig, bestens organisiert und international abgesichert dargestellt: Meistens als Filiale der Supermacht USA. Natürlich bedrohe die Bundesrepublik die Interessen und die Freiheit der Aufrechten, die sich gegen diesen *Fake-Staat* zur Wehr setzen und es gibt leider keine Reichsregierung mehr, an die man sich schutzsuchend wenden könne: Man steht alleine.

Also: Aggressive, emotional geladene Feindbilder sind ein wichtiges Element für die Erklärung des Schadenspotentials von Verschwörungskonstrukten. Im nächsten Kapitel werden wir ihre genaue Funktionsweise analysieren. Schon jetzt können wir aber festhalten, dass sie starke und eher negative Emotionen und Leidenschaften wecken und befeuern - eine klassische Quelle für irrationale Entscheidungen und Handlungen.[38]

Vage Feindbilder funktionieren sehr gut

Wie eben erläutert, ist es für ein Feindbild bzw. dessen Wirksamkeit und Schadenspotential oft förderlich, wenn es vage, offen und unverbindlich formuliert wird - als eine Art Schablone mit offenen

[38] Philosophen ist das schon lange bekannt - dazu brauchen wir keine Testreihen mit jungen Studenten amerikanischer Universitäten. Der Stoiker Seneca hat dem Zorn eine eigene und auch heute noch extrem lehrreiche Abhandlung gewidmet: **De ira/Über die Wut.** Stuttgart, 2007.

Stellen. Es kann sogar in sich unstimmig sein und trotzdem seine Wirkung entfalten. Wie ist das zu erklären?

- Erstens können ganz unterschiedliche Menschen oder Gruppen ihre konkreten Lieblings-Feindbilder hineinprojezieren, an der Feindbildschablone damit andocken. Das Verschwörungskonstrukt findet so mehr Anhänger als mit einem konkreten und ausgefeilten Feindbild. Je präziser ein Feindbild ist, desto mehr schließt es auch aus.

- Zweitens ist es leichter, ein schwammiges Feindbild gegen Einwände und Argumente zu verteidigen, als ein sehr konkretes. Dadurch gewinnt es an Stabilität. Wird z.B. nachgewiesen, dass eine bestimmte Person oder Gruppe nicht Teil der Verschwörung sein kann, findet sich im Rahmen einer Schablone leicht gleichwertiger Ersatz. Das Motto dabei: *Bill Gates war es also wirklich nicht? Hm - dann hängt wahrscheinlich die Queen mit drin. Aber garantiert George Soros!*

- Drittens ist das Potential nebulöser Feindbilder zur Angstmacherei oft größer als das von klaren. Das Unbekannte, Geheimnisvolle, nicht Einschätzbare macht uns oft mehr Angst als eine genau erkannte und verstandene Bedrohung. Das verquaste Geraune von der *jüdischen Weltverschwörung* ist dafür ein gutes Beispiel: Niemand kann genau sagen, wer genau eigentlich welche Pläne gegen *uns* verfolgt. Trotzdem wird seit Jahrhunderten damit erfolgreich Angst erzeugt.

Der eigentliche Feind muss nicht aus Fleisch und Blut sein

Oft werden Personen als Kerninhalt eines Feindbildes angenommen. Das muss in letzter Analyse aber nicht immer stimmen. Abstrakte Gedankengebäude wie Weltanschauungen, Religionen, Ideologien oder Theorien können das eigentliche Ziel- und Hassobjekt sein. Vor allem dann, wenn sie der eigenen Weltsicht widersprechen. Personen werden in so einem Fall zum Feind, wenn oder weil sie diese andere Sicht vertreten und repräsentieren.

Man kann das auch so ausdrücken: Das schlimmste, was z.B. den Anhängern einer Ideologie passieren kann ist gar nicht, dass die eigene Weltanschauung nicht funktioniert, nicht die angekündigten oder erhofften Ergebnisse bei der Umsetzung liefert. Das kann sehr lange verdrängt oder wegerklärt werden.[39] Viel schlimmer ist es, wenn die *feindliche* Ideologie funktioniert und wider jede Ankündigung gute Ergebnisse liefert - das darf nicht sein!

Das erklärt, warum so viele Anhänger des mittlerweile oft genug, gründlich genug und tödlich genug gescheiterten Marxismus ihren Hass auf das Feindbild *Liberalismus und Marktwirtschaft* noch immer pflegen und immer neue Verschwörungs- und Pseudotheorien ausarbeiten, um deren Erfolge zu erklären:[40]

- Es sei den Kapitalisten durch eine raffinierte Gehirnwäsche gelungen, den allermeisten Menschen eine falsche Sicht der Dinge einzupflanzen … oder diese hätten sich mehrheitlich durch

[39] Auch die Christen warten seit der Bergpredigt auf das seit nunmehr 2000 Jahren unmittelbar bevorstehende Jüngste Gericht.

[40] Karl Popper: **The Open Society and Its Enemies. Volume Two: Hegel and Marx.** London, 1945.

Wohlstand (auf Kosten anderer) korrumpieren lassen … oder die Leute seien einfach noch zu unaufgeklärt, um das liberale Unterdrückungssystem und dessen Mechanismen zu durchschauen … oder die ehemals Unterdrückten seien mittlerweile selbst zu Unterdrückern geworden …

Dieser Aspekt von Feindbildern lässt sich sehr anschaulich am Beispiel der *Querdenker-Bewegung* nachweisen.[41] Die sogenannten *Querdenker*, entstanden während der Coronakrise 2020, haben ein enormes Mobilisierungspotential und eine beachtliche Ausdauer bewiesen: Immer wieder gelang es ihnen, relativ gut besuchte Demonstrationen überall in der Bundesrepublik auf die Beine zu stellen, diese sogar zu koordinieren.

Um Missverständnisse zu vermeiden: Natürlich gibt es Impfskeptiker, die berechtigte Fragen zu Zulassungsverfahren, Wirkweise, Nachwirkungen und Impffrequenz der neuen Impfstoffe haben. Natürlich sind Zweifel an Sinn und Legitimität einer Impfpflicht im liberalen Rechtsstaat berechtigt. Und selbstverständlich kann man mit guten Gründen gegen bestimmte Maßnahmen im Rahmen der Pandemiebewältigung sein. Aber: Es kommt dabei immer auf die Qualität der Argumente an.[42]

Das Problem, das wir mit vielen dieser *Querdenker* haben, liegt genau darin, dass diese argumentative Qualität oft nicht gegeben war und sie sich zum Teil erfolgreich mit ihrem Unsinn hinter den eher seriösen Kritikern verstecken konnten. Um das klarzumachen,

---

[41] Eine durchaus beachtliche Leistung liegt darin, den sehr positiv besetzten Querdenkerbegriff gekapert und in kürzester Zeit auf diese moralisch und intellektuell fragwürdige „Bewegung" übertragen zu haben.
[42] Einer Ihrer Autoren ist hier Mitglied: **Sokrates. Ein Forum kritischer Rationalisten.** https://www.sokrates-rationalisten-forum.de/.

werden wir ab jetzt von *Querschwurblern* reden. Damit meinen wir Personen, die diese oder ähnliche Ansichten vertreten:

- Bill Gates will die Impfung gegen das Coronavirus benutzen, um uns allen einen Chip zur Überwachung der Weltbevölkerung injizieren zu lassen.

- Durch die im Prinzip tödliche Impfung soll die Weltbevölkerung drastisch reduziert werden.

- Eine staatliche Impfpflicht für alle Bürger ist in Vorbereitung, um diese Ziele schneller zu erreichen.

- Es gibt gar kein Virus; alles sei eine einzige große Propagandalüge.

- Die Aufnahmen von und Interviews mit Ärzten, Pflegepersonal und Patienten auf Intensivstationen sind alle mit Schauspielern gestellt.

- Die Strahlung der neuen 5G-Masten ist die tatsächliche Ursache für die Erkrankungen.

- Eine Impfung ist grundsätzlich ein unnatürlicher und schädlicher Eingriff in den Organismus, zerstöre oder schwäche dessen Selbstheilungskräfte.

- Eine Impfung pfusche dem Schicksal bzw. dem göttlichen Willen ins Handwerk.

- Meditation oder andere esoterische Techniken sind der beste und einzige Schutz gegen das Virus.

- Der Lockdown ist die Vorbereitung zur ungestörten Machtübernahme und Errichtung einer Diktatur durch eine Gruppe von Verschwörern.

Und auch einem zweiten Missverständnis möchten wir vorbeugen:

- Selbstverständlich gilt das Recht auf Gedanken-, Rede- und Demonstrationsfreiheit auch für diese Personen!

Das heißt aber nicht, dass man ihre Ansichten nicht kritisieren dürfe oder solle. Und genau darum geht es uns jetzt. In München hat sich der Philosoph im Autorenteam einige dieser Demonstrationen angeschaut und zahlreiche Berichte über Demos an anderen Orten ausgewertet. Was sofort ins Auge sticht:

- Es marschieren Rechtsextreme (z.B. Identitäre oder die Kameraden vom III. Weg) neben alternativ Angehauchten, Reichsbürger neben Religiösen (Evangelikale sind teilweise stark vertreten), alle möglichen Esoteriker neben Anhängern diverser Verschwörungskonstrukte, QAnon-Gläubige neben dem Elternbeirat einer Waldorfschule, Alternativheiler mit Rassisten …

Einen derart heterogenen Personenkreis haben wir noch nie zusammen auf Demonstrationen gesehen - wie ist das zu erklären? Die sogenannte Basel-Studie, beauftragt von der Böll-Stiftung, zeichnet ebenfalls ein sehr facettenreiches und differenziertes Bild: Es gibt beim Teilnehmerkreis von Land zu Land, sogar von Stadt zu Stadt, starke Unterschiede.[43] In Baden Württemberg gibt es z.B. einen hohen Anteil von Ex-Grünen und Anthroposophen.[44] In München - ich wohne in Schwabing - vermute ich die Astralleib-Esoteriker ganz vorne mit dabei.

Ein so breit gefächerter Personenkreis führt natürlich sofort zu dieser Frage: Was ist da eigentlich los und warum gibt es keine Berührungsängste gegenüber Rechtsradikalen oder religiösen Fanatikern mehr? Diese so unterschiedlichen Gruppen sind doch noch nie zusammen aktiv geworden? Warum jetzt plötzlich im Rahmen der Coronathematik?

Unsere Antwort: Diese auf den ersten Blick völlig unterschiedlichen Gruppierungen eint - natürlich nicht immer bewusst - ein gemeinsames *Feindbild Aufklärung*. Sie lehnen deren wissenschaftlich und säkular geprägtes Welt- und Menschenbild ab. Meistens allerdings ganz unterschiedliche Facetten der Aufklärung und selten alle auf einmal. Aber: Die Kraft dieses Feindbildes ist stark genug, um die eigentlich zu erwartenden Berührungsängste zu überwinden oder auszuschalten. Die thematische Schnittmenge sind die daraus resultierenden, oben skizzierten Einstellungen zu Corona. Was heißt das genau und wie passt das alles zusammen?

---

[43] Kurz und prägnant dazu: **FAZ,** 22.11.2021: *„Querdenker" im Südwesten haben linke Wurzeln.* https://www.faz.net/aktuell/politik/inland/corona-proteste-querdenker-im-suedwesten-haben-linke-wurzeln-17647165.html.

[44] **Geschichte der Gegenwart,** 9.1.2022: *Wie anthroposophisch waren die Grünen?* https://geschichtedergegenwart.ch/wie-anthroposophisch-waren-die-gruenen/?utm_source=pocket-newtab-global-de-DE.

Die Facetten des Querschwurbler-Feindbildes

Es sind im Grunde drei Facetten der Aufklärung, deren Ablehnung die einzelnen Querschwurbler-Gruppen in jeweils unterschiedlicher Schärfe motiviert und gemeinsam demonstrieren lässt:

- Erstens, das naturwissenschaftlich geprägte Welt- und Menschenbild;
- zweitens, das individualistische Verständnis von Moral und Gerechtigkeit;
- drittens, das säkulare Verständnis von Moral und Gerechtigkeit.

Facette 1: Das wissenschaftlich geprägte Welt- und Menschenbild

Eine so wesentliche wie erfolgreiche Errungenschaft der Aufklärung ist ihr wissenschaftlich geprägtes Welt- und Menschenbild. Damit sind auch die Methoden und Rationalitätsprinzipien der Wissenschaften gemeint. Die wissenschaftliche Revolution hat in wenigen Jahrhunderten unser Verständnis der Welt (Physik und Chemie), unser Selbstverständnis (Evolutionstheorie und Biologie) und unsere Lebensweise (Technik, Wirtschaft und Medizin) drastisch verändert.

Davon sind natürlich nicht alle Menschen überzeugt, nicht alle damit einverstanden. Die Überzeugungen und das Lebensideal bestimmter Gruppen geraten damit ganz grundsätzlich in Konflikt. Damit meinen wir z.B. die Religionen bzw. einen Teil ihrer Vertreter, alle möglichen Esoteriker, Rassisten, Anthroposophen, Homöopathen und andere „Alternativheiler". Deren Weltbild ist schlicht und einfach nicht mit dem der Aufklärung bzw. den Erkenntnissen und Methoden der Wissenschaften vereinbar. Es wird davon sogar existentiell bedroht:

- Wenn die Theorien und Ergebnisse der Wissenschaft im Prinzip korrekt sind, dann vertreten alle diese Gruppen ein unsinniges und unhaltbares Weltbild.[45]

Und dagegen wehren sie sich - verständlicherweise - mit Wort und Tat. Den Anlass dafür lieferten die Coronapandemie und die stark spürbaren Maßnahmen des Staates:

- Wer Globuli für eine natürliche Heilintervention hält und das Weltbild der Homöopathie oder Anthroposophie als letzte Wahrheit akzeptiert, für den ist eine Impfung bzw. die befürchtete Impfpflicht tatsächlich eine intellektuelle Zumutung, ein Frontalangriff auf sein Weltbild, Selbstverständnis und Wohlergehen.

- Gleiches gilt für Personen, die eine Coronaerkrankung als selbstgewähltes oder gottgewolltes Schicksal sehen.

- Diverse Verschwörungskonstrukte wie z.B. das Märchen um 5G-Masten, Mikrochips, einen potentiell tödlichen Impfstoff oder die Behauptung, das Virus existiere gar nicht, sind natürlich gegen die Glaubwürdigkeit der Wissenschaftler und der Wissenschaft gerichtet.

Facette 2: Das individualistische Verständnis von Moral und Gerechtigkeit

Nicht nur die empirische, auch die normative Seite der Aufklärung wird von vielen Querschwurblern - und leider nicht nur von diesen

---

[45] Übrigens werden dadurch auch handfeste finanzielle Interessen bedroht: Esoterik und Homöopathie sind mittlerweile Milliardenmärkte!

- zurückgewiesen. Was heißt das? Die Aufklärung tritt für ein individualistisches Verständnis von Moral und Gerechtigkeit ein: Die zentrale und wichtigste moralisch relevante Einheit ist die Person - und nicht ein Volk, eine Nation, Rasse, Familie oder eine Kulturgemeinschaft.[46] Anders ausgedrückt: Jeder Mensch hat das Recht, auf eigenen Wegen und nach seinen ganz persönlichen Ideen nach einem glücklichen Leben zu suchen - solange er seinen Mitmenschen damit keinen unzumutbaren Schaden zufügt. Die Empörung der religiösen Eiferer, der Hüter des gesunden Volksempfindens, der Bewahrer der Reinheit ihrer Rasse oder Nationalkultur gilt dabei selbstverständlich als zumutbar. Dieser Gedanke der Aufklärung ist im Würdebegriff der deutschen Verfassung und den daraus abgeleiteten Grundrechten an zentraler Stelle unserer Rechtsordnung verankert.

Natürlich sind auch damit nicht alle Zeitgenossen einverstanden. Rassisten und Rechtsextreme haben bekanntlich ein ganz anderes Verständnis von Moral und Staat. Diverse religiöse Gruppen sehen z.B. in der Glaubens- und Religionsfreiheit eine akute Bedrohung (auch im sündhaften Ausbruch vieler Frauen aus gottgesetzten Bahnen der Lebensgestaltung). Und diverse Esoteriker - *alles hängt moralisch mit allem zusammen* - sehen in dieser ganzen individualistischen Unordnung eine fatale Störung der kosmischen Harmonie.

Kurz: Für viele *Querschwurbler* ist der Einzelne moralisch weniger wichtig als das jeweilige Ganze, in das sie ihn eingebettet und

---

[46] Zwei Schlüsselwerke der Aufklärung arbeiten das in aller Klarheit und Deutlichkeit heraus: Thomas Hobbes: **Leviathan.** Ed.: C.B. MacPherson, London, 1968 (zuerst 1651 erschienen). Adam Smith: **The Wealth of Nations** (2 Bände). Ed.: A. Skinner, London, 1970 (zuerst 1776 erschienen).

verwoben sehen. Sie vertreten Konzeptionen, bei denen der Einzelne in erster Linie grundlegende Pflichten gegenüber einer Rasse, einer Gemeinschaft, einer oder mehreren Gottheiten oder dem Kosmos hat. Und in diese Pflichten greift der Staat mit seinen Maßnahmen zur Eindämmung der Pandemie aus ihrer Sicht so rabiat wie unzulässig ein:

- Wer in einer Krankheit in erster Linie eine moralisch relevante Beziehung zwischen Mensch und Gottheit sieht, z.B. Strafe oder Prüfung, der betrachtet eine Impfpflicht natürlich als unmoralischen Frontalangriff auf sein Seelenheil und eine Impfung als unmoralische Trickserei.

- Gleiches gilt, wenn das Auftauchen des Virus als Signal oder Aufforderung verstanden wird, unsere „unmenschliche" Lebensweise so zu verändern, dass die kosmische Harmonie wieder hergestellt werden kann: Impfen stört dabei nur - vermutlich auch ein Staat, der auf Marktwirtschaft setzt.

- Und unser Verdacht bezüglich bestimmter Rassisten, die bei den Demos mitgelaufen sind, geht in eine ähnliche Richtung: Vielleicht sehen die im Virus ja eine willkommene und moralisch einwandfreie Gelegenheit, die schwachen und kranken Elemente des Volkskörpers loszuwerden? Also: Laufen lassen! Zumindest ein Demonstrant hat mir das bei einem meiner touristischen Demo-Besuche in München so erklärt. Ihm war auch nicht unangenehm, dass sehr viele *Ausländer und Asylanten* sich nicht impfen lassen wollen.

- Diverse Verschwörungskonstrukte, die alle einen groß angelegten Missbrauch staatlicher Macht postulieren, sollen natürlich Zweifel am Staatsmodell der Bundesrepublik bzw. der Aufklärung säen und stärken: *Dieser Staat ist gar nicht dazu da, die*

Bürger vor Schaden zu schützen; es ist ein Zwangsstaat, der über Leichen geht ...

Also: Ein Teil des bunten Querschwurblerlagers demonstriert nicht nur oder nicht in erster Linie gegen das wissenschaftliche Welt- und Menschenbild der Aufklärung. Sie sehen in diversen Maßnahmen des Staates einen Frontalangriff auf ihre Vorstellungen von Moral, Gerechtigkeit und Staat.

Facette 3: Das säkulare Verständnis von Moral und Gerechtigkeit

Neben dem Individualismus steht das Projekt der Aufklärung auch für ein säkulares Verständnis von Moral und Gerechtigkeit. Das heißt: Die Normen für den zwischenmenschlichen Umgang, also Moral, der Staat und dessen Gesetze, sind dazu da, um bestimmte Kerninteressen der Menschen und Bürger zu schützen. Darin liegt seine unromantische Berechtigung und sein nüchterner Zweck. Salopp ausgedrückt: Moral und Verfassung sind Einrichtungen der selben Art wie die Vereinssatzung der Isarfischer, die Straßenverkehrsordnung oder ein Versicherungsvertrag. Es handelt sich um Regeln, deren Zweck darin liegt: Schutz und Förderung der Interessen aller Beteiligten und Betroffenen.[47]

Dieses Verständnis von Moral und Gerechtigkeit spuckt natürlich all denen in die Suppe, die davon ausgehen, dass Normen uns objektiv vorgegeben sind - z.B. durch eine Gottheit, den Kosmos, die Natur und ihre Rassen … und die stünden nun einmal objektiv glasklar über den Interessen Einzelner. Aus ihrer Sicht verletzt der

[47] Einer der Autoren hat der normativen Seite der Aufklärung ein ganzes Buch gewidmet: Andreas Edmüller: **Ein Plädoyer für die Freiheit und gegen die Gleichheit.** KDP, 2013.

Staat mit seinen Maßnahmen diese Normen und stellt sich damit gegen den eigentlichen Gesetzgeber. Auch das ist ein aus Sicht der Betroffenen verständlicher Grund, um auf die Straße zu gehen.

Unser Fazit zum Thema *Feindbild*

Wir sind recht detailliert auf das aktuelle Beispiel der Querschwurbler und deren Sicht auf die Welt eingegangen, weil wir es hier mit einer potentiell gefährlichen Form eines Verschwörungskonstruktes zu tun haben. Konkret:

- Es gibt ein emotional geladenes, wirkungsvolles Feindbild.
- Dieses ist ziemlich vage und variiert von Untergruppe zu Untergruppe.
- Der eigentliche Feind sind keine Personen, sondern ein Weltbild, nämlich das der Aufklärung.
- Indirekt werden die Vertreter dieses Weltbildes als Feinde gesehen: *Die Wissenschaftler* und *der Staat.*

Die Aufklärung und ihre Erfolge sind also die Quelle eines sehr großen Teils des Unbehagens, das sich in dieser „Bewegung“ ausdrückt. Allerdings sollte man sich vor der Einschätzung hüten, dass jeder Beteiligte alle Aspekte der Aufklärung gleichermaßen strikt ablehne - das wäre ganz einfach falsch und unangemessen.

- Ein Homöopath kann z.B. gegen die Naturwissenschaften als letztes Wort eingestellt sein, gleichzeitig aber rechtsextreme Gesellschaftsentwürfe oder Rassismus strikt ablehnen. Bisher kam er in der Bundesrepublik gut zurecht, sein alternativer Ansatz wird vom Gesetzgeber bzw. den Krankenversicherungen anerkannt und finanziert, es passt also. Im Rahmen von Corona erlebt er den Staat allerdings als nicht hinnehmbar übergriffig, als Speerspitze eines wuchtigen Angriffs auf sein Welt- und

Menschenbild. Die Lösung ist für ihn sicher nicht die Abschaffung der BRD; eine grundlegende Änderung der Corona-Strategie würde vermutlich ausreichen.

Es gibt also keinen fest umrissenen, von allen geteilten Kern an Überzeugungen zum *Feindbild Aufklärung*. Darum ist auch leicht zu übersehen und nicht so leicht zu verstehen, was diese Bewegung wirklich zusammengebracht und zusammengehalten hat. Zu vielfältig und uneinheitlich sind prima facie die Ansichten und Überzeugungen der Beteiligten. Sie alle gleichermaßen über einen esoterischen, rechtsextremen oder prinzipiell demokratiefeindlichen Kamm zu scheren, wäre falsch.

Was es aber tatsächlich gibt, wenn unsere Analyse stimmt, ist ein gemeinsames *Feindbild Aufklärung*, das die einzelnen emotional geladenen Aspekte des Protestes wie ein Mosaik in sich vereint. An diese einzelnen Mosaiksteinchen lässt sich dann mit allen möglichen normativen und deskriptiven Ansichten und Empörungspotentialen andocken. Es geht von verschiedenen Ausgangspunkten her gegen den Gewinner des Kampfes der Weltbilder, gegen die Aufklärung.

Wie wir später noch im Detail sehen werden, geht es bei solchen Verschwörungskonstrukten weit mehr um den Ausdruck von Unzufriedenheit, Wut, Ablehnung, Protest als um Realität oder Wahrheit. Das erklärt uns sehr zutreffend, sehr klarsichtig und mit einer gehörigen Portion strategischem Zynismus Jürgen Elsässer, Chefredakteur der rechtsextremen Monatszeitschrift Compact:

- *Elsässer sagt, solche Verschwörungsmythen seien für ihn nicht etwa die Wahrheit, sondern vielmehr "Erzählungen, Märchen und Allegorien", die aber nützlich seien, um politische und gesellschaftliche Veränderungen zu erreichen. Verschwörungserzählungen wie QAnon seien "die Hefe, aus der ein politischer*

Widerstand im rationalen Sinn erst entstehen muss". Zwar sei QAnon "nicht die Wahrheit", es handele sich dabei aber um Allegorien, die auf die Wahrheit hindeuteten. Der Chefredakteur bezeichnet diese lieber als "mythische Übertreibungen", die notwendig seien für eine "Weiterentwicklung der Gesellschaft" in seinem Sinne.[48]

Elsässer zeigt damit auch auf, worin das eigentliche Schadenspotential der Querschwurbler bzw. ihrer Verschwörungskonstrukte liegt. Keine der Gruppierungen und Strömungen, die bei den Demonstrationen mitmachen, ist für sich genommen so einflussreich, dass sie die offene Gesellschaft tatsächlich zerstören oder nachhaltig schwächen könnte. Schließlich hat die Aufklärung seit dem 17. Jahrhundert einen sehr beeindruckenden Siegeszug hingelegt - in aller Regel auf Kosten dieses ganzen Sammelsuriums an Gegenentwürfen totalitärer Staatsordnungen, esoterischer Auffassungen von Welt und Natur oder mystischer und vom Aberglauben geprägter „Heilmethoden" oder religiöser Moralvorstellungen. Aber: Vor der geballten Durchschlagskraft aller zusammen - davor sollten wir auf der Hut sein. Da könnte sich was zusammenbrauen, das für die offene Gesellschaft recht unangenehm werden kann - wenn wir nicht aufpassen.

Eine historische Parallele bietet sich mit der Zerstörung der Weimarer Republik an: Nazis, Kommunisten, Kaisertreue und Christen hatten wenig inhaltliche Schnittmengen. Trotzdem haben sie zeitweise eine Art stillschweigenden Waffenstillstand geschlossen und gegen den gemeinsamen Feind, die Republik und deren Verfassung, agiert. Leider mit Erfolg.

---

[48] **Tagesschau,** 4.11.2021: *Falschnachrichten für den Volkszorn.* https://www.tagesschau.de/investigativ/kontraste/elsaesser-corona-leugner-101.html. Danke für diese klaren Worte, Herr Elsässer!

Unser Fazit: Einer der beiden Autoren war fast 30 Jahre lang als Konfliktmanager aktiv und hat dabei eines immer wieder erlebt und fürs Leben gelernt: Kaum etwas eint ganz unterschiedliche Menschen und Gruppen so zuverlässig wie ein gemeinsames Feindbild, selbst oder gerade wenn es eher abstrakt, vage und nebulös gehalten ist.

Die Gegenprobe: Harmlose Verschwörungskonstrukte

An dieser Stelle bietet sich als Gegenprobe bzw. als Vergleich ein Blick auf eher harmlose Verschwörungskonstrukte an. Damit meinen wir solche, deren Schadenspotential überschaubar ist, von denen normalerweise keine oder nur wenig Gefahren ausgehen. Es wird sich zeigen, dass sie kein wirklich aggressives oder emotional geladenes Feindbild entwickelt haben.[49]

Ein bekanntes Beispiel für diese Kategorie ist die Theorie, die USA bzw. die NASA hätten die Mondlandungen der verschiedenen Apollomissionen der Jahre 1969 bis 1972 im Filmstudio inszeniert.[50] In Wirklichkeit wären die uns auch heute noch bekannten Filmaufnahmen in einem Studio in der Area 51 gedreht worden (genau dort forschen die USA angeblich an den Wrackteilen abgestürzter UFOs). Das Motiv für diesen gigantischen Betrug sei eine Machtdemonstration im Kalten Krieg gewesen. Zudem wollte die Regierung damals von diversen Fehlschlägen und Krisen ablenken, wie den Rassenunruhen nach der Ermordung Martin Luther Kings oder dem sich abzeichnenden Debakel in Vietnam.

---

[49] Dafür ist ihr Unterhaltungswert nicht unerheblich und für alle, die sich mit Verschwörungstheorien beschäftigen, immer wieder ein Quell der Entspannung.
[50] **Wikipedia:** *Verschwörungstheorien zur Mondlandung*. https://de.wikipedia.org/wiki/Verschw%C3%B6rungstheorien_zur_Mondlandung.

An Romantik, Abenteuerlichkeit, Sensationspotential und Umfang kann diese Verschwörungstheorie sich durchaus sehen lassen. Trotzdem hat sie nie nennenswertes Schadenspotential entwickelt. Der Grund liegt unseres Erachtens darin, dass die angeblichen Verschwörer nicht als aggressiver Feind gesehen werden, durch den *wir* akut bedroht würden. Sollte es der Regierung tatsächlich gelungen sein, die ganze Welt und vor allem den damaligen „Hauptfeind Sowjetunion" hereinzulegen, dann lädt das eher zu klammheimlicher Bewunderung und einem Grinsen ein als zu Angst- oder Bedrohungsgefühlen. Von diesem Feindbild geht keine Gefahr für *uns* aus, gegen die man sich wappnen oder gar zur Wehr setzen müsste.

Für das Verschwörungskonstrukt, die Erde sei in Wirklichkeit scheibenförmig und Politik, Medien und Wissenschaft würden das vor uns verschleiern, gilt die gleiche Überlegung: Das wäre eher ein gelungenes Bubenstück als eine Bedrohung für uns - zumal ja auch noch nie jemand über den Rand gefallen ist. Wir haben uns dazu übrigens mit einem exzellenten Kenner dieser Szene unterhalten. Er hat uns glaubhaft versichert, dass der Großteil der Aktiven auf den einschlägigen Websites aus Ingenieuren, Physikern und anderen absolut normalen Zeitgenossen besteht, die sich mit der Entwicklung und Verteidigung dieses Weltbildes einen Jux erlauben würden.

Ein drittes Beispiel für eine eher harmlose Verschwörungstheorie stammt ebenfalls aus den USA: Die Ermordung Kennedys am 22. November 1963 in Dallas.[51] Ein Musterbeispiel für professionelle Polizeiarbeit war die Suche nach dem Täter sicher nicht. Hercule

---

[51] **Wikipedia:** *Attentat auf John F. Kennedy.* https://de.wikipedia.org/wiki/Attentat_auf_John_F._Kennedy.

Poirot oder Miss Marple hätten das garantiert ganz anders und viel besser angepackt und hingekriegt. Schnell gab es starke Zweifel an der offiziellen Version, Lee Harvey Oswald sei Einzeltäter oder gar der Täter gewesen. Bis heute glaubt die Mehrheit der Amerikaner nicht an die offizielle Version.[52] Es kursieren zahlreiche Theorien, wer tatsächlich hinter der Verschwörung stecke. Populäre Kandidaten sind die Mafia, die CIA (wobei traditionell unklar ist, ob es sich dabei nicht doch um eine Unterabteilung der erstgenannten Organisation handelt), der damalige Vizepräsident Johnson, Fidel Castro (das wäre menschlich verständlich, hatte doch die CIA vor dem Attentat in Dallas schon mehrmals versucht, ihn umzubringen), die Russen, Israel (die Juden dürfen da natürlich nicht fehlen, obwohl sie seltsamerweise bei der vorgetäuschten Mondlandung gar nicht auftauchen) und der militärisch-industrielle Komplex.

So geschichtsträchtig dieses Attentat auch war - großes Schadenspotential konnte keines der mehr oder weniger plausiblen Verschwörungskonstrukte entwickeln. Den Grund dafür sehen wir darin, dass von dieser Verschwörung bzw. deren jeweiligem Feindbild keine Gefahr ausgeht, die nicht schon bekannt gewesen wäre: Mafia, CIA, Castro, die eigene Regierung und natürlich die Russen waren bekannte Größen, die man bereits auf der Rechnung hatte. Deren Attacken bzw. Komplotte wurden auch tatsächlich schon oft mehr oder weniger erfolgreich abgewehrt. Man war gegen diese Mächte eigentlich gewappnet. Eine neue, zusätzliche oder verschärfte Bedrohung für *uns* geht von keiner dieser Verschwörungstheorien bzw. deren Feindbildern aus.

---

[52] Ihre Autoren würden auch gerne wissen, was damals wirklich passiert ist.

Ein viertes Beispiel liefert die Chemtrail-Theorie bzw. die Familie der Chemtrail-Verschwörungskonstrukte. Hier werden angeblich Tag für Tag durch Flugzeuge Chemikalien versprüht, um das Klima zu beeinflussen, uns zu gefügigen und willenlosen Untertanen zu machen, unsere Fruchtbarkeit zu zerstören oder uns zu Lesben und Homosexuellen zu machen.[53] Wir haben uns dieses ganze Bündel an Varianten etwas genauer angesehen. Dabei fällt auf, dass es schlicht und einfach kein allgemein geteiltes, emotional geladenes Feindbild gibt. Es werden zwar immer wieder reihum die üblichen Verdächtigen genannt, aber die Schurkenrolle in diesem Stück wurde bisher nicht besetzt. Irgendwie bleibt es im Nebulösen, wer da im Hintergrund die Fäden zieht - und was genau eigentlich erreicht werden soll.

Genau in diesen Überlegungen sehen wir die Erklärung dafür, dass bisher keines dieser Verschwörungskonstrukte nennenswertes Schadenspotential entwickeln konnte. Was heißt das? Uns sind in Zusammenhang mit diesen Verschwörungstheorien keine aggressiven Groß- und Dauerdemonstrationen bekannt, keine Gewalttaten gegen Mitbürger, Sicherheitskräfte oder die vermeintlichen Verschwörer, deren Helfer und Komplizen. Der Grund dafür ist, wie gesagt, recht einfach: Im Unterschied etwa zu QAnon gibt es in diesen vier Beispielen kein emotional geladenes, wirkungsvolles und für *uns* bedrohliches Feindbild.

Unser Fazit: Eher harmlosen Verschwörungskonstrukten fehlt ein emotional geladenes Feindbild, von dem tatsächlich eine signifikante Bedrohung für *uns* ausgeht. Offenbar sind dann auch die Menschen nicht zum Handeln bereit, die glauben, dass an der jeweiligen Verschwörung *schon was dran ist*.

---

[53] In Band 1 wurde die plausibelste Variante ausführlich analysiert.

Zusammenfassung Kapitel 1

In diesem Kapitel gehen wir der Frage nach, woher das Schadenspotential bestimmter Verschwörungskonstrukte eigentlich kommt. Wir haben zwei Aspekte herausgearbeitet:

- **Falsche Theorien** können leicht erhebliche Fehlentscheidungen nach sich ziehen und so in fatales Handeln münden. Das gilt natürlich auch für Verschwörungskonstrukte.
- **Aggressive, emotional geladene Feindbilder** sind ein wichtiges Element der Erklärung des Schadenspotentials von Verschwörungskonstrukten. Sie wecken und befeuern starke und eher negative Emotionen und Leidenschaften - eine klassische Quelle für irrationale Entscheidungen und Handlungen.

Der im Feindbild skizzierte Feind hat in der Regel **drei zentrale Eigenschaften:**

- Er ist erstens gefährlich.
- Er ist, zweitens, speziell für *uns* gefährlich, also die Opfer der vermeintlichen Verschwörung.
- Und drittens werden *wir* im Kampf gegen diesen Feind alleine oder sogar im Stich gelassen; niemand sonst stellt sich gegen seine dunklen Machenschaften.

Für ein Feindbild bzw. dessen Wirksamkeit und Schadenspotential ist es oft förderlich, wenn es eher **vage, offen** und **unverbindlich** formuliert wird - als eine Art Schablone mit offenen Stellen. Es kann sogar **in sich unstimmig** sein und trotzdem seine Wirkung entfalten.

Feindbilder müssen keine Personen sein. **Abstrakte Gedankengebäude** wie Weltanschauungen, Religionen, Ideologien oder

Theorien können das eigentliche Ziel- und Hassobjekt sein. Personen werden in so einem Fall zum Feind, wenn oder weil sie diese andere Sicht vertreten und repräsentieren.

Kaum etwas **eint ganz unterschiedliche Menschen und Gruppen** so zuverlässig wie ein gemeinsames Feindbild, selbst oder gerade wenn es eher abstrakt, vage und nebulös gehalten ist.

Eher **harmlosen** Verschwörungskonstrukten fehlt ein emotional geladenes Feindbild, von dem tatsächlich eine signifikante Bedrohung für *uns* ausgeht. Offenbar sind dann auch die Menschen nicht zum Handeln bereit, die glauben, dass an der jeweiligen Verschwörung *schon was dran ist.*

Vertiefende Literatur zu Kapitel 1

Barbara Tuchman: **The March of Folly. From Troy to Vietnam.** New York, 1984. In diesem Klassiker liefert Tuchman eine Fülle an Beispielen, wie Handeln auf Basis falscher Theorien zu fatalen Ergebnissen führen kann. Es wird sich lohnen, bei der Lektüre besonders auf die Rolle von Feindbildern zu achten.

Steven Pinker: **The Better Angels of Our Nature: A History of Violence and Humanity.** New York 2011. Um Verschwörungstheorien, Feindbilder und deren Gewalt- und Schadenspotential besser zu verstehen, ist der umfassende Blick auf unsere Gewalthistorie sehr hilfreich. Als Philosophen hat uns natürlich auch der kluge Bezug auf Thomas Hobbes und seine Einsichten aus dem 17. (!) Jahrhundert beeindruckt.

Kapitel 2
Warum halten so viele Leute an abstrusen Feindbildern fest?

Im letzten Kapitel haben wir herausgearbeitet, was ein Feindbild eigentlich ist und wie wichtig ein aggressives, emotional geladenes Feindbild ist, damit Verschwörungskonstrukte gefährlich werden können. In der Terminologie von Band 1: Das Feindbild ist wesentlicher Teil des Theoriekerns der jeweiligen Verschwörungstheorie. Der Theoriekern enthält die Grundannahmen der Theorie, sagt uns, wie sie die Welt sieht. In Analogie gilt das auch für Verschwörungsmärchen, die gar keine Theorien sind: Das Feindbild ist wesentlicher Bestandteil des Sammelsuriums an Behauptungen, Erzählungen und Vermutungen. Diese ranken sich ja um die im Feindbild skizzierten Verschwörer. Jetzt geht es um diese Fragen:

- Warum werden abstruse Feindbilder nicht einfach verworfen oder durch realistischere Annahmen über die Welt ersetzt?
- Warum werden sie oft ziemlich lange von erstaunlich vielen Menschen für wahr gehalten - obwohl es gute Argumente dagegen gibt?

Auf den ersten Blick scheint es gar nicht so einfach zu sein, dauerhaft an eine Gruppe pädophiler Satanisten zu glauben, die unsere Welt aus dem Hintergrund zielgenau steuert und tausende von Kindern in geheimen Verließen eingesperrt hält, um aus ihrem Blut ein Verjüngungsmittel zu gewinnen.[54] Was für QAnon gilt, gilt

[54] Denken Sie einfach an Ihre Erfahrungen aus dem Berufsleben: Oft scheitert ja schon die Zusammenlegung zweier Abteilungen - wie soll da die geräuschlose, zielgenaue und langfristige Steuerung der ganzen Welt funktionieren?

auch für die Reichsbürger: Es gibt schlicht und einfach kein rationales Argument für den Fortbestand des deutschen Reiches im Rahmen des Völker- und Staatsrechts. Das Entstehen und Vergehen von Staaten ist historisch betrachtet zudem ein völlig normaler Vorgang.[55] Trotzdem halten manche Zeitgenossen erbittert an ihrer Reichs-Vorstellung mit zugehörigem Feindbild fest. Was ist da los?

Wie funktioniert ein Feindbild für den Einzelnen?

Die unromantische Einsicht vorweg:

- Feindbilder - und mit ihnen die zugehörigen Verschwörungskonstrukte - werden geglaubt und gepflegt, weil das konkrete Vorteile für deren Anhänger hat.

Etwas anders ausgedrückt: **Auch und gerade abstruse Feindbilder schaffen handfesten Nutzen.** Das wiederum erklärt ihre Langlebigkeit und Stabilität. Es ist sicher auch ein Teil der Erklärung dafür, warum es um bestimmte Feindbilder herum stets einen Bestand an verschiedenen Verschwörungskonstrukten gibt: Erweist eines sich als unhaltbar, wird nicht das Feindbild verworfen, sondern eine neue Verschwörung konstruiert. Die Liste angeblicher jüdischer Verschwörungen ist wie gesehen sehr lang und wird regelmäßig um neue Ideen ergänzt.

---

[55] Norman Davies: **Verschwundene Reiche. Die Geschichte des vergessenen Europa.** Darmstadt, 2013. (Zuerst 2011 in London erschienen). In diesem Zusammenhang möchten Ihre Autoren daran erinnern, dass Bayern bereits im Jahre 555 u.Z. als eigenständiges politisches Gebilde nachgewiesen ist und somit der am längsten existierende Staat Europas sein dürfte.

Im Folgenden erklären wir, worin dieser Nutzen liegt, welche Funktion ein griffiges Feindbild für die Menschen erfüllt, die es teilen. Das ist wichtig, um zu verstehen, was man gegen Verschwörungstheorien auf argumentativer und anderer Ebene tun kann - und womit man wahrscheinlich scheitern oder die Lage sogar verschlimmern wird.

In Kapitel 1 haben wir es ausführlich erläutert: Kaum etwas eint ganz unterschiedliche Menschen und Gruppen so zuverlässig wie ein gemeinsames Feindbild, selbst oder gerade wenn es eher abstrakt, vage und nebulös gehalten ist. Wie ist das zu erklären?

- **Man erfährt Anerkennung durch die anderen Gruppenmitglieder oder Gleichgesinnte - und zwar ganz unabhängig von individueller Leistung und Erfolg.** Das Motto: *Du bist einer von uns, weil Du an bestimmte Dinge glaubst*, z.B. an eine Verschwörung pädophiler Satanisten. Das funktioniert auch bei Rassisten: *Du bist wertvoll und einer von uns, weil Du eine bestimmte Hautfarbe hast oder zu einem bestimmten Volk gehörst!* Aus den Religionen dieser Welt kennen wir das natürlich auch: *Du bist wertvoll und einer von uns, weil Du den rechten Glauben hast!* Diese Anerkennung durch bloße Zugehörigkeit ist sehr praktisch und attraktiv. Um in ihren Genuss zu kommen, muss man sich nur wenig oder gar nicht anstrengen. Man darf sich sogar kapitale gedankliche und moralische Fehlleistungen erlauben und sich ganz seinen Vorurteilen und seinem Wunschdenken überlassen. Für viele Zeitgenossen scheint das recht attraktiv zu sein.

Eine wichtige Anmerkung: Die eben genannten Beispiele zeigen, dass es nicht nur Feindbilder sind, die diesen Nutzen bieten. Wichtig ist der Glaube an eine **gemeinsame Sache** - und das muss kein Feindbild mit Verschwörungskonstrukt sein. Es kann auch der

Glaube an eine esoterische Lehre, eine Religion oder einen Fußballverein sein. Auch eine positive Vision für die Zukunft, für die man sich als Gruppe oder Gemeinschaft einsetzt, bietet einem Einzelnen diesen Nutzen. Das gilt auch für die nächsten Aspekte:

- **Man erfährt Solidarität, Schutz und Unterstützung,** z.B. bei verbalen und nonverbalen Angriffen durch *die Anderen,* also die vermeintlichen Verschwörer und deren Sympathisanten, die Feinde. Dadurch gewinnt der Einzelne an Stärke: *Ich bin nicht allein!* Das ist sehr klar im Internet und dessen „Kommunikationskultur" zu beobachten: Querschwurbler, QAnon-Gläubige oder Judenhasser treten in Foren oft im Schwarm auf. Sie unterstützen sich gegenseitig. Ein Schutzversprechen ist sogar das Motto oder der Schlachtruf von QAnon: *WWG1WGA!* Das steht für *Where we go one we go all!* und hat uns schon bei den Musketieren beeindruckt: *Einer für alle und alle für einen!*

- **Das Leben erhält Abwechslung, einen Sinn, eine Aufgabe:** *Ich bin Kämpfer gegen eine gefährliche Bedrohung und für die gute Sache!* Diese Aufgabe kann ganz gut eine eventuelle individuelle Perspektiv- oder Orientierungslosigkeit überdecken. Ein Musterbeispiel dafür haben die Nazis und deren Propagandamaschine geliefert: Mit dem Eintritt in die SA wurde vielen jungen Männern Heldenstatus, Struktur, Perspektive und eine Lebensaufgabe geboten: *Kampf gegen die jüdische Weltverschwörung!* Und eine Uniform gab es noch dazu![56] Ganz banal betrachtet ist so ein Feindbild bzw. die Orientierung daran auch

[56] Dem älteren Teil des Autorenteams sind konkrete Beispiele aus seinem Bekanntenkreis noch in guter Erinnerung. Ein wehmütiges *Das waren noch Zeiten ...* hat er in seiner Kindheit und Jugend mehr als einmal zu hören bekommen.

ganz gut gegen Langeweile. Bei Querschwurbler- oder Querkleberdemos macht man z.B. lustige Sachen wie Polizisten foppen oder den Verkehr blockieren, knüpft sehr leicht sehr viele soziale Kontakte, sieht sich wenn alles gut läuft sogar im Fernsehen und bereichert so seinen vielleicht doch recht faden Alltag.

- **Man erhält Hilfe und Orientierung bei wichtigen Entscheidungen.** Die Orientierung an Gruppennormen und -standards bedeutet für viele Menschen eine spürbare Entlastung in komplizierten Entscheidungssituationen: Sehr oft gibt eine Gruppennorm oder -erwartung die Richtung vor. Sie erinnern sich an das QAnon-Motto: *WWG1WGA!* Anders ausgedrückt: *Ich mache das, was die anderen machen (... und die werden schon wissen, was richtig ist).* Das erspart mühsames Nachdenken, risikoreiches Entscheiden und vor allem die unbequeme Übernahme von Verantwortung. Konkret: Man macht einfach das, was von einem guten Gruppenmitglied erwartet wird.[57] Die Extremform ist bekannt: *Führer befiehl - wir folgen dir!* Das funktioniert auch dann, wenn es sich beim Taktgeber um eine Gottheit handeln sollte.

- **Man erhält ein Modell der Welterklärung,** das in aller Regel ziemlich umfassend, gleichzeitig einfach und somit bestens dafür geeignet ist, Wissens- und Bildungslücken als völlig irrelevant erscheinen zu lassen. Das Motto: *Ich weiß, wie der Hase läuft - mir kann keiner was vormachen: Die Freimaurer haben alles unter Kontrolle!* So kann und darf man sich auch guten

---

[57] Dazu ließe sich ein ganzes Buch schreiben - Erich Fromm hat das auch getan: **Escape From Freedom.** New York, 1941. Das Buch hat zahlreiche Neuauflagen vorzuweisen und gilt als Klassiker. Fromm beschreibt und erklärt darin die Angst des Menschen vor Freiheit und Verantwortung - auch für das eigene Leben. Sehr aufschlussreich dazu ist auch die Studie Eric Hoffers: **The True Believer.** New York, 1951.

Gewissens anderen Menschen überlegen fühlen, gerne auch solchen mit deutlich höherer Intelligenz und Bildung: *Beschäftige Du Dich nur mit Deiner albernen Naturwissenschaft ... da wirst Du nie kapieren, dass und wie die Sterne und die Tarotkarten wirken - und dass es nie ein Coronavirus gegeben hat!* Auch in diesem Zusammenhang ist die religiöse Variante beliebt: *Alles was ich wissen muss, steht in der Bibel - da können die mir viel über Evolution, Toleranz gegen Homosexuelle oder Religionsfreiheit erzählen! Die anderen* sind die Unwissenden, die Unaufgeklärten, die *Schlafschafe* - eine pseudo-intellektuelle Frischzellenkur für das eigene Ego.

- **Man kann eventuelle Misserfolge im eigenen Leben ganz oder teilweise durch das Wirken der Verschwörer erklären.** Auch das ist praktisch und bequem. Man muss Dank der bösartigen Feinde und deren Machenschaften die Ursachen für Misserfolge grundsätzlich nicht bei sich selbst suchen. Das bekannte Motto: *Die Feinde nehmen uns die Arbeitsplätze/Frauen/unser Land etc. weg und halten uns auch sonst klein!* Das wiederum stützt das eigene Ego: *Ich kämpfe gegen einen sehr starken und vielleicht sogar übermächtigen Feind - da ist es kein Wunder, dass ich immer mal wieder eine auf die Mütze kriege!* Bisweilen klappt es sogar, die eigenen Fehler mit Hilfe des Feindbildes auch noch zu veredeln: *Der Kampf für die gute Sache erfordert halt immer Opfer - ich bin jetzt ein Märtyrer ... Wow!* Dieser Entlastungsgedanke ist typischerweise bei Verschwörungskonstrukten stark ausgeprägt, kommt aber auch in anderen Zusammenhängen vor: *Gegen sein vorbestimmtes Schicksal kommt keiner an ...*

Also: Für den Einzelnen ist ein Verschwörungskonstrukt mit einem emotional geladenen und aggressiven, also griffigen Feindbild weit mehr als eine nüchterne Überzeugung darüber, wie die Welt funktioniert. Es hat sehr oft eine stark lebensbestimmende

Bedeutung und ist eng mit dem eigenen Selbstverständnis und Selbstwertgefühl, der eigenen Lebensgestaltung verwoben. In gewisser Weise ist es sogar vernünftig, daran festzuhalten: Man würde sonst viele Vorteile und Bequemlichkeiten verlieren und müsste sich selbst einige sehr unangenehme Fragen stellen und vor allem beantworten.[58]

Eine Zwischenbemerkung: Schon jetzt sollte klar sein, dass simple Gegenargumente auf rationaler Ebene, z.B. ein trockener Faktencheck, da wenig ausrichten können. Man hält am Feindbild ja oft fest, weil es für einen selbst bzw. das eigene Leben sehr wichtig und vielleicht sogar bestimmend ist - nicht in erster Linie, weil es rational begründet ist. Das wiederum erklärt, warum wir in Diskussionen mit Anhängern von Verschwörungskonstrukten immer wieder auf beinharte und rational nicht akzeptable Abwehrmanöver stoßen:

- *Nein, ich will das alles gar nicht hören!*
- *Ich weiß, was wahr ist - und nichts wird mich umstimmen!*[59]
- *Beweis mir doch, dass es die unterirdischen Kindergefängnisse nicht gibt!*

Eine derart offen und aggressiv irrationale Einstellung gilt in manchen Kreisen tatsächlich als bewundernswert und tugendhaft. Unser Rat an die Leser: Halten Sie sich von diesen Kreisen fern.

---

[58] In Kapitel 7 gehen wir ausführlich auf dieses Phänomen der *rationalen Irrationalität* ein.
[59] Auch das Motto dafür ist uns aus anderen Bereichen, z.B. der Religion, bestens bekannt: *Ich **glaube**, weil/obwohl es widersinnig ist!*

Wie funktioniert ein Feindbild für eine Gruppe?

Gerade haben wir skizziert, welchen persönlichen und sehr konkreten Nutzen die Anhänger eines Verschwörungskonstruktes mit griffigem Feindbild von diesem haben können. Dieser Nutzenfaktor wirkt in der Regel wie eine Blockade gegen rationale Argumentation. Damit ist aber nur eine Seite des Themas abgedeckt. Im nächsten Schritt erläutern wir, welche Auswirkungen so ein Feinbild auf dessen Anhänger **als Gruppe** haben kann - und zwar jenseits des individuellen Nutzens. Was heißt das?

- Grundsätzlich verzerrt der Nutzen, den das Feinbild für den Einzelnen bietet, sehr oft dessen Verhalten in der Gruppe und somit auch deren Entscheidungsfindung und Handeln als Ganze.[60]

Wie wirkt sich das Feindbild einer Gruppe auf deren Wahrnehmung und Darstellung der Welt aus?

Es fördert Vereinfachung, Zuspitzung und Verhärtung. Anders ausgedrückt: Es kommt in der Gruppe zunehmend zu Schwarz-Weiß-Denken. Die eigentlich recht bunte und vielfältige Realität mit all ihren oft verwirrenden (und unterhaltsamen) Nuancen wird immer mehr in *Freunde und Feinde* aufgeteilt, in *Gut und Böse*.

---

[60] Heinz Jiranek, Andreas Edmüller: **Konfliktmanagement. Konflikten vorbeugen, sie erkennen und lösen**. Freiburg, München, Stuttgart, 2021 (6. Auflage). Wer Konflikte und deren Dynamik wirklich versteht, wird beim Thema *Verschwörungstheorie* immer wieder auf so bekannte wie fatale Phänomene und Muster stoßen.

Die Welt wird zunehmend im Licht des jeweiligen Feindbildes bzw. des zugehörigen Verschwörungskonstruktes interpretiert.[61]

Dadurch wird die Stellung neutraler Personen im Laufe der Zeit zunehmend schwierig. Sie verlieren an Vertrauen, Glaubwürdigkeit und Einflussmöglichkeiten. Sie geraten immer mehr und immer schneller in den Verdacht, Teil der Verschwörung zu sein - und sei es nur durch vermeintliches Wegschauen oder Duldung der Aktivitäten der Verschwörer.

- Das Denken wird immer einseitiger, schablonenhafter und irrationaler. Als Endpunkt oder Extremfall dieser Dynamik kennt die Gruppe dann nur noch *Freunde* und *Feinde*. Das Motto: *Wer nicht mit uns ist, der ist gegen uns!*

Grautöne und Zwischenstufen werden durch diese Dynamik aufgelöst. Aus dieser Weltsicht heraus wird dann ab einer bestimmten Eskalationsstufe auch gehandelt, nämlich dann, wenn die gefühlte Bedrohung durch *den Feind* groß genug ist.

Wir glauben, dass diese Dynamik in vielen Fällen den Zerfall von Freundschaften und die Entfremdung von Familienmitgliedern erklärt. Deren Akzeptanz als neutrale Bezugsperson geht Stück für Stück verloren, Vertrauen erodiert. Um Neutralität bemühte Personen werden immer näher an das Lager *der Anderen*, also der vermeintlichen Feinde gerückt. Schließlich werden sie tatsächlich als solche wahrgenommen. Diese Gruppeneffekte stabilisieren das Feindbild zusätzlich gegen den Einfluss rationaler Argumente.

---

[61] Diese Dynamik erklärt einerseits, warum Slogans wie *Alles hängt mit allem zusammen!* gerne verwendet werden, um Verschwörungstheorien insgesamt zu charakterisieren. In Band 1 wird andererseits erklärt, warum das nicht auf alle Verschwörungstheorien zutrifft und man deshalb genauer hinsehen sollte.

Wie kommt es zu dieser Dynamik der Zuspitzung und Vereinfachung?

Es sind vor allem drei Aspekte, die dabei eine wichtige Rolle spielen:

Interne Kritik am Feindbild fällt als rationaler Kontrollmechanismus weitgehend aus. Das hat „gute Gründe“: Wer Verständnis für den Feind zeigt oder für Entspannung wirbt, wer für eine differenzierte und abwägende Sicht auf *die Anderen* eintritt, schwächt aus Sicht der übrigen Gruppenmitglieder den inneren Zusammenhalt und die Motivation, sich gegen die Verschwörer zur Wehr zu setzen. Die Folge: Er setzt sich dem Verdacht aus, ein Maulwurf, Verräter, Spalter oder Defätist zu sein. Damit einher geht natürlich das Risiko, aus der Gruppe ausgeschlossen zu werden. Das wiederum bedeutet den Verlust der ganzen Vorteile, die eine Gruppenzugehörigkeit bietet und die im letzten Abschnitt erläutert wurden. Dieses Risiko möchte natürlich niemand leichtfertig eingehen - zumal man ja umringt von Feinden ist. Deshalb greifen Selbstzensur und zuspitzende Propagandaargumentation immer weiter um sich: *Alle sollen sehen und hören, dass ich verlässlich und motiviert bin!* Zur Veranschaulichung eine halb rhetorische Frage:

- Was passiert mit einem Redner auf einer QAnon-Demo, der am Mikrophon erklärt, dass er mittlerweile die Wahl Joe Bidens zum Präsidenten der USA als einwandfrei anerkenne, den Wahlprozess für weitgehend fehlerfrei halte und Trump vermutlich nicht immer die Wahrheit sage? Und der anbietet, für Informationsgespräche im Anschluss an seine Rede zur Verfügung zu stehen? Unser Verdacht: Es wird nicht zu einer rationalen Debatte kommen … und zu keiner weiteren Rede von ihm.

Wenn aus Sicht der Gruppe die Zahl der Feinde in der Welt stetig anwächst, deren Handlungen immer aggressiver und gefährlicher werden, **dann senkt diese Binnensicht die Schwelle für Handlungen, die nüchtern, rational und von außen betrachtet ausgesprochen fragwürdig sind**. Warum? Je größer die wahrgenommene bzw. eingebildete Bedrohung und Gefahr, desto drastischer muss die Reaktion darauf ausfallen: Man will ja nicht zum Opfer werden. Das Motto: *Wir verteidigen uns ja nur! Wir kämpfen für das Gute!* Und da heiligt der edle Zweck schon mal die Mittel. Ein Beispiel für diese interne Dynamik konnten wir live im Fernsehen und Internet verfolgen:

- Den mittlerweile historischen Sturm auf das Kapitol in Washington. Interviews vor Ort, zahlreiche Facebook-Nachrichten und Tweets zeigen, dass die Teilnehmer sich moralisch völlig im Recht wähnten. *Man muss sich ja schließlich irgendwie gegen „die da oben" zur Wehr setzen!*[62]

- In unserer eigenen Geschichte bietet die Dolchstoßlegende ebenfalls eine erschreckende Fülle an Beispielen. Rechte Gewalt- und Mordtaten gegen die *Verräter an Heer und Volk* waren in Weimar häufig. Sie wurden außerdem von einer antirepublikanischen Justiz wesentlich milder und nachsichtiger behandelt als Gewalt, die von Kommunisten und Sozialisten, den *Feinden des Reichs*, ausging.

---

[62] **Wikipedia:** *Sturm auf das Kapitol in Washington 2021.* https://de.wikipedia.org/wiki/Sturm_auf_das_Kapitol_in_Washington_2021. In den folgenden Kapiteln werden wir einzelne Beispiele dazu ausführlich besprechen.

Oft nimmt nicht nur die Zahl der Feinde zu, sondern es betreten ganz neue Feinde die Bühne. Die innere Logik eines Feindbildes lässt das tatsächlich erwarten. Warum? Wir haben ja schon gesehen, dass ein diffuses Feindbild wie *Die da oben* alle möglichen Gruppen und Personen dazu einlädt, sich mit ihren konkreten Lieblingsfeindbildern anzuschließen: *Die internationalen Banker, die Regierung, Bill Gates, der Deep State, die Clintons, die Industrie, die Wissenschaftler, die Medien* ... Dadurch kann es leicht zu einer Ausweitung des Konfliktgeschehens kommen. Was geschieht denn, wenn eine Gruppe einen neuen Feind mitbringt? Die anderen solidarisieren sich in der Regel sofort mit ihren neuen Kollegen: *Verstärkung kann man immer brauchen!* Allerdings erweitert sich dadurch auch der Kreis der Feinde und die Unübersichtlichkeit der Lage nimmt zu: Es entsteht neue Dynamik. Natürlich hält man zusammen und schlägt zurück, wenn man vom Feind angegriffen wird. Das Problem: Wenn man z.B. von Bill Gates angegriffen wird, z.B. durch die angeblich von ihm gesteuerte Impfkampagne, dann schlägt man vielleicht gegen eine andere Gruppe von Feinden zurück, z.B. die Ärzte, die Wissenschaftler, die Pharmaindustrie oder die Regierung. Motto: *Die stecken alle unter einer Decke!* Das beschleunigt und verhärtet natürlich das Konfliktgeschehen - es gibt ja immer mehr Feinde.

Unser Fazit: Ein emotional geladenes, aggressives Feindbild hat starken Einfluss auf das Verhalten einer Gruppe als Ganze. Es fördert Vereinfachung, Zuspitzung und Verhärtung. Die Welt wird zunehmend in Freunde und Feinde aufgeteilt. Für Neutrale wird es immer enger. Die Argumentationskultur der Gruppe wird dadurch zunehmend irrationaler und radikaler, die Schwelle für bedenkliches Handeln wird abgesenkt und aus der Binnensicht nimmt die Zahl der Feinde und somit die Bedrohung von außen stetig zu. Diese Gruppeneffekte stabilisieren das Feindbild zusätzlich und immunisieren es gegen rationale Argumente.

Zusammenfassung Kapitel 2

In diesem Kapitel geht es um folgende Fragen:

- Warum werden abstruse Feindbilder nicht einfach verworfen oder durch realistischere Annahmen über die Welt ersetzt?
- Warum werden sie oft ziemlich lange von erstaunlich vielen Menschen für wahr gehalten - obwohl es gute Argumente dagegen gibt?

Feindbilder - und mit ihnen die zugehörigen Verschwörungskonstrukte - werden geglaubt und gepflegt, weil das **konkrete Vorteile für deren Anhänger** hat:

- Man erfährt Anerkennung durch die anderen Gruppenmitglieder oder Gleichgesinnte - und zwar ganz unabhängig von individueller Leistung und Erfolg.
- Man erfährt Solidarität, Schutz und Unterstützung.
- Das Leben erhält Abwechslung, einen Sinn, eine Aufgabe.
- Man erhält Hilfe und Orientierung bei wichtigen Entscheidungen.
- Man erhält ein einfaches Modell der Welterklärung.
- Man kann eventuelle Misserfolge im eigenen Leben ganz oder teilweise durch das Wirken der Verschwörer erklären.

Wie wirkt sich das Feindbild einer Gruppe auf deren **Wahrnehmung und Darstellung der Welt** aus?

- Es fördert Vereinfachung, Zuspitzung und Verhärtung.
- Das Denken wird immer einseitiger, schablonenhafter und irrationaler.
- Als Endpunkt oder Extremfall dieser Dynamik kennt die Gruppe dann nur noch *Freunde* und *Feinde*. Das Motto: *Wer nicht mit uns ist, der ist gegen uns!*

- Diese Gruppeneffekte stabilisieren das Feindbild zusätzlich und immunisieren es gegen rationale Argumente.

Wie kommt es zu dieser **Dynamik der Zuspitzung und Vereinfachung?**

- Interne Kritik am Feindbild fällt als rationaler Kontrollmechanismus weitgehend aus.
- Die Binnensicht der Gruppe senkt die Schwelle für Handlungen, die nüchtern, rational und von außen betrachtet ausgesprochen fragwürdig sind.
- Oft nimmt aus Binnensicht nicht nur die Zahl der Feinde zu, sondern es betreten ganz neue Feinde die Bühne.

Vertiefende Literatur zu Kapitel 2

Im Konfliktmanagement findet sich ein enormer Bestand an Erfahrungen zu Dynamik und Wirkweise von Feindbildern - und somit auch Verschwörungstheorien! Es ist schade, dass dieses Wissen in der Literatur zu Verschwörungstheorien weitgehend ignoriert wird.

Friedrich Glasl: **Konfliktmanagement: Ein Handbuch für Führung, Beratung und Mediation.** Stuttgart, 2020 (12., aktualisierte und erweiterte Auflage).

Heinz Jiranek & Andreas Edmüller: **Konfliktmanagement: Konflikten vorbeugen, sie erkennen und lösen.** Freiburg, 2021 (6. Auflage).

Kapitel 3
Aufbau, Ausbau und Pflege eines Feindbildes

Im ersten Kapitel haben wir erläutert, wie wichtig wirkungsvolle und aggressive, also griffige Feindbilder für das Gefahrenpotential eines Verschwörungskonstruktes sind. Wer sich im Kampf gegen gefährliche Feinde wähnt gerät leicht in eine Eskalationsdynamik, die zu irrationalen Entscheidungen und Handlungen führt.

Im zweiten Kapitel ging es darum, warum sogar deutlich abstruse und unrealistische Feindbilder sich so hartnäckig halten können. Die Antwort liegt einerseits im Nutzen, den sie für den Einzelnen bieten. Andererseits in den Auswirkungen auf Argumentations-, Kritik- und Entscheidungskultur der Gruppe, die das Feindbild eint und zusammenhält. Dummerweise hängt dieser Nutzen nicht von der argumentativen Qualität des Feindbildes oder des zugehörigen Verschwörungskonstruktes ab.

Ein noch so liebevoll ausgeschmücktes und emotional ansprechendes Feindbild alleine reicht aber natürlich nicht aus, um langfristig Wirkung zu erzielen. Es gilt darüber hinaus, so ein Feindbild und das Verschwörungskonstrukt, das um dieses herum aufgebaut wurde, über einen längeren Zeitraum in gutem Licht erscheinen zu lassen. Es gibt ja im Normalfall zahlreiche Gegenargumente. Auch die Realität und die Erfahrungen der eigenen Anhänger passen nicht immer so richtig gut zum Feindbild. Es muss also als respektabel und plausibel **getarnt** werden, um möglichst viele Anhänger zu gewinnen und bei der Stange zu halten. Das Handwerkszeug der Verschwörungsspinner und - gauner dafür beleuchten wir ab jetzt. Wie sieht unsere Argumentationslinie aus?

In Band 1 haben wir ausführlich erklärt, wie man Verschwörungstheorien systematisch und professionell analysiert, prüft, deren zentrale Schwachstellen - falls vorhanden - erkennt und herausarbeitet. Die Erfinder diverser Verschwörungskonstrukte, also Verschwörungsgauner, die damit ihre dubiosen Ziele verfolgen, setzen ein breit gefächertes Arsenal an Verschleierungstaktiken ein, um diese Schwachstellen zu tarnen. Dabei steht ihnen natürlich die gesamte Palette an Manipulationstaktiken- und strategien zur Verfügung, die Menschen sich bisher ausgedacht haben.[63]

Wir glauben nicht, dass es eine nennenswerte Menge an Manipulationstaktiken gibt, die ausschließlich im Bereich von Verschwörungstheorien eingesetzt werden. Wir finden sie leider überall da, wo schlechte Argumente als gute verkauft werden sollen: Im Alltag, in der Politik, im Journalismus, im Bereich von Religion und Esoterik, bei Trickbetrügern, in vielen Werbekampagnen und in der Geschäftswelt. Sogar in der Wissenschaft.[64] Das heißt allerdings nicht, dass diese Manipulationstaktiken immer bewusst und mit Täuschungsabsicht eingesetzt werden. Bisweilen ist die Erklärung einfacher und in gewissem Sinne harmloser: Argumentatives Unvermögen. Konkret: Denkfehler werden oft auch von deren Produzenten für gute Argumente gehalten.

Sieht man etwas genauer hin, kann man im Bereich von Verschwörungskonstrukten **vier grundsätzliche Manipulationsstrategien** erkennen:

---

[63] Wer sich damit auskennt, hat damit übrigens ein weiteres Merkmal von Verschwörungskonstrukten zur Hand: Wenn mehr oder weniger intensiv manipuliert wird, dann sollte die „logische Warnleuchte“ zu blinken beginnen. Diese gehört leider nicht zur biologischen Grundausstattung des Homo Sapiens.

[64] **Materie,** 24.4.2023: *Wissenschaftsfeindlichkeit und Verschwörungstheorien: Die andere Seite der Medaille.* https://materie.at/gk/wissenschaftsfeindlichkeit-die-andere-seite-der-medaille/.

- Aufbau, Ausbau und Pflege eines Feindbildes (dieses Kapitel).
- Stützung und Bestätigung des Verschwörungskonstruktes (Kapitel 4).
- Immunisierung des Verschwörungskonstruktes gegen rationale Argumente (Kapitel 5).
- Diskreditierung der seriösen Konkurrenztheorien (Kapitel 6.)

Wir werden jeweils wichtige und offensichtlich funktionierende Manipulationstaktiken vorstellen und erklären, die zur Umsetzung dieser vier Strategien immer wieder eingesetzt werden. Ziel ist es, für unsere Leser eine leicht nachvollziehbare Systematik zur Prüfung von Manipulationsstrategien zu entwickeln und ihren Spürsinn für konkrete Manipulationen, Pseudo-Argumente und Argumentationsfehler zu schärfen. Das wiederum hilft dabei, im konkreten Fall diese Defizite schnell und zuverlässig zu erkennen und zu benennen - und sich selbst davor zu schützen.

Wie baut man ein Feindbild auf?

Bisher haben wir uns ausführlich mit Funktion und Wirkungsweise eines Feindbildes befasst. Jetzt geht es um die Frage, wie man zu so einem Feindbild überhaupt kommt. Es fällt ja weder vom Himmel noch ist es ohne konsequente „Aufbauarbeit" zu haben. Ein Patentrezept oder eine Gebrauchsanweisung dafür gibt es nicht. Es lassen sich aber bestimmte Manipulationstaktiken erkennen, die in diesem Zusammenhang immer wieder auftauchen.

Man sucht und präsentiert einen Sündenbock oder Schuldigen. Das Motto dieses Klassikers: *Etwas passt mir nicht, läuft anders als gewünscht oder gleich so richtig schief - da muss jemand dran gedreht haben!* Und der oder die werden dann für die missliche Lage verantwortlich gemacht. Etwas abstrakter ausgedrückt:

Man sucht Schuldige statt einer Erklärung.[65] Die Basis ist gelegt, auf der man diese dann zum Feind weiterentwickeln kann.

Ganz ehrlich, liebe Leser, nach diesem Motto ist jeder von uns schon mehr als einmal verfahren - und hat sich dabei gründlich verfahren.[66] Deshalb können wir darauf verzichten, wissenschaftliche Abhandlungen anzuführen: Lebenserfahrung und Menschenkenntnis liefern das beste Anschauungsmaterial. Klassische Kandidaten für die Rolle des an einer Misere Schuldigen sind Personen, die von dem jeweiligen Missstand profitieren (*die Nachbarabteilung, die internationalen Finanzeliten, die Pharmaindustrie*) oder die nicht oder nur wenig darunter leiden (*die Bereichsleitung, die Regierung* oder *der Deep State*). Es liegt nahe, die Nutznießer als die Schuldigen zu sehen - auch wenn sie gar nicht „am Rad gedreht haben“. Brauchbare und beliebte Anwärter sind selbstverständlich auch Personen, die man nicht mag oder denen man grundsätzlich nicht über den Weg traut, z.B. Andersgläubige oder Ungläubige.[67] Oder *Die da oben* ... Bei dieser Gruppe ist immer jemand dabei, der von Krisen oder Missständen profitiert, den man nicht mag und der über „Feindpotential“ verfügt.

---

[65] Der Ex-Berater im Autorenteam weiß es aus langjähriger Erfahrung: Das ist ein Standardvorgehen im real existierenden Projektmanagement.

[66] In Kapitel 7 erklären wir, warum diese Denkfigur so attraktiv und wirkmächtig ist. Die Grundidee vorweg: Wir tendieren sehr stark zu Erklärungen, die auf den Absichten, Entscheidungen, Zielen und Handlungen konkreter Personen beruhen. Deshalb ist auch die Idee eines intelligenten Schöpfergottes als Alternative zur Evolutionstheorie immer noch nicht ausgestorben.

[67] Praktischerweise ist die Welt voll von denen und das erklärt ganz gut, warum Religionen sich mit der friedlichen Koexistenz so schwer tun und sich permanent im Verteidigungskampf gegen Anders- und Nichtgläubige wähnen.

Ein sehr aussagekräftiges Beispiel für diesen Sündenbock-Ansatz haben wir im Rahmen der Dolchstoßlegende kennengelernt:

- Die Schuld an der Kapitulation 1918 wurde den republikanischen Kräften in die Schuhe geschoben: *Die haben dem Heer den Dolchstoß in den Rücken verpasst, damit sie an die Macht kommen!* Man kann davon ausgehen, dass diese Kräfte bei den Anhängern der alten Ordnung des untergegangenen Kaiserreichs nicht beliebt waren. Also: Beste Voraussetzungen für die Rolle des Schuldigen an der Misere, der schnell als Feind aufgebaut werden kann.

Man greift für die Rolle des Schuldigen auf einen bereits etablierten Schuft zurück und schreibt ihm ganz einfach neue Schandtaten zu. Das Motto: *Das ist ihm/ihr/denen natürlich auch noch zuzutrauen!* Diese Portfolioerweiterung tritt im Bereich von Verschwörungskonstrukten recht häufig auf:

- Bill Gates hat seine Karriere als planetarer Oberschurke als tyrannischer Nerd begonnen, dessen Produkte von vielen Computerliebhabern aus wohl eher Insidern bekannten Gründen von ganzem Herzen abgelehnt wurden. War er erst einmal als Hassfigur etabliert, ging es flott weiter: Er leitet mittlerweile zusammen mit den Clintons und anderen satanistischen Pädophilen einen weltweiten Ring zur Gewinnung von lebensverlängernden Substanzen aus Kinderblut, schändet die Kinder natürlich auch noch und ist zusätzlich das Gehirn hinter den ganzen Impfkampagnen der WHO zur Dezimierung bzw. der Chip-Überwachung der Menschheit. Manche haben auch schon seine Führungsrolle und Handschrift beim Großen Austausch erkannt und hinter den Chemtrails steckt er wahrscheinlich ebenfalls.

- George Soros „begann seine Laufbahn“ mit einer tatsächlich geglückten Spekulation gegen das britische Pfund, entwickelte sich im Kontext diverser Verschwörungskonstrukte zum Strippenzieher einer groß angelegten Kampagne zur Zersetzung Russlands (und Ungarns) und organisiert aus dem Hintergrund die ganzen Flüchtlingsströme zur Destabilisierung des europäischen Staatensystems. Vermutlich hilft ihm bei diesen beträchtlichen Herausforderungen und Aufgaben, dass er Jude ist.

- Joe Biden war den Anhängern Trumps schon zu Zeiten Obamas gründlich verhasst. Da ist es leicht, ihm auch noch die Organisation des angeblichen Wahlbetruges im Jahr 2020 in die Schuhe zu schieben: *Es wäre ja geradezu ein Wunder, wenn Biden diesmal keine krummen Tricks einsetzen würde ...* Und das, obwohl er bei vielen Anhängern Trumps als eindeutig senil gilt. Aber vielleicht verstellt er sich ja nur, um harmlos zu erscheinen ...

Natürlich ist ein Sündenbock bzw. jemand, der mir geschadet hat oder mich ärgert noch kein Feind im vollen Wortsinn. Aber immerhin ist damit der erste Schritt zum Aufbau eines Feindbildes getan, die Grundlage geschaffen. Deshalb werden wir uns im nächsten Abschnitt damit beschäftigen, wie das geht.

Wie baut man ein Feindbild aus?

Eine so wirkungsvolle wie beliebte Taktik ist die Dämonisierung der Zielperson(en). Man schreibt ihr oder ihnen eine enorme Macht zu, Menschen und Abläufe zu beeinflussen. Um so eine Person zu einem bedrohlichen Feind aufzubauen, muss man ihr außerdem noch üble Motive und Absichten unterstellen - sonst wird die ganze Macht ja gar nicht bedrohlich für *uns*. Eine dritte Zutat fachgerechter Dämonisierung ist die Zuschreibung fest verankerter und stark negativer Charakterzüge, wie Skrupellosigkeit,

Gewissenlosigkeit, Machtstreben, Sadismus und Zynismus. Nur so können Macht und üble Motive sich ungehemmt und dauerhaft ihren Weg durch die Welt und über die Opfer bahnen.

Beispiele sind uns allen bekannt und gut belegt. Hexen wurden von ihren Verfolgern nach allen Regeln der Kunst dämonisiert (und damit entmenschlicht). Das scheint auch heute noch zu funktionieren:

- Während des US-Wahlkampfes 2016 behauptete Alex Jones, einer der herausragenden Verschwörungsgauner weltweit, Hillary Clinton und Barack Obama seien Dämonen. Man erkenne das an den Fliegen, von denen sie so häufig umgeben seien, und sie röchen nach Schwefel.[68]

- Ähnliches ist über Jahrhunderte hinweg den Juden widerfahren.

- Kürzlich hat es auch die EU erwischt, die von diversen Vertretern der Brexitkampagne messerscharf als faschistoide Terror- und Sklaventreiberorganisation erkannt wurde. Natürlich mit dem Ziel der Unterjochung und Zerstörung des Vereinten Königreichs - mindestens.[69] Dazu im Rückblick die Ausführungen Boris Johnsons, eines der Helden des englischen Widerstandes: *In der Debatte um einen Austritt Großbritanniens aus der EU hat Londons populärer Ex-Bürgermeister Boris Johnson die*

[68] Michael Butter: **„Nichts ist, wie es scheint“**. Berlin, 2018, S.94. **Wikipedia:** *Alex Jones (Radiomoderator).* https://de.wikipedia.org/wiki/Alex_Jones_(Radiomoderator).

[69] Uns ist diese besorgniserregende Effizienz und Effektivität der Brüsseler Bürokratie bisher allerdings verborgen geblieben - gegen etwas mehr davon hätten wir nichts einzuwenden.

Einflussnahme der Europäischen Union mit Hitlers kontinentalen Machtansprüchen verglichen. Die vergangenen zwei Jahrtausende europäischer Geschichte seien von wiederholten Versuchen gekennzeichnet gewesen, den Kontinent nach dem Vorbild des Römischen Reichs unter einer einzigen Regierung zu einen, sagte Johnson der Zeitung The Sunday Telegraph. "Napoleon, Hitler, verschiedene Leute haben das versucht, und es endete tragisch."[70]

In diesem Zusammenhang sollte, zweitens, eine ganz spezielle Taktik erwähnt werden: **Negative Unterstellung aus Prinzip.** Was heißt das? Sehr oft haben wir nicht genügend Daten und Belege, um uns die Handlungen einer Person wirklich schlüssig und zwingend zu erklären. Dann müssen wir diese Lücken durch Unterstellung oder Interpretation schließen. Wir greifen zur Erläuterung bewusst auf ein alltagsnahes Beispiel zurück, um daran zu erinnern, wie oft wir selbst diese negative Unterstellung vornehmen:

- Meine Freundin Steffi schenkt mir zum Geburtstag ein Trikot des FC Bayern München.[71] Als eingefleischter Anhänger der *Großen Liebe Münchens* - damit ist selbstverständlich der TSV 1860 gemeint - habe ich jetzt zwei Reaktionswege: Ich kann, erstens, Steffi positive Motive in Kombination mit einem Irrtum unterstellen. Ich erkläre mir das seltsame Geschenk dann so: *Steffi will mir zum Geburtstag tatsächlich eine Freude machen*

[70] **ZEIT,** 15.5.2016: *Londons Ex-Bürgermeister vergleicht EU mit Hitler.* https://www.zeit.de/politik/deutschland/2016-05/brexit-boris-johnson-vergleich-eu-hitler?utm_referrer=https%3A%2F%2Fwww.google.com%2F.

[71] Mit *mir* ist Andreas Edmüller gemeint. Judith Faessler ist fußballtechnisch gesehen leider nicht rechtgläubig. So weit wie Steffi würde sie aber nie gehen.

und hat einfach nicht mitgekriegt, wie ich zum FCB stehe. Das Resultat: Ich buche das Ganze als nette Anekdote ab und bedanke mich bei Steffi. Und lade sie demnächst zu einem Heimspiel der Münchner Löwen ein.

- Ich kann, zweitens, Steffis Aktion aber auch anders interpretieren: Ich kann ihr negative Motive in Kombination mit dem Wissen um meine Sympathien bezüglich der Münchner Fußballvereine unterstellen. Jetzt erkläre ich mir das Geschenk anders: *Steffi weiß genau, dass ich den FC Bayern nicht mag und will mich mit diesem Geschenk ärgern - und das an meinem Geburtstag!* Das Resultat: Ich bedanke mich schmallippig bei Steffi und merke sie für eine zeitnahe Vergeltungsaktion vor.

Im Leben stehen wir sehr oft vor der Aufgabe, uns eine Deutung der Handlungen unserer Mitmenschen zu erarbeiten. Vereinfacht gesagt kommt es dabei darauf an, welche Kombination von **Motiven** (Warum handelt die Person?) und **Wissen** (Was weiß die Person?) wir für die plausibelste halten. Diese Interpretation oder Unterstellung bestimmt dann unsere Reaktion auf die Handlungen der fraglichen Person.

Für Aufbau und Pflege eines Feindbildes ist es natürlich sehr hilfreich, grundsätzlich üble Motive und Ziele zu unterstellen und die harmlosen Alternativerklärungen wie z.B. Irrtum, Unachtsamkeit, schrägen Humor, Stümperei oder Gedankenlosigkeit unberücksichtigt zu lassen. Das Motto: *Man weiß ja eh schon, wie der oder die andere tickt!* Im Alltag wird das dann gemäß dem Prinzip der negativen Unterstellung gerne so oder ähnlich ausgedrückt:

- *Was anderes ist von so einem ja eh nicht zu erwarten …*
- *Die kann ja gar nicht anders …*
- *Typisch Andreas - genau wie das ganze letzte Jahr …*

Für die Zielperson ergibt sich aus diesem Prinzip der negativen Unterstellung natürlich ein fatales Dilemma: Egal was sie sagt oder macht - es wird grundsätzlich gegen sie ausgelegt. So könnte es auch Steffi ergehen:

- Nehmen wir an, Steffi habe mir tatsächlich eine Freude machen wollen. Frage ich nach, was sie mit dem Geschenk erreichen wollte, wird sie wahrheitsgemäß antworten: *Lieber Andreas, Thomas hat mir gesagt, Du wärst Anhänger des FCB. Und da wollte ich Dir zum Geburtstag eine Freude machen.* Folge ich dem Prinzip der negativen Unterstellung, wird das meine Sicht auf Steffi weiter verhärten: *Aha, jetzt lügt sie mir auch noch ins Gesicht! Typisch...*

Anders ausgedrückt: Dieses Prinzip lässt tatsächlich nur Raum für feindseliges Verhalten - perfekte Voraussetzung für Aufbau und Pflege eines Feindbildes!

Eine dritte Taktik zur Stabilisierung und Pflege eines Feindbildes kennen wir bereits aus Kapitel 1: **Man bleibt im Nebulösen und sagt nicht genau, wer welche Ziele mit welchen Mitteln verfolgt.** Zum einen wird damit das Feindbild stabilisiert. Stellt sich z.B. heraus, dass eine konkrete Person oder Gruppe nicht an den behaupteten Machenschaften beteiligt ist, so bleiben genügend andere Feinde übrig, die gegen uns arbeiten. Außerdem bleibt das Feindbild grundsätzlich intakt - man hatte sich ja gar nicht genau darauf festgelegt, wer genau was genau mit wem genau macht. Das Motto: *Ist ein Ziel nicht genau bekannt, dann ist es schwer zu treffen!*

Zum anderen ist so ein vages Feindbild, wie bereits ausführlich erläutert, für viele verschiedene Gruppen attraktiv, sie können ihre bereits vorhandenen „Lieblingsfeindbilder“ hineinprojezieren. Auch für diese Taktik fehlt es nicht an konkreten Beispielen:

- *Die EU, der Deep State, die Politiker, die internationalen Eliten, die da oben* oder *die Lügenpresse* ... Wer genau ist denn eigentlich mit derartigen Ausdrücken gemeint?

Eine vierte Taktik für Aufbau und Pflege eines wirkungsvollen Feindbildes liegt in der **Heroisierung der Anhänger des jeweiligen Verschwörungskonstruktes,** also der Personen, die sich gegen die angeblichen Feinde stellen. Ihnen wird erzählt, sie seien aufrecht und mutig - der Feind viel mächtiger. Für viele Zeitgenossen ist es wohl attraktiv, die Rolle des edlen Underdog einzunehmen. Die Sage um Robin Hood und seine edlen Geächteten wird vermutlich auch deshalb regelmäßig verfilmt. Um sich als Underdog zu fühlen, braucht es allerdings einen mächtigen „Overdog“ - den Sheriff von Nottingham zum Beispiel.

Außerdem seien die Anhänger des jeweiligen Feindbildes klug und aufgeklärt, da es nicht gelungen ist, ihnen etwas vorzumachen, sie zu täuschen. Sie haben z.B. die Verschwörung der pädophilen Satanisteneliten erkannt. Diejenigen unter uns, die noch nicht so weit sind, werden oft mit dem Fachbegriff *Schlafschafe* bezeichnet.

Eine weitere Aufwertung und Stärkung liegt schließlich im konsequenten Schwarz-Weiß Denken, das sich, wie oben erläutert, oft bei reifen Feindbildern findet: Es ist kein Raum mehr für Neutrale, für Zwischentöne, für ernstzunehmende Ansprechpartner außerhalb des eigenen Lagers. Die Welt wird immer klarer in *wir oder die*, in *dafür oder dagegen* oder in *Freund oder Feind* aufgeteilt. Durch diese Abwertung aller Nicht-Anhänger des Verschwörungskonstruktes findet natürlich eine implizite Aufwertung seiner Anhänger statt - es gibt ja nur noch eine einzige Möglichkeit, aufrecht und anständig zu sein und zu bleiben, nämlich *die unsere*.

Unser Fazit: Es gibt eine Fülle bewährter Manipulationstaktiken, die immer wieder eingesetzt werden, um ein Feindbild aufzubauen, am Leben zu halten und weiter auszuschmücken. Einige dieser Klassiker haben wir in diesem Kapitel skizziert.

Zusammenfassung Kapitel 3

In diesem Kapitel erklären wir, wie ein Feindbild entwickelt wird. Die folgenden Manipulationstaktiken sind erfahrungsgemäß sehr wirkungsvoll, wenn es um **Aufbau, Ausbau und Pflege eines Feindbildes** geht:

- Die Suche nach einem Schuldigen oder Sündenbock bzw. die Erweiterung dieser Rolle für bereits „etablierte" Schuldige.
- Die Dämonisierung und Entmenschlichung der ins Auge gefassten Feinde.
- Der gezielte und konsequente Einsatz des Prinzips der negativen Unterstellung.
- Die unscharfe und nebulöse Beschreibung des Feindes.
- Die Heroisierung der eigenen Anhänger bzw. der Opfer des angeblichen Feindes.

Vertiefende Literatur zu Kapitel 3

In den Kapiteln 3 bis 6 geht es in erster Linie um typische Manipulationsstrategien und -taktiken bei Verschwörungskonstrukten, wie man sie erkennt und sich davor schützt. Die folgenden Bücher beleuchten diesen Teil menschlicher Kreativität kompetent und umfassend:

Nikil Mukerji: **Die 10 Gebote des gesunden Menschenverstands.** Berlin, Heidelberg, 2017.

Andreas Edmüller & Thomas Wilhelm: **Manipulationstechniken: So wehren Sie sich.** Freiburg, 2020 (5. Auflage).

Daniel Kahnemann: **Thinking, Fast and Slow.** New York, 2011.

Uderzo & Goscinny: **Streit um Asterix.** Stuttgart, 1970. Der Verschwörungsgauner Tullius Destructivus ist ein Meister darin, Feindbilder aufzubauen und zu verschärfen.

Kapitel 4
Wie tarnt man Verschwörungskonstrukte als gute Theorien?

Feindbilder sind der Kern von Verschwörungskonstrukten. Aus ihnen erwächst das Konflikt- und Schadenspotential der gefährlichen Verschwörungskonstrukte. Deshalb haben wir sie so ausführlich beleuchtet. In diesem Kapitel geht es darum, wie Verschwörungsmärchen und erkenntnistheoretisch nicht respektable Verschwörungstheorien als gute oder plausible Theorien getarnt werden.

- Bildlich gesprochen: Wie schaffen Verschwörungsgauner es immer wieder, schlechte Theorien und sogar blanken Unsinn als gesicherte Erkenntnis zu verkaufen?

- Eher theoretisch ausgedrückt: Mit Hilfe welcher Manipulationstaktiken und Denkfehler werden Verschwörungskonstrukte scheinbar begründet und bestätigt?

Ein genauer Blick darauf ist wichtig: Leider fallen immer wieder viele Menschen auf diese Täuschungsmanöver herein. In Kapitel 5 geht es dann darum, wie diese Verschwörungskonstrukte vor guten Gegenargumenten geschützt werden. Kapitel 6 erläutert, mit welchen Manövern und Tricks bessere Alternativtheorien schlechtgemacht und scheinbar widerlegt werden. Die Erklärung für die immer wieder erstaunliche Wirksamkeit dieser ganzen Manipulationstaktiken liefern wir dann in Kapitel 7 und 8.

Worauf kommt es uns an? Es geht uns nicht um Vollständigkeit. Angesichts der erstaunlichen Leistungsfähigkeit menschlichen Erfindungsgeistes wäre das auch nicht möglich. Wir legen unser Augenmerk deshalb auf oft verwendete, typische und wirkungsvolle

Manipulationstaktiken und Täuschungsmanöver. Es ist wichtig, die Grundprinzipien zu kennen und im Einzelfall zu erkennen. Deshalb haben wir eine klare und übersichtliche Einteilung vorgenommen; hier die Kategorien für dieses Kapitel im Überblick:

- Trügerische Qualitätskriterien für Theorien
- Tarnung der miserablen Datenqualität
- Zweck- und Wunschdenken statt Wahrheit

Trügerische Qualitätskriterien für Theorien

In Band 1 haben wir ausführlich erläutert, wie wichtig es ist, bei der Beurteilung von Theorien mit belastbaren Qualitätskriterien zu arbeiten. Und wir haben anhand vieler Beispiele belegt, dass und wie Verschwörungskonstrukte an genau diesen Kriterien scheitern: Sie sind erkenntnistheoretisch nicht respektabel.

Verschwörungsgauner wissen das leider auch und greifen immer wieder auf Pseudo-Qualitätskriterien zurück. Genauer ausgedrückt: Sie missbrauchen einerseits eigentlich sinnvolle Kriterien und tun so, als würde ihr Verschwörungskonstrukt diesen genügen. Andererseits bieten sie Pseudo-Kriterien an, die Qualität nur vortäuschen. Damit möchten sie zum einen die Schwachpunkte des jeweiligen Konstruktes tarnen und zum anderen den Eindruck argumentativer Seriosität erzeugen. Was heißt das konkret und wie geht das?

Missbrauch-Variante 1: *Es passt Alles so gut zusammen!*

Dieses Kriterium wird auf zwei Ebenen verwendet: Einerseits auf der Ebene der Daten und Belege, andererseits auf der Ebene ganzer Theorien. Es stimmt: Dass qualitativ hochwertige Daten und Belege stimmig sind und eine Theorie gut mit anderen qualitativ hochwertigen Theorien zusammenpasst, das spricht jeweils für diese Theorie. Die Betonung liegt aber auf *qualitativ hochwertig*. Dass andererseits Unsinn mit Unfug gut zusammenpasst, wird niemanden verwundern. Leider lassen viele Menschen sich davon immer wieder beeindrucken.

- **Beispiel 1:** *Im Internet liest man immer wieder, dass mindestens 50% der geimpften Personen mit dauerhaften Schäden für ihre Gesundheit rechnen müssen. Und mein Cousin hat mir erst gestern erzählt, dass seine Großtante seit der Impfung vor 3 Wochen ständig müde, niedergeschlagen und sehr unkonzentriert ist. Genau wie bei meiner Nachbarin!* ***Das passt doch einfach zu gut, um ein Zufall zu sein*** *und zeigt klar, dass die uns nach Strich und Faden belügen!*[72]

Unser Kommentar zu Beispiel 1

Erstens: Im Internet steht viel und niemand wird ernsthaft auf die Idee kommen, jede dort angesiedelte Quelle als qualitativ hochwertig einzustufen. Das führt sofort zu einigen kritischen Fragen:

- Aus welcher Quelle stammt der Wert von 50%?
- Wie verlässlich und glaubwürdig ist diese Quelle?
- Nach welcher Methode wird der Wert von 50% ermittelt?

Prozentangaben dienen oft dazu, Präzision und Seriosität vorzutäuschen, deshalb die Frage nach der Methode.

---

[72] Diese Art von „Argument“ haben wir während der Coronazeit in allen möglichen Varianten immer wieder zu hören bekommen. Es enthält einige Denkfehler; hier konzentrieren wir uns auf die wichtigsten.

Zweitens: Aus seriösen Quellen kann die im Beispiel genannte Zahl von 50% nicht stammen. Das zeigt ein einfacher Plausibiliätscheck. Es fehlen zwar wirklich gute und umfassende Daten zu den Nachwirkungen.[73] Aber: Wenn etwa 65 Millionen Bürger geimpft wurden, dann müssten gut 30 Millionen an deutlichen Nachwirkungen leiden.

- Wie passt das zu unserer Alltagserfahrung?
- Leidet tatsächlich jede zweite Person in unserem Umfeld an diesen Nachwirkungen?
- Warum haben da nicht schon lange zumindest einige der zigtausend Hausärzte Alarm geschlagen?
- Wo sind die Rückmeldungen der Kliniken?

Drittens: Was bedeutet bzw. belegt das Beispiel mit der Großtante? Von welchen Symptomen ist genau die Rede? Vielleicht ist sie ja 93 Jahre alt und war auch schon vor der Impfung meistens müde und niedergeschlagen - nur wurde das als ganz normale Alterserscheinung eingeordnet. Dieser Vorher-Nachher Vergleich ist also ohne weitere Prüfung nicht belastbar. Und was genau ist mit der Nachbarin los? Falls - falls - sie tatsächlich Beschwerden haben sollte: Könnte es dafür nicht andere Ursachen geben, als die Impfung? Und wie ging es ihr vor der Impfung?

Viertens: Wieso bestätigen die beiden genannten Beispiele, also *die Tante* und *die Nachbarin*, einen Wert von 50%? Warum nicht 40% oder 2%?

---

[73] Stand Juni 2022. https://www.br.de/nachrichten/wissen/corona-impfung-warum-die-daten-zu-nebenwirkungen-irritieren-faktenfuchs,T6SEdmx Aus dieser Untersuchung geht deutlich hervor, welche Defizite es bei der Erfassung der Nachwirkungen gibt. Es wird allerdings auch klar, dass und warum ein Wert von 50% der Phantasie entspringen muss.

Fünftens: Was genau hat *der Cousin* eigentlich gesagt und gemeint? Wir kennen doch alle das Phänomen der *Stillen Post*: Über wie viele Stationen hat diese „Information“ ihn erreicht? Vielleicht hat seine Schwester dem Cousin die Information weitergegeben - und sie wiederum hatte es von einer Freundin der Großtante ... Wie belastbar und aussagekräftig sind die Beispiele der Großtante und der Nachbarin? Tatsächlich wird oft eine nahe Beziehung oder Verwandtschaft behauptet, um die Seriosität einer Quelle zu unterstreichen bzw. diesen Eindruck zu erwecken. Motto: *Ich weiß es von jemand, der mir nahesteht und den ich gut kenne, also muss es stimmen - und wenn Du es anzweifelst werte ich das als Angriff auf mich!*

Also: Ja, es stimmt, die drei Behauptungen im Beispiel 1 passen gut zusammen - irgendwie und sehr oberflächlich betrachtet. Das hat aber nur dann eine gewisse Aussagekraft, wenn die Behauptungen jeweils für sich gut begründet und belastbar sind. Und das sind sie wie gesehen nicht. Lebenserfahrung und Hausverstand werfen viele Fragen auf und deuten da in eine ganz andere Richtung.[74]

- **Beispiel 2:** *Bill Gates steckt bekanntlich hinter dieser verlogenen Impfkampagne, die uns seine Chips zur Gedankenkontrolle einpflanzen soll; das weiß ja mittlerweile jeder! Das ist bestens belegt.* ***Das passt auch voll ins Bild*** *- schließlich organisiert er schon seit mehr als 10 Jahren zusammen mit den Clintons die-*

---

[74] In Band 1 erläutern wir genau, wie man die Seriosität von Daten und Belegen prüfen kann. Wir bieten dafür konkrete Prüf-Fragen und eine Checkliste an.

sen internationalen Pädophilenring und steckt hinter den anderen Impfkampagnen der WHO, mit denen sie die Weltbevölkerung um die Hälfte reduzieren wollen.[75]

Unser Kommentar zu Beispiel 2

Es stimmt. In einem bestimmten Sinne passen diese drei Behauptungen bzw. „Theorien“ über Bill Gates gut zusammen.[76] Jede passt jeweils gut zu den anderen. Das hat aber keinerlei argumentative Kraft - es sei denn, es ließe sich zeigen, dass die drei erwähnten Verschwörungskonstrukte jedes für sich erkenntnistheoretisch respektabel sind. Aber das sind sie nicht.[77] Auch die Informationen, die wir z.B. über Dornröschen, Rumpelstilzchen und die Sieben Zwerge oder die Götterwelt des Olymp haben, passen jeweils gut zusammen und ergeben ein stimmiges Gesamtbild ... wenn man sich etwas bemüht und über ein gewisses Maß an Phantasie verfügt. Daraus folgt allerdings nicht, dass sie etwas mit der realen Welt zu tun haben.

---

[75] Dieses Beispiel stammt mit leichten Änderungen aus der Unterhaltung eines der Autoren mit einer Anhängerin diverser Verschwörungskonstrukte. Die Dame war auch nicht von der Existenz des Coronavirus überzeugt Das Gespräch wurde im Sommer 2022 bei Kaffee und Kuchen geführt und war ausgesprochen lebhaft und unterhaltsam - für beide Seiten.

[76] Man fragt sich, woher er die Zeit und die Energie nahm, nebenher noch die Firma Microsoft aufzubauen.

[77] Auch auf die Gefahr hin, uns zu wiederholen: In Band 1 wird ausführlich erklärt, dass und warum diese und ähnliche Verschwörungskonstrukte an den Qualitätskriterien für Theorien scheitern.

Diese Manipulationstaktik kommt oft vor und erklärt, warum immer wieder der Slogan *Alles hängt mit allem zusammen!* benutzt wird, um das Wesen von Verschwörungstheorien zu beschreiben.[78]

Unser Fazit: Verschwörungsgauner missbrauchen sehr oft das Kriterium der Stimmigkeit von Daten und Theorien. Sehr oft *passen dabei Dinge zusammen*, die für sich genommen nicht haltbar oder sogar Unsinn sind. Und daraus folgt gar Nichts - außer, dass ein Manipulationsversuch vorliegt.

Missbrauch-Variante 2: *Wir haben Experten auf unserer Seite!*

Auch dieses Kriterium ist sinnvoll: Wenn anerkannte Experten und Autoritäten nach bestem Wissen und Gewissen eine Meinung in ihrem Fachgebiet vertreten, dann ist das erst einmal ein gutes Argument für diese Meinung. Man kann und sollte davon ausgehen, dass sie wissen, wovon sie reden und uns nicht hinters Licht führen wollen. Zur Tarnung von fragwürdigen Verschwörungskonstrukten als seriös wird dieser Appell an Experten aber oft und gerne missbraucht. Dafür gibt es verschiedene Ansätze.

Der bekannteste ist wohl die Berufung auf **Pseudo-Experten**. Das sind Personen, die zu Recht in einem bestimmten Bereich als kompetent und sachkundig gelten - aber nicht für das Thema, um das es eigentlich geht. Leider tendieren viele Menschen dazu, einem anerkannten Fachmann auch in Bereichen Autorität zuzuschreiben, die dessen Expertise nicht abdeckt.[79] Wir vermuten, das hat damit zu tun, dass die betreffende Person grundsätzlich für glaubwürdig gehalten wird. Die Werbeindustrie setzt gerne auf diese

---

[78] So richtig klappt das aber nicht. Es würden zu viele „kleinräumige" Verschwörungstheorien ausgeschlossen, wie sie z.B. zum Mord an Kennedy entwickelt wurden.
[79] Das gilt auch für Fachfrauen.

Karte. Prominente Sportler, Schauspieler oder Sänger preisen immer wieder Produkte an, für deren Beurteilung sie so kompetent sind wie Sie und wir:

- Warum sollte ein Fußballspieler die Qualität eines Rasierapparates besser beurteilen können als jeder andere, der sich täglich rasiert?

- Warum sollte die Moderatorin einer Kuppelshow die Qualität eines Fertiggerichtes oder eines Autos besser beurteilen können als Sie und wir?

- Warum sollte ein Schauspieler, der im Film einen Umweltschützer darstellt, genauso viel über die Klimathematik wissen wie ein Meteorologe, der dazu seit 20 Jahren forscht?

Bei Verschwörungskonstrukteuren ist dieses Phänomen ebenfalls bekannt und wird gezielt genutzt. Es tauchen immer wieder prominente Personen auf, die Verschwörungsmärchen oder unhaltbare Verschwörungstheorien vertreten. Damit bringen sie zum einen ihren „Prominentenbonus" in die Diskussion ein und werfen ihn für das jeweilige Verschwörungskonstrukt in die Waagschale. Zum anderen sind sie natürlich für die Medien interessant: Sie werden gehört, ihre Aussagen zitiert und mit hoher Dynamik verbreitet.

- **Beispiel 1:** Attila Hildmann wurde als *Vegan-Koch* bekannt und steigerte seine Bekanntheit durch Auftritte in diversen Fernsehshows wie Let‘s Dance oder Schlag den Star. Dann scheint er zunehmend Gefallen an allen möglichen Verschwörungskonstrukten gefunden zu haben: Aliens, Satanisten, Tempelritter, Bill Gates (eh klar), die Juden, die 5G-Terroristen, die Neue Weltordnung - sie alle wären hinter ihm her weil er sie und ihre finsteren Pläne durchschaue, aufdecke und bekämpfe. Zum

Glück stehe er in seinem Kampf aber nicht allein. Heldengestalten wie Donald Trump, Vladimir Putin und diverse Nazis stemmen sich mit ihm gegen diese ganzen Mächte der Finsternis.[80]

Herr Hildmann ist sicher nicht der Einzige mit einem derart facettenreichen und unterhaltsamen „geistigen" Koordinatensystem. Aber er ist einer der wenigen, die in den Medien viel Gehör für diesen ganzen Unfug finden - weil er ein prominenter Koch (!) ist.[81] Unsere Fragen dazu sind rein rhetorisch und beantworten sich von selbst:

- Was hat die Wertigkeit der Ansichten Herrn Hildmanns zu Aliens, Tempelrittern, der Coronathematik etc. mit seinen Fähigkeiten als Koch zu tun? Oder damit, dass viele ihn kennen?

- Warum berichten keine Journalisten der großen Medien über Lieschen Müller mit ihren Erzählungen über Aliens, Freimaurer, Echsenmenschen und QAnon - auch dann nicht, wenn sie richtig gut kochen kann?

- **Beispiel 2:** Xavier Naidoo ist ein bekannter Sänger, Musiker und Songwriter. Vermutlich deshalb fand er jahrelang in den Massenmedien viel Gehör für seine Verschwörungskonstrukte zu QAnon, dem Coronavirus, oder der formalen Nichtexistenz der Bundesrepublik. Er hat uns auch darüber aufgeklärt, dass die Erde eine Scheibe sei und unter Deutschland (im geographischen Sinne - politisch existiert es ja nicht) sich ein riesiges Tunnelsystem befinde, in dem sich Klone und Roboter blutige und

---

[80] **Wikipedia:** *Attila Hildmann.* https://de.wikipedia.org/wiki/Attila_Hildmann.

[81] Ein abgebrochenes Physikstudium hat er ebenfalls vorzuweisen. Damit wäre er für eine Karriere in der Politik bestens qualifiziert.

brutale Schlachten liefern. Einer dieser Tunnels ende in New York. Es gebe übrigens auch keinen Weltraum und, logisch, somit auch keine Aliens. Diese seien in Wirklichkeit Dämonen und Gefallene, die aus den tiefen Schichten der Erde stammten.[82]

In einem Video aus dem April 2022 distanziert Naidoo sich dann allerdings von diesen Ansichten.[83] Er sei zahlreichen Irrtümern aufgesessen und habe sich manchmal von der Realität etwas zu weit entfernt usw. Vermutlich ist ein Teil der Erklärung für seinen Sinneswandel, dass seine Frau aus der Ukraine stammt und sein Held und moralisches Vorbild Putin sich dort ja nicht gerade mit Ruhm bekleckert. Vielleicht haben auch die Verkaufszahlen seiner Lieder und Konzertkarten als Teil der wirtschaftlichen Realität etwas mit seinen neuesten Erkenntnissen zu tun - wir wissen es nicht.

Was wir aber wissen: Lieschen Müller hätte, erstens, mit ihren Theorien zu Dämonen, der Scheibengestalt der Erde und dem angeblichen Tunnelsystem mit den Kindergefängnissen zur Gewinnung einer Verjüngungsdroge nicht eine Zeile oder ein Wort in unseren Massenmedien erhalten.[84] Zweitens hat sie auf die Anhänger

---

[82] Wir vermuten, dass diese Kreaturen auch das Tunnelsystem gebaut haben. **Wikipedia:** *Xavier Naidoo.* https://de.wikipedia.org/wiki/Xavier_Naidoo.
[83] **youtube**, *#OneLove.* https://www.youtube.com/watch?v=rbo9RrQ4V6w.
[84] Adrenochrom taucht in unserem Zusammenhang zuerst in einer Satire von Hunter S. Thompson auf. **Medmix,** 6.4.2022: *Adrenochrom – Stoffwechselprodukt von Adrenalin: Mythos und Wirklichkeit.* https://www.medmix.at/adrenochrom-mythos-und-wirklichkeit/?cn-reloaded=1 Und wieder einmal ist aus Satire in einem gewissen Sinne Realität geworden.

von Verschwörungskonstrukten viel weniger Einfluss als der prominente Sänger. Und das sicher nicht, weil sie für diese Themen weniger kompetent als Herr Naidoo ist.

Also: Prominente werden gerne in die Rolle von Experten geschoben. Sie sind ja oft prominent, weil sie tatsächlich in einem Bereich zu Recht Expertenstatus genießen. Das übertragen wir dann zu leicht auf andere Bereiche. Außerdem haben sie als Prominente viel zu verlieren, wenn sie als Windbeutel oder Schwindler enttarnt werden. Das stärkt vermutlich ebenfalls ihre Glaubwürdigkeit. Davon sollte man sich aber nicht blenden lassen. Ein Experte büßt seinen Status schnell ein, wenn er die Grenzen seiner Expertise missachtet. Und dann kann auch die Glaubwürdigkeit sehr schnell weg sein.

Aber selbst dann, wenn **akademische Rangabzeichen** im Spiel sind, dürfen Vorsicht und nüchterne Skepsis nicht einfach über Bord geworfen werden. Ein Doktor- oder Professorentitel signalisiert keinesfalls universale Kompetenz. Man sollte deshalb genau hinschauen, ob die damit dekorierte Person tatsächlich kompetent genug ist, den jeweiligen Themenkomplex zu beurteilen.

- **Beispiel 3:** Ich, Andreas Edmüller, bin Privatdozent für Philosophie. Das heißt aber nicht, dass ich kompetent dafür bin, eine Opernaufführung, eine Kunstausstellung oder die Relevanz eines physikalischen Experimentes im Teilchenbeschleuniger bei CERN zu beurteilen. Auch mit der Zusammenstellung der Nationalmannschaft im Dressurreiten wäre ich überfordert.[85]

---

[85] Bei der Fußballnationalmannschaft ist das natürlich was anderes: Das kann ich besser als jeder Bundestrainer.

- **Beispiel 4:** Der durchaus anerkannte und ernstzunehmende Biochemiker Otto E. Rössler klagte 2008 gegen die Inbetriebnahme des Teilchenbeschleunigers LHC am CERN: Er befürchtete die Erzeugung künstlicher Schwarzer Löcher, die seiner Ansicht nach exponentiell wachsen würden. Die Teilchenforscher und Quantenphysiker widersprachen dieser Ansicht und warfen ihm mangelndes Verständnis der allgemeinen Relativitätstheorie vor. Seine Klagen scheiterten. Die Gerichte haben sich auf die Quantenphysiker verlassen.[86]

Allerdings gibt es immer wieder **fachnahe Experten**, die eine sehr spezielle Meinung vertreten. Anschauliche Beispiele dafür finden wir im Rahmen der Corona-Debatte. Dort tauchen regelmäßig Mediziner auf und bestreiten die Gefährlichkeit des Coronavirus oder sogar dessen Existenz. Kurz: Sie stellen die Thesen der großen Mehrheit ihrer Kollegen radikal in Frage.

Es stimmt natürlich: Mediziner jeder Fachrichtung sollten auch ohne Spezialausbildung in der Lage sein, „Coronathemen“ bzw. die Aussagen der Virologen und Forscher zu prüfen und zu beurteilen - zumindest besser als medizinische Laien. Die wissenschaftlichen Grundlagen dafür sollten im Studium gelegt worden sein. Was ist also davon zu halten, wenn ein Arzt oder gar ein Professor der Mehrheit der anerkannten Experten widerspricht? Die gute Nachricht: Als Laien haben wir sehr wohl Möglichkeiten, die Diskussionslage auch in solchen Situationen zu beurteilen. Das Haar in der Suppe: Ohne eine gewisse Investition an Zeit und Mühe geht das nicht.

---

[86] **Wikipedia:** *Otto E. Rössler.* https://de.wikipedia.org/wiki/Otto_E._Rössler.

- **Beispiel 5:** Der Arzt Dr. Bodo Schiffmann hat im Rahmen der Coronapandemie schon sehr früh Meinungen vertreten, die stark von den Aussagen und Empfehlungen der Mehrheit der Experten abwichen. So hat er z.B. mehrfach behauptet, Kinder seien durch das bloße Tragen einer Maske (zum Schutz gegen Viren) zu Tode gekommen. Außerdem hat er wiederholt die These aufgestellt, dass nach allen verfügbaren Daten so gut wie niemand an Covid-19 sterbe.[87]

Stimmt das? Tatsache ist, dass kein einziges Kind in Deutschland wegen einer Maske gestorben ist. Es gibt genau einen „Fall mit Maske". Dabei ist ein junges Mädchen in einem Schulbus kollabiert. Die Ursache konnte allerdings nie genau geklärt werden. Dass die Maske dafür ursächlich war, gilt allerdings als sehr unwahrscheinlich und entspricht nicht dem Ergebnis der Obduktion durch die Gerichtsmedizin. Weitere „Fälle", die im Internet aufgetaucht sind, konnten schnell als Lügengeschichten und reine Erfindungen entlarvt werden.[88]

An dieser Stelle sei uns eine kurze Plausibilitätsprüfung erlaubt. In Japan und anderen Ländern Asiens ist es schon lange üblich, während der Erkältungs- und Grippesaison Masken zu tragen - nicht

---

[87] **Wikipedia:** *Bodo Schiffmann.* https://de.wikipedia.org/wiki/Bodo_Schiffmann.
[88] **Correctiv**, 8. 10. 2020: *Es gibt keine Belege für die Gerüchte, dass Kinder gestorben sind, weil sie Masken trugen.* https://correctiv.org/faktencheck/2020/10/08/es-gibt-keine-belege-fuer-die-geruechte-dass-kinder-gestorben-sind-weil-sie-masken-trugen/. https://www.rheinpfalz.de/lokal/kreis-germersheim_artikel,-gutachten-maske-verursachte-nicht-den-tod-einer-sch%C3%BClerin-_arid,5124304.html. Grundsätzlich gilt, dass die Aussagen der sogenannten *Faktenchecker* genau geprüft werden sollten - auch die stimmen nicht immer. Ihre Autoren haben sich in diesem Fall die Mühe gemacht und schließen sich der Analyse an.

zuletzt aus Höflichkeit und Rücksichtnahme den Mitmenschen gegenüber. Wer wird schon gerne angeniest oder angehustet? Wären damit tatsächlich gesundheitliche Risiken oder gar Lebensgefahr verbunden, so wüssten wir das nach einem derart langfristig angelegten und umfassenden „Feldversuch“ mit Sicherheit. Und was ist mit den zahlreichen Menschen in medizinischen Berufen, die Tag für Tag eine Maske tragen? Also: Auch dieser einfache Plausibilitätscheck zeigt, dass Dr. Schiffmann höchstwahrscheinlich Unrecht hat. Anders ausgedrückt: Solange er keine wirklich starken Argumente für seinen Behauptungen liefert, haben wir keinen Grund, ihm zu glauben.

Jetzt zum zweiten Test Schiffmannscher Zuverlässigkeit. Seine Begründung der These, es wäre so gut wie niemand an Covid-19 gestorben, ist so unseriös wie die Behauptung falsch.[89] Er beruft sich nicht nur auf untaugliches Datenmaterial, sondern ignoriert schlicht und einfach die Mehrheit qualitativ prima facie hochwertiger Daten und Belege. Und die sprechen eine ganz andere Sprache. Warum widerlegt er diese nicht? Warum erklärt er nicht, warum sie nicht stimmen (können)? Das zu tun wäre ein Mindestgebot intellektueller Redlichkeit. Dr. Schiffmann liegt also höchstwahrscheinlich auch hier falsch. Es ist seine Aufgabe, überzeugende Argumente für seine Behauptung zu liefern - und das ist ihm bisher nicht gelungen.

---

[89] Wir folgen hier bewusst der Darstellung des Kinderarztes Herbert Renz-Polster. Er betreibt seinen Blog in Eigeninitiative und ist sicher nicht Teil der sogenannten *Mainstream- oder Lügenpresse*. Seine Argumente zur Prüfung der Aussagen Schiffmanns sind erkennbar selbst erarbeitet und für unsere Leser leicht nachzuvollziehen: https://www.kinder-verstehen.de/mein-werk/blog/corona-so-funktioniert-der-schwindel/.

Also: Warum sollten wir eine Person als glaubwürdigen und kompetenten Experten einstufen, die auf ihrem Fachgebiet nachweislich Unwahrheiten und Unsinn behauptet, schlecht argumentiert und sich keinen Gegenargumenten stellt?

Bitte verstehen Sie uns nicht falsch. Wir möchten nicht behaupten, man könne oder solle automatisch jeden Wissenschaftler oder Fachmann, der eine Minderheitenmeinung vertritt, ignorieren oder gar als unseriös abwerten. Nichts liegt uns ferner! In so gut wie allen Bereichen der Wissenschaft gibt es zum Glück Querköpfe, die sich hartnäckig gegen die Mehrheitsmeinung stellen. Und sie können oft genug mit guten Argumenten aufwarten. Bisweilen zeigt sich im Laufe der Zeit, dass sie sogar Recht haben oder hatten. Darwin hat zu Beginn der Debatte um die Evolutionstheorie auch eine Minderheitenmeinung vertreten … Im Normalfall ist die Aussage, es gebe eine klare und einheitliche Meinung aller Experten zu einer wissenschaftlichen Frage sogar eher mit Vorsicht zu genießen. So funktioniert Wissenschaft nicht. Uns kommt es auf etwas anderes an:

- Nicht die Mehrheitsmeinung oder ein Expertenstatus ist entscheidend, sondern in letzter Analyse die Qualität der jeweiligen Argumente.

Das heißt allerdings auch nicht, dass grundsätzlich jeder Vertreter einer Minderheiten- oder Außenseitermeinung richtig liegt. Vielmehr gilt es, sich ein Bild von der Qualität der jeweiligen Meinung und ihrer Begründung zu machen. Dafür sollten die Argumente der beiden Seiten so gut es geht abgeglichen werden.

- Ein guter Anhaltspunkt dafür, wer richtig liegt, sind klar formulierte und überprüfbare Prognosen: Wessen Vorhersagen haben bisher gestimmt und wer lag daneben?

- Ein weiterer Aspekt sind Diskussionen - falls zugänglich oder überhaupt vorhanden: Mit welchen Argumenten begegnen sich die Vertreter der Mehrheit und der Minderheit? Wie gut oder schlecht gehen sie jeweils aufeinander ein?[90] Wenn eine Seite ganz grundsätzlich vermeidet, die Argumente der anderen zu prüfen und zu diskutieren, dann sollte man stutzig werden.

- Schließlich lohnt es sich, darauf zu achten, wie oft der vermeintliche Experte bei anderen Fragen richtig lag: Wenn sich ein Arzt wie Dr. Schiffmann nicht nur zu Corona äußert, sondern auch das Verschwörungskonstrukt um QAnon und Trump als real einstuft, den Ukrainekrieg als reine Notwehr Russlands bezeichnet und auch sonst den seltsamsten Verschwörungskonstrukten gegenüber mehr als aufgeschlossen ist, sollte man seine Argumente sehr genau prüfen.

Eine ebenfalls gern zitierte Gruppe von Experten sind angebliche **Augenzeugen**: Sie waren schließlich dabei und haben es selbst gesehen![91] Natürlich ist ein als ehrlich bekannter Arbeitskollege erst einmal ernst zu nehmen, wenn er uns erzählt, was sein Neffe letzten Sonntag erlebt hat. Wir gehen davon aus, dass er uns nicht hinters Licht führen möchte. Wir kennen ihn und vertrauen ihm und seinen Worten. Ohne diese grundsätzliche Bereitschaft, Vertrauensvorschuss zu geben, sähe unser Alltag anders aus und wäre viel mühevoller.

---

[90] Dazu ein sehr anschauliches Beispiel; der Virologe Hendrik Streeck geht auf die Thesen Dr. Bhakdis ein. **The European,** 3.2.2021: *Hendrik Streeck zerlegt Verschwörungsthesen von Sucharit Bhakdi.* https://www.theeuropean.de/egidius-schwarz/virologe-streeck-widerlegt-anti-corona-aktivist-sucharit-bhakdi/.

[91] Wie man die Berichte von Augenzeugen prüft, erläutern wir ausführlich in Band 1.

Genau diese Bereitschaft zu vertrauen missbrauchen viele Manipulatoren im Internet. Sie berufen sich immer wieder auf Beobachtungen oder Erlebnisse ihrer *Freunde* oder *Bekannten,* von *Menschen wie Du und ich.* Der Trick dabei: Oft genug sind diese oder deren Erlebnisse frei erfunden. Dazu ein sehr aussagekräftiges und unterhaltsames Beispiel.

- **Beispiel 6:** Am 26. Mai 2022 tauchte diese Meldung wortgleich als persönliche Mitteilung in mehreren (!) verschiedenen (!) Accounts bei Twitter auf: *Nach 20 Jahren Ehe trennt sich meine Frau nun von mir und zieht aus, Hauptgrund: ich habe mich nicht impfen lassen und damit gegen meine Familie gestellt, in den 2 Jahren konnten wir nichts gemeinsam unternehmen. Wieviele Familien haben Spahn und Lauterbach zerstört.*[92]

So bedauerlich eine derartige Scheidungswelle im Grunde sein mag - wie hoch ist die Wahrscheinlichkeit, dass diese Mitteilungen stimmen? Genau - da haben ein paar Bots oder Manipulatoren Mist gebaut … und sich selbst als Lügenquelle enttarnt.

Leider funktioniert diese „Augenzeugen-Masche“ immer wieder und recht gut. Das Motto bzw. Erfolgsgeheimnis: *Wer auf demselben Kanal postet wie ich und alle meine Ansichten teilt, der muss ehrlich und kompetent sein!* Die kritischen Fragen zur Überprüfung einer Quelle im Internet liegen auf der Hand:

- Wie glaubwürdig ist eigentlich die Person, die den Blogeintrag verfasst hat oder die im Clip auftaucht?

---

[92] **Twitter,** 26.5.2022: https://twitter.com/Gegen_die_AfD/status/1529907444016631816?t=6odkD-m1vXttVsSRgKmORA&s=09.

- Wie sicher können wir sein, dass sie nicht selbst manipuliert oder getäuscht wurde?

- Wie sicher können wir sein, dass es diese Person überhaupt gibt und sich hinter dem fraglichen Account nicht ein Bot oder Manipulator verbirgt?

Eine besonders beliebte Gruppe von Augenzeugen sind vermeintliche **Insider, Überläufer oder Whistleblower**. Die gibt es und sie helfen uns tatsächlich oft dabei, fragwürdige Machenschaften, Gesetzesbrüche oder Machtmissbrauch zu erkennen. Der Watergate-Quelle Deep Throat, Edward Snowden oder Chelsea Manning verdanken wir die Aufdeckung skandalöser Missstände und verbrecherischer Praktiken von Regierungen oder Geheimdiensten.[93]

Das heißt aber nicht, dass jede Person glaubwürdig ist, die als Insider auftritt. Auch hier haben Manipulatoren und Verschwörungsgauner schnell gemerkt, dass man die Menschen wirkungsvoll belügen kann, wenn man sich als Insider ausgibt, der angeblich weiß und enthüllt, was hinter den Kulissen los ist. Aber auch das geht hin und wieder schief, wie Melissa Carone vor den Augen der erstaunten und amüsierten Welt eindrucksvoll bewiesen hat. Worum ging es dabei?

- **Beispiel 7:** Donald Trumps Anwalt, Rudy Giuliani, hat Frau Carone vor den Angehörigen des Parlaments in Michigan als Insider-Zeugin für den von Trumps Lager behaupteten Wahlbetrug präsentiert. Frau Carone hat bei der Wahl für den Dienstleister

---

[93] **Wikipedia:** *Deep Throat (Watergate).* https://en.wikipedia.org/wiki/Deep_Throat_(Watergate). **Wikipedia:** *Edward Snowden.* https://de.wikipedia.org/wiki/Edward_Snowden. **Wikipedia:** *Chelsea Manning.* https://de.wikipedia.org/wiki/Chelsea_Manning.

Dominion Voting Systems gearbeitet, dessen Software in einigen Bundesstaaten für die Stimmenauszählung eingesetzt wurde. Sie konnte zwar keinerlei Beweise für ihre Anschuldigung des Wahlbetruges liefern, hat dafür aber ausgesprochen (irr)witzige Behauptungen aufgestellt: Es hätten wohl auch Tote gewählt und die Wahlbeteiligung wäre bei 120% gelegen.[94] Als sie dann auch noch einige Abgeordnete aus Trumps Partei ordentlich angeraunzt und abgekanzelt hatte, versuchte sogar Rudy Giuliani sie zu bremsen. Und das will was heißen: Trumps Anwalt ist eigentlich nichts peinlich - sonst könnte er diesen Job auch nicht machen.[95]

Insgesamt lässt sich beim Blick auf die gängigen zeitgenössischen Verschwörungskonstrukte feststellen, dass es weit weniger Whistleblower und Insider gibt, als eigentlich zu erwarten wäre. Bleiben wir bei Trumps Märchen vom umfassenden Wahlbetrug. Dieser hätte im behaupteten Umfang nur funktioniert, wenn eine enorme Zahl an Wahlhelfern, Aufsichts- und Kontrollpersonen, Abgeordneten, Regierungsmitgliedern, Richtern, Beamten etc. reibungslos und verschwiegen zusammengearbeitet hätte - und zwar quer durch die USA und alle Parteien, natürlich auch der Partei Trumps! Anders ausgedrückt: Es ist extrem unwahrscheinlich, dass so etwas funktionieren kann, ohne dass einige Mitwisser und Mittäter an die Öffentlichkeit gehen und den Betrug mit ihrem Wissen als Insider aufdecken und anprangern. Diese Personen hätten als redliche

---

[94] Wo waren die Zombies?

[95] Auf youtube finden Sie unter „Melissa Carone“ eine Fülle an Videos zu diesem denkwürdigen Auftritt einer angeblichen Whistleblowerin. Ein kurzer Artikel dazu: **Welt,** 5. 12. 2020: *Der skurrile Auftritt von Giulianis Starzeugin in Michigan.* https://www.welt.de/vermischtes/article221850424/Lallend-bei-der-Anhoerung-Der-skurrile-Auftritt-von-Giulianis-Starzeugin-in-Michigan.html.

Whistleblower dann auch belastbare Daten, Belege und Informationen anzubieten. Und was kam tatsächlich? Melissa Carone …

Also: Auch angebliche Insider sollten wir genau auf ihre Zuverlässigkeit, Integrität und Glaubwürdigkeit prüfen. Leider stellen sie sich nicht immer so ungeschickt an wie Melissa Carone.

Missbrauch-Variante 3: ***Verführerische Bilder und Analogien***

Auch diese bei Verschwörungsgaunern sehr beliebte Taktik hat ein seriöses Gegenstück. Oft ist es tatsächlich sinnvoll, abstrakte wissenschaftliche Sachverhalte mit Hilfe eines Modells, Bildern oder einer Analogie besser zugänglich und verständlich zu machen. Beispiele dafür sind bekannt:

- Einige unserer Leser dürften im Physikunterricht noch gelernt haben, dass Elektronen um den Atomkern kreisen wie die Planeten um die Sonne.

- Wir alle kennen Bilder, die anschaulich machen, wie bestimmte Gase in der Atmosphäre wirken - nämlich wie ein Treibhaus.

Dabei sollte allerdings eines klar sein: Diese Analogien oder Bilder haben keinerlei argumentative Belastbarkeit, sie dienen ausschließlich zur **Veranschaulichung** einer wissenschaftlichen Theorie. Die Theorie braucht sie nicht, sie sind nicht Teil der jeweiligen Theorie. Es kann als Verständnishilfe durchaus sinnvoll sein, abstrakte oder komplexe Zusammenhänge mit Bildern zu veranschaulichen oder „auf den Punkt zu bringen“. Eine redliche Verwendung sprachlicher oder realer Bilder wird aber niemals Fakten verzerren oder Denkfehler tarnen.

In Verschwörungskonstrukten werden Analogien und Bilder allerdings immer wieder auf unseriöse und manipulative Weise eingesetzt. Es geht dann darum, argumentative Lücken zu überspielen, Sachverhalte stark zu verzerren oder Emotionen zu wecken, um rationales Denken zu übertönen oder ganz auszuschalten. Auch dafür gibt es zahlreiche Beispiele:

- Wenn nüchterne Fakten, Zahlen und Statistiken nicht geeignet sind, um z.B. ein Katastrophenszenario plausibel zu machen, dann werden gerne **sprachliche Bilder** gemalt. Das Ziel ist dabei natürlich, mit Hilfe des Bildes den Verstand auszutricksen oder gar auszuschalten. Bilder sprechen unsere Emotionen an, rütteln und wühlen auf und entwickeln gerne ein emotionales Eigenleben. Beispiele bzw. einschlägige „Wortbilder" kennen wir alle: *Asylantenflut oder -schwemme, Verbrechenswelle, Dolchstoß, Killervirus, Volksschädling, gesellschaftliches Krebsgeschwür ...*

Ein sehr interessantes Beispiel haben wir im Umfeld der Corona-Verschwörungskonstrukte gefunden:

- Angeblich hat ein spanischer Forscher den Inhalt mehrerer Ampullen des Biontech-Impfstoffes untersucht und darin zu 99% die tödliche Substanz Graphenoxid gefunden.[96] Das ist für sich genommen schon Unsinn - es wurde aber prompt noch einmal draufgesattelt. In einem Video, das sich sehr schnell sehr weit in einschlägigen Kreisen verbreitet hat, erklärt ein Dr. Noack, es handle sich in Wirklichkeit nicht um Graphenoxid, sondern

[96] **inFranken.de**, 5. 12. 2021: *Biontech-Impfstoff besteht angeblich aus tödlicher Substanz: Was steckt wirklich hinter der Studie?* https://www.infranken.de/ratgeber/gesundheit/coronavirus/biontech-impfstoff-mit-toedlicher-substanz-was-steckt-dahinter-art-5260252.

um das noch viel gefährlichere Graphendioxid. Um dessen Gefährlichkeit zu erklären behauptet er, es wirke wie kleine Rasierklingen, die ins Blut gespritzt werden - untermalt mit dem entsprechendem **Bild einer blutigen Rasierklinge**. Er beschreibt dann auch recht anschaulich, wie diese Moleküle die Blutgefäße zerschneiden, Menschen deswegen innerlich verbluten, Spitzensportler tot umfallen - und warum Toxikologen dafür keine Ursache finden können.[97] Es ging in der Welt der Verschwörungsmärchen dann natürlich munter weiter; die Eigendynamik von Unsinn ist immer wieder erstaunlich: Genau wegen Aufdeckung dieser Sachlage sei der mutige Dr. Noack dann kurz nach Fertigstellung seines Aufklärungsvideos ermordet worden.[98]

Hier haben wir es mit einem Musterbeispiel zu tun, in dem Bilder und Analogien an die Stelle von Argumenten treten, um deren Fehlen zu tarnen: Wer hat keine Angst vor Rasierklingen in seinen Blutgefäßen? Die emotionale und irrationale Dynamik, die daraus erwachsen kann, darf nicht unterschätzt werden.

- Man kann sie aber leicht entschärfen, indem man stur auf Zahlen, Daten und Fakten beharrt und Sprachbilder bzw. Analogien nicht mit Argumenten verwechselt.

---

[97] Aha: *Die Toxikologen* sind also unfähig oder dumm. **Der Nachrichtenspiegel,** 5. 11. 2021: *Promovierter Chemiker erklärt, dass molekulare „Rasierklingen" (Graphen Hydroxid) verimpft werden.* https://www.nachrichtenspiegel.de/2021/11/25/promovierter-chemiker-erklaert-dass-molekulare-rasierklingen-graphen-hydroxid-verimpft-werden/.

[98] **gloria.tv:** *Graphenhydroxid.* https://gloria.tv/share/r3ERZzfTJfEW4Km4gbvZDPS61.

Missbrauch-Variante 4: ***Wem es nützt, der war es!***

Krimileser wissen es: Die Frage C*ui bono - wem nützt das Verbrechen?* ist sinnvoll und führt oft zu Motiv und Täter. Das heißt aber nicht, dass das immer so sein muss. Gerade bei komplexen gesellschaftlichen Vorgängen oder Entwicklungen ist das Ergebnis durch das dynamische, unberechenbare und sehr komplexe Wechselspiel enorm vieler Einflussfaktoren zu erklären.[99] Man kann auch oft davon ausgehen, dass gar nicht alle Faktoren bekannt sind. Vom Ergebnis kann eine Person oder Personengruppe natürlich profitieren - das heißt aber nicht, dass diese das Ergebnis gezielt und punktgenau herbeigeführt hat. Vielleicht hat sie nur schneller als andere gemerkt, wohin die Reise gehen wird und ist „auf den Zug gesprungen". Oder sie hat einfach Glück gehabt.

Aber: Die Suche nach Verantwortlichen bzw. Schuldigen liegt uns offenbar „im Blut" und erfolgt mehr oder weniger automatisch. Wir kennen das Motiv schon aus Kapitel 2 und 3. Beispiele gibt es in Hülle und Fülle:

- Joe Biden hat die Wahl gegen Donald Trump gewonnen. Daraus folgt natürlich nicht, er und seine Getreuen hätten die Wahlen manipuliert. Es könnte ja auch sein, dass Trump getrickst hat, damit aber keinen Erfolg hatte. Oder, ganz einfach, dass die Wahlen fair waren.

- Natürlich profitieren die Entwickler und Hersteller von Impfstoffen von einer Pandemie. Daraus folgt ohne weitere Argumente aber nicht, dass sie das Virus entwickelt und in die Welt

---

[99] *Unbeabsichtigte Folgen* sind ein Phänomen, das die Sozial- und Wirtschaftswissenschaften sehr gut kennen. **Wikipedia:** *Unbeabsichtigte Folgen.* https://de.wikipedia.org/wiki/Unbeabsichtigte_Folgen.

gesetzt haben. Ein kleiner Plausibilitätstest in Frageform dazu: Wie viele Firmen und Labore arbeiten weltweit an der Erforschung und Entwicklung von Impfstoffen gegen alles Mögliche? Wie sähe unsere Welt aus, wenn eine Mehrheit oder auch nur eine signifikante Minderheit regelmäßig die entsprechenden Erreger oder Viren freisetzen würde? Und: Wie viele dieser Firmen haben schlicht und einfach keinen Erfolg bzw. kein Glück?

- Natürlich profitieren bestimmte Autobauer davon, dass Rettungsdienste ihre Spezialfahrzeuge kaufen. Daraus folgt nicht, dass diese Autohersteller aktiv und gezielt daran arbeiten, die Zahl der Unfälle im Haushalt und auf der Straße zu maximieren. Gleiches gilt für Feuerwehrautos.

- Natürlich profitieren bestimmte Politiker von gesellschaftlichen Entwicklungen - was nicht heißt, dass sie diese gezielt herbeigeführt haben. Die Grünen profitieren z.B. garantiert von der Erderwärmung. Die Behauptung, sie hätten diese verursacht, um Wahlen zu gewinnen, glauben wir aber erst, wenn wir dafür belastbare Belege bekommen.

- Europaweit profitieren bestimmte Parteien und Gruppierungen politisch von der großen Zahl an Flüchtlingen, die zu uns wollen, z.B. die AfD. Trotzdem können wir nicht einfach behaupten, Höcke, Gauland oder Weidel hätten diese *Flüchtlingsströme* (Wortbild!) verursacht, um an die Macht zu kommen. Es sei denn, es würden für diese These gute Argumente geliefert. Die wiederum sind weit und breit nicht zu sehen.

Also: Manchmal hat der Nutznießer eines Zustandes oder einer Entwicklung diese tatsächlich durch sein Handeln gezielt und bewusst verursacht. Ob das aber in einem konkreten Einzelfall so ist, bedarf einer schlüssigen und soliden Begründungsargumentation.

Diese kann nicht einfach durch das Schlagwort *Cui bono?* bzw. einen Appell an die Nutzenfrage ersetzt werden.

Tarnung der miserablen Datenqualität

Ein wesentliches Charakteristikum von Verschwörungskonstrukten besteht immer wieder in der Berufung auf einen mehr als fragwürdigen Datenbestand. Die verschiedenen Facetten dieser Thematik lassen sich sehr schön am Rasierklingen-Beispiel des letzten Abschnittes erläutern. Es wird dabei ganz klar versucht, durch Verschleierung der realen Datenqualität den Eindruck seriöser Argumentation zu erzeugen. Genau betrachtet haben wir es mit den folgenden Tricks zu tun:

Trick 1: Dubiose Quellen werden als seriös verkauft

Als Quelle, dass der Biontech-Impfstoff die tödliche Substanz Graphenoxid enthalte, wird eine Studie genannt, von der sich die zuständige Universität bereits klar distanziert hatte. Das bleibt seltsamerweise unerwähnt. Das Hauptargument in dieser „Studie" ist ein Vergleich des Impfstoffes, der übrigens aus einem Fläschchen unbekannter Herkunft (!) entnommen wurde, mit Graphenoxid unter einem Mikroskop (!). Dabei wurde eine optische Ähnlichkeit festgestellt.

Noch dünner geht es kaum: Erstens hat selbst der Verfasser dieser „Studie" eingeräumt, dass das kein Beweis sei. Ein Vergleich unter dem Mikroskop ist viel zu grob und unspezifisch. Zweitens hat Graphenoxid die Eigenschaft, ab einem Anteil von 0,05% eine Flüssigkeit dunkelbraun zu färben; bei 99% Anteil im Impfstoff müsste dieser schwarz wie die dunkelste Nacht sein. Das ist er aber bekanntlich nicht.[100] Und das sind nur einige der Fakten, die gegen diese „Studie“ sprechen. Also: Diese „Quelle“ bzw. „Studie“ scheitert schon an den simpelsten Überlegungen zur Qualität ihrer Daten.[101]

Trick 2: Schlechte Daten werden als belastbar verkauft

Die durch eine Untersuchung am Mikroskop gewonnenen Daten sind, wie eben erläutert, schlicht und einfach untauglich, da zu grob. Was fehlt, ist eine wissenschaftlich respektable Analyse der Substanz und ihrer Bestandteile. Wir haben weiter oben auch schon darauf hingewiesen, wie windschief und lückenhaft die Daten sind, die Herr Schiffmann für seinen „Nachweis“ benutzt hat, es gebe keine nennenswerte Sterblichkeit aufgrund von Corona.

Trick 3: Der Umgang der Verschwörungskonstrukteure mit der Datenlage ist ausgesprochen selektiv

Alle anderen Studien zum Impfstoff bleiben unerwähnt. Weltweit werden von zahlreichen Laboren, Ärzten, Forschern usw. regelmäßig Proben des Impfstoffes entnommen und so genau wie professionell untersucht - alleine schon aus Gründen der Qualitäts- und Haftungskontrolle. Warum wurde und wird bei diesen ganzen Untersuchungen kein Graphenoxid gefunden? Und übrigens: Warum auch keine Chips?

---

[100] Nein: Die Chips, die uns Bill Gates mit dem Impfstoff angeblich injizieren lässt, können diesen Schwärzungseffekt nicht aufheben.

[101] inFranken.de, 5. 12. 2021: *Biontech-Impfstoff besteht angeblich aus tödlicher Substanz: Was steckt wirklich hinter der Studie?* https://www.infranken.de/ratgeber/gesundheit/coronavirus/biontech-impfstoff-mit-toedlicher-substanz-was-steckt-dahinter-art-5260252.

Trick 4: Daten werden erfunden

Auch diese Manipulationstaktik wird zur Tarnung unhaltbarer Verschwörungskonstrukte immer wieder eingesetzt. Sie erinnern sich:

- Im Rahmen der Coronadebatte wurde die Lüge verbreitet, es seien mehrere Kinder durch das Tragen einer Maske zu Tode gekommen.

Wird eine noch so große Lüge oft und lange genug wiederholt, so finden sich erfahrungsgemäß auch immer wieder Menschen, die diesen Unsinn glauben - leider. Das kann groteske Formen annehmen und bis zur Massenhysterie gehen:

- Trotz eindeutiger und klarer Widerlegung durch Photoaufnahmen und Aussagen der Organisatoren blieben Trump und viele seine Anhänger felsenfest davon überzeugt, er habe bei seiner Vereidigung ein viel größeres Publikum angezogen als sein Vorgänger Obama - und seine Gegner wollten das mit allen Mitteln vertuschen.[102]

Trick 5: Die Bestätigungsfalle

Ein weiterer Klassiker des Genres *Manipulation* ist die Bestätigungsfalle. Unsere Anfälligkeit dafür wird von Manipulatoren

[102] **Wikipedia:** *Amtseinführung von Donald Trump.* https://de.wikipedia.org/wiki/Amtseinf%C3%BChrung_von_Donald_Trump. Die immer wieder auftretenden Marienerscheinungen sind im Vergleich dazu ausgesprochen unspektakulär.

gerne und erfolgreich ausgenutzt.[103] Diese Denkfalle verleitet uns bewusst oder unbewusst dazu, aus einer Fülle von Daten genau die herauszupicken, die zu unserer Theorie oder Meinung passen und den Rest ganz einfach zu ignorieren. Natürlich wollen wir gerne Bestätigung für unsere Meinungen und Ansichten finden - das ist menschlich. Und deshalb kennen wir alle dieses Vorgehen aus eigener und bisweilen leidvoller Erfahrung.

- Haben wir z.B. ein Feindbild, dann freuen wir uns über jede Verhaltensweise des oder der *Anderen*, die es bestätigt. Motto: *Ich weiß doch, was für ein schlechter Mensch er oder sie ist!* Dabei ignorieren wir souverän - wieder bewusst oder unbewusst - die Verhaltensweisen, die nicht zum Feindbild passen.

- Die Bestätigungsfalle stabilisiert auch Vorurteile jeder Art. Verhält jemand sich gemäß unserer meist negativen Erwartung, dann betrachten wir das als (willkommene) Bestätigung unserer Ansicht: *Typisch BMW-Fahrer - Lichthupe und Drängeln!* Passt ein bestimmtes Verhalten nicht dazu, ignorieren wir das, interpretieren es weg, lassen es auf jeden Fall unberücksichtigt als Beleg, der gegen unser Vorurteil spricht. BMW-Fahrer mit ruhigem und rücksichtsvollen Fahrstil nehmen wir nicht zur Kenntnis.

- Diese Denkfalle kann viel Geld kosten: Jeder, der in Aktien investiert hat schon einmal den Fehler gemacht, zu lange an einem erfolglosen Wertpapier festgehalten zu haben. Im Rückblick zeigt sich dann oft, dass wir dieses Festhalten immer wieder dadurch begründet haben, positive Meldungen und Analysen

---

[103] Andreas Edmüller, Thomas Wilhelm: **Manipulationstechniken.** Freiburg, München, Stuttgart, 2020 (5. Auflage). In Kapitel 8 gehen wir sehr ausführlich auf diesen Manipulationsansatz ein.

zur Kenntnis zu nehmen, Warnungen vor Risiken oder gar schlechte Nachrichten zur Aktie abzuwiegeln oder zu ignorieren: Wir haben nach Bestätigung für die einmal getroffene Kaufentscheidung gesucht - und dummerweise auch gefunden.

Im Bereich von Verschwörungskonstrukten gibt es dafür Beispiele in Hülle und Fülle:

- Im Rahmen der Debatten um Häufigkeit und Schwere möglicher Folgeschäden und Nachwirkungen von Impfungen wurde und wird immer wieder der Bestätigungstrick eingesetzt. Man greift einzelne Fälle schwerer Nachwirkungen heraus und schildert anschaulich deren üble Folgen. Damit soll plausibel gemacht werden, dass die Impfbefürworter das Risiko systematisch verschleiern. Was unerwähnt bleibt ist die Gesamtzahl an Impfungen ohne bzw. mit nur leichten Nachwirkungen und der Verweis auf die Häufigkeit des Auftretens schwerwiegender Erkrankungen ohne Impfung. Tatsächlich gibt es keine Impfung, die völlig ohne Risiko wäre. Das gilt auch für die bestens erforschte Masernimpfung. Anders ausgedrückt: „Bestätigende" Daten werden erwähnt, sperrige Belege bleiben unberücksichtigt. Kein Wunder, dass man so ein Zerrbild erhält.

- Die gleiche Taktik wird im Rahmen der Coronadebatte gerne eingesetzt, um den Vorwurf zu begründen, die Regierung habe von Anfang an auf eine Impfpflicht abgezielt. Genau das war bereits zu Beginn der Pandemie eine Kernbehauptung vieler Impfgegner. Schließlich ist nach einigen Coronawellen diese Forderung tatsächlich offiziell erhoben worden und entsprechende Gesetzesinitiativen wurden gestartet: *Das zeige doch in aller Deutlichkeit, dass die Impfgegner von Anfang an Recht hatten!* Hier schnappt die Bestätigungfalle zu: Was dabei ausgeblendet wird, ist die lange und facettenreiche Diskussion zum Thema, die schließlich über mehrere Stationen zur Forderung nach einer Impfpflicht geführt hat. Vor diesem komplexen Hintergrund kann man gut und nachvollziehbar erklären, wie und warum es zu einem Meinungswechsel kam und dass zu Beginn der Pandemie auch die große Mehrheit der damaligen Regierung keine Impfpflicht haben wollte, die Impfgegner mit ihrer Behauptung also falsch lagen. Dazu muss man aber den Gesamtbestand an Daten und Belegen berücksichtigen.[104]

- Schließlich spielt die Bestätigungsfalle immer und immer wieder eine Rolle bei der Berufung auf Experten: Man zitiert die Experten (oder Pseudo-Experten), deren Meinung die eigenen Ansichten stützt und lässt alle anderen unerwähnt.

Also: Daten sollten immer genau auf ihre Belastbarkeit bzw. Qualität geprüft werden. Das ist umso wichtiger, je emotionaler oder ideologischer ein Thema diskutiert wird. Ständige Wiederholung steigert die Qualität von Daten nicht - Unsinn bleibt auch nach der Behauptung Nummer 100 Unsinn. Außerdem ist es wichtig, sämtliche verfügbaren Daten für die Urteilsbildung heranzuziehen. Achtet man nur auf Daten, die zur vorgefassten Meinung oder einem Vorurteil passen, sind Fehleinschätzungen vorprogrammiert.[105]

---

[104] Der Philosoph im Autorenteam ist Vertreter des klassischen Liberalismus und hielt eine Impflicht im Rahmen von Corona zu keinem Zeitpunkt für begründbar. Außerdem hält er argumentatives Unvermögen und politische Stümperei für realistische Alternativerklärungen. Dummheit auch.

[105] Karl R. Popper formuliert das so: *Formuliere eine Theorie und versuche dann, sie zu widerlegen!* Diese Übung sollte auch bei der Prüfung von Verschwörungskonstrukten berücksichtigt werden.

Zweck- und Wunschdenken statt Wahrheit

Erfahrung bzw. ein Blick in die Geschichte zeigt, dass Ideologen, religiöse Fanatiker oder eben auch Verschwörungsgauner ein robust funktionales Verhältnis zur Wahrheit und der Suche nach ihr haben. Man verfährt da sehr oft nach dem bekannten Motto, dass der (edle) Zweck die (fragwürdigen) Mittel heiligt. Nichts kann das besser veranschaulichen, als eine Aussage des Extremisten Jürgen Elsässer, die wir schon in Kapitel 1 herangezogen haben:[106]

- *Elsässer sagt, solche Verschwörungsmythen seien für ihn nicht etwa die Wahrheit, sondern vielmehr "Erzählungen, Märchen und Allegorien", die aber nützlich seien, um politische und gesellschaftliche Veränderungen zu erreichen. Verschwörungserzählungen wie QAnon seien "die Hefe, aus der ein politischer Widerstand im rationalen Sinn erst entstehen muss". Zwar sei QAnon "nicht die Wahrheit", es handele sich dabei aber um Allegorien, die auf die Wahrheit hindeuteten. Der Chefredakteur bezeichnet diese lieber als "mythische Übertreibungen", die notwendig seien für eine "Weiterentwicklung der Gesellschaft" in seinem Sinne.*[107]

Es ist bezeichnend, dass Elsässer konkret auf das Verschwörungsmärchen um QAnon Bezug nimmt: Es handelt sich dabei um eine

---

[106] **Wikipedia:** *Jürgen Elsässer.* https://de.wikipedia.org/wiki/J%C3%BCrgen_Els%C3%A4sser. Jürgen Elsässer ist Gründer und Herausgeber des extrem rechtslastigen Monatsmagazins Compact, tummelt sich mit zahlreichen Initiativen in der rechtsextremen Szene und verbreitet auch gerne unsinnige Verschwörungsmärchen. Hier sagt er, warum er das für legitim bzw. sinnvoll erachtet …

[107] **Tagesschau,** 4. 11. 2021: *Falschnachrichten für den Volkszorn.* https://www.tagesschau.de/investigativ/kontraste/elsaesser-corona-leugner-101.html.

Art von „Dachverschwörungskonstrukt“, das ein nach allen Seiten offenes Konglomerat an Unsinn und Unwahrheiten umfasst.

Sidney Powell, Trumps Anwältin, sieht die Dinge ähnlich wie Herr Elsässer. Sie hatte monatelang die Verschwörungstheorie vom Wahlbetrug lautstark verbreitet und die Wahlmaschinen-Hersteller offen und unmissverständlich des Betrugs bezichtigt. Die blieben gelassen und haben Frau Powell wegen Verleumdung verklagt:

- *Vor Gericht erklärte Frau Powell dazu: "Kein vernünftiger Mensch" könne zu dem Schluss kommen, dass ihre Anschuldigungen gegen den Wahlmaschinen-Hersteller Dominion Voting Systems "echte Tatsachenaussagen waren" ... Trumps Anwältin beruft sich auf ihr Recht auf "politische Übertreibung".*[108]

Eine derartige Einstellung öffnet natürlich Tür und Tor für alle möglichen Taktiken und Tricks, um „guten Gewissens“ schlechte Theorien oder Pseudo-Theorien als gute zu tarnen, deren tatsächliche Qualität zu verschleiern - und diese Verschwörungskonstrukte dann als Waffen im politischen Kampf einzusetzen.

Menschen nutzen diese Denkfalle allerdings nicht immer bewusst. Nicht in jedem Fall spielt, so wie bei Elsässer und Powell, nüchternes Kalkül die Hauptrolle. Sehr oft dürfte stark ausgeprägtes Wunschdenken direkt in diesen Denkfehler führen. Das ist aus allen anderen Bereichen der Irrationalität bestens bekannt:

---

[108] **t-online,** 24. 3. 2021: *Trump-Anwältin zu Wahlbetrug: "Das glaubt kein Mensch“*. https://www.t-online.de/nachrichten/ausland/usa/id_89715342/peinliches-gestaendnis-von-trump-anwaeltin-zu-wahlbetrug-glaubt-kein-mensch-.html.

- Religiöse Menschen halten sehr sehr oft an Gottesbildern fest, die durch die eigenen heiligen Schriften als widerlegt gelten können. Der zürnende Rache- und Kriegsgott Jahwe des Alten Testaments schickt z.B. eine Sintflut zur Vernichtung fast der ganzen Menschheit, lässt die 10 Plagen über die Ägypter hereinbrechen und befiehlt dann seinem Volk im gelobten Land mehrfachen Völkermord. So ein Gottesbild passt weder in die heutige Zeit noch zu dem Güte, Vergebung, Milde und Liebe abstrahlendem Gott des synodalen Weges oder des *Wort zum Sonntag.*

- Bis heute haben es die Homöopathen dieser Welt nicht geschafft, die Wirksamkeit von Globuli nachzuweisen. Dabei wäre es so einfach: Die Verfahren zur Überprüfung von Medikamenten und Heilmitteln bzw. deren Wirksamkeit sind allgemein bekannt und bestens erprobt. Die Wirksamkeit des Phänomens Wunschdenken können Sie in diesem Zusammenhang ganz leicht selbst testen: Diskutieren Sie über den fehlenden Wirkungsnachweis mit ihren Bekannten, die an Homöopathie glauben. Wir wünschen viel Spaß dabei!

- Einem Mitglied unseres Autorenteams ist eine Dame sehr gut bekannt, die ihre Partnerwahl stark an Geburtsdatum und den Ergebnissen einer Runde Tarot ausrichtet. Das Ergebnis ist aus langfristiger Perspektive zwar desaströs, ihr Glaube an die Aussagekraft von Horoskopen und Tarotkarten allerdings nach wie vor ungebrochen.

Also: Zweck- oder Wunschdenken ist das Fundament für zahlreiche Täuschungsmanöver. Es erklärt immer wieder sehr plausibel, warum bestimmte - auch offensichtliche - Manipulationen so gut funktionieren, so unbeschwert eingesetzt werden und Gegenargumente beharrlich und offenbar aus Prinzip ignoriert werden.

Zusammenfassung Kapitel 4

In diesem Kapitel geht es darum, wie Verschwörungsmärchen und nicht respektable Verschwörungstheorien als gute oder plausible Theorien **getarnt** werden. Oder: Mit Hilfe welcher Manipulationstaktiken und Denkfehler werden Verschwörungskonstrukte **scheinbar begründet und bestätigt?**

Trügerische Qualitätskriterien für Theorien

Die Grundidee: Es wird so getan, als genüge das Verschwörungskonstrukt seriösen Qualitätskriterien.

- Missbrauch-Variante 1: *Es passt alles so gut zusammen!*
- Missbrauch-Variante 2: *Wir haben Experten auf unserer Seite!*
- Missbrauch-Variante 3: *Verführerische Bilder und Analogien*
- Missbrauch-Variante 4: *Wem es nützt, der war es!*

Tarnung der miserablen Datenqualität

Die Grundidee: Es wird so getan, als würde das Verschwörungskonstrukt auf einer belastbaren Datenbasis aufbauen.

- Trick 1: Dubiose Quellen werden als seriös verkauft
- Trick 2: Schlechte Daten werden als belastbar verkauft
- Trick 3: Der Umgang der Verschwörungskonstrukteure mit der Datenlage ist ausgesprochen selektiv
- Trick 4: Daten werden erfunden
- Trick 5: Die Bestätigungsfalle

Zweck- und Wunschdenken statt Wahrheit

Die Grundidee: Der Wunsch, etwas möge stimmen wird gezielt geweckt und gestärkt, um Fehler und Lücken in der Argumentation zu übertünchen. Auch die Überzeugung, der (gute) Zweck heilige die (fragwürdigen) Mittel, spielt dabei eine Rolle.

Vertiefende Literatur zu Kapitel 4

Verschwörungsgauner sind nicht die einzigen, die uns schlechte oder Pseudotheorien als seriös verkaufen wollen. Theologen, Alternativheiler und Esoteriker sind ebenfalls in diesem Geschäft tätig.

Heinz-Werner Kubitza: **Der Dogmenwahn: Scheinprobleme der Theologie. Holzwege einer angemaßten Wissenschaft.** Marburg, 2015.

Edzard Ernst: **Heilung oder Humbug? 150 alternativmedizinische Verfahren von Akupunktur bis Yoga.** Heidelberg, 2019. (Übersetzung aus dem Englischen, zuerst 2018 erschienen).

James Randy: **Flim-Flam! Psychics, ESP, Unicorns and other Delusions.** New York, 1982.

Kapitel 5
Wie schützt man ein Verschwörungskonstrukt vor rationalen Argumenten?

Wir haben jetzt zwei ganz grundlegende Manipulationsstrategien für Verschwörungskonstrukte kennengelernt:

- Wie wird ein Feindbild auf- und ausgebaut?
- Wie wird ein Verschwörungskonstrukt als akzeptable Theorie getarnt?

Jetzt, im dritten Schritt, geht es um die Frage, mit welchen Tricks ein Verschwörungskonstrukt vor guten Einwänden und Gegenargumenten geschützt werden kann. Es geht um Immunisierungstaktiken. Das ist aus Sicht von Verschwörungsgaunern und -spinnern sehr wichtig: Sie wollen ja nicht nur ihre „Feinde" in ein möglichst schlechtes und ihr eigenes fragwürdiges Konstrukt in möglichst gutes Licht stellen. Sie müssen auch rationale Gegenargumente unschädlich machen, um ihr Verschwörungskonstrukt weiter vertreten zu können. Bildlich gesprochen: Jetzt geht es um einen Schutzschirm gegen rationale Argumente. Vier klassische Taktiken dafür beleuchten wir in diesem Kapitel genauer:[109]

- Diskreditierung der Quellen möglicher Einwände
- Verschiebung der Begründungslast
- Einführung von Zusatzhypothesen

---

[109] In Band 1 haben wir in etwas anderer Zielsetzung viele Aspekte dazu bereits besprochen. Diese Überlappung schadet aber nicht: Zum einen konzentrieren wir uns hier voll und ganz auf den manipulativen Aspekt. Zum anderen haben wir in aller Regel auf neue Beispiele zurückgegriffen und setzen neue Schwerpunkte in der Erläuterung. So wird es auch für die Leser von Band 1 nicht langweilig.

- Subjektives Gewissheitsgefühl als Standard für Wahrheit etablieren

Diskreditierung der Quellen möglicher Einwände

Donald Trump ist 2016 nicht durch Zufall Präsident der USA geworden. Es ist auch kein Zufall, dass seine Lügen, seine so atemberaubende wie umfassende Ignoranz und sein mehr als fragwürdiger Charakter dafür kein Hindernis waren. Und es ist kein Zufall, dass seine überzeugtesten Anhänger und Unterstützer evangelikale Christen waren und sind. Im Gegenteil: Auf diese oder eine ähnliche Konstellation haben diese Christen und ihre Kirchen über Jahrzehnte hinweg konsequent, systematisch, hartnäckig und mit beachtlichem strategischem Geschick hingearbeitet.[110]

Herzstück dieser Strategie war und ist es, den weltanschaulich-religiösen Feind, nämlich die Aufklärung, ihre Vertreter und Institutionen umfassend zu diskreditieren. Es ging jahrzehntelang darum, Vernunft, Rationalität, Wissenschaft, die offene Gesellschaft und deren Grundpfeiler Toleranz und Säkularismus anzugreifen. Ihre Rolle als Diskussionsgrundlage und gesellschaftlicher Ordnungsrahmen sollte zersetzt und durch ein Bibelverständnis der Marke *hardcore* ersetzt werden.

Wichtige Elemente dieser Strategie waren und sind ein dichtes Netz christlich-fundamentalistischer Radiosender und Verlage, entsprechende Fernsehkanäle, natürlich auch das Internet, kompakte, sehr aktive und finanzstarke Kirchen und die konsequente Unterwanderung von Organisationen wie der Republikanischen Partei. Das Kernthema zur Emotionalisierung und Fanatisierung

[110] Frances Fitzgerald: **The Evangelicals. The struggle to Shape America.** New York, London, Toronto, Sydney, New Delhi, 2017.

der in viele Kleinkirchen zersplitterten Evangelikalen war die Abtreibung. Bis in die 70er Jahre hinein war den Evangelikalen dieses Thema ziemlich egal; die harte Ablehnung der Abtreibung galt als katholische Eigenheit.[111]

Erfolgstaktik war und ist es, die eigenen Anhänger in diesen Informations- und Lebenskosmos rund um die Uhr und langfristig einzuspinnen. Die Alternativen dazu, also weltlich orientierte Medien, Universitäten, die Naturwissenschaften, Rationalität und liberale Werte werden konsequent als irregeleitet, falsch oder gar Teufelswerk hingestellt.

Dieser Ansatz hatte Erfolg: In den USA glauben enorm viele Menschen tatsächlich, dass das biblische Schöpfungsmärchen erkenntnistheoretisch gleichwertig mit Darwins Evolutionstheorie sei, die Naturwissenschaften grundsätzlich als nicht bibelkonform abzulehnen seien, individuelle Freiheitsrechte nur sinnvoll seien, solange sie zu einem gottesfürchtigen Leben beitragen, sämtliche „Nichtstandardformen“ menschlicher Sexualität Todsünde seien, entsprechend bestraft werden sollten und Donald Trump von Gott persönlich zur Rettung der USA (und somit natürlich der ganzen Welt) zu uns gesandt wurde. Diese Liste ließe sich beliebig verlängern, würde dadurch aber auch nicht sinnvoller. Wer das nicht glaubt, ist hiermit eingeladen, im Creation Museum vorbeizuschauen. Das ist der Materie gewordene christliche Gegenentwurf zur Evolutionstheorie.[112]

---

[111] Die so knappe und klare wie erschreckende Erklärung, wie es zur rein machttaktisch motivierten Fanatisierung über dieses Thema kam, liefert einer der Hauptverantwortlichen dafür: **NZZ,** 28. 6. 2022: *Der Mann, der die amerikanischen Abtreibungsgegner radikalisierte.* https://www.nzz.ch/international/abtreibung-usa-frank-schaeffer-mobilisierte-die-evangelikalen-ld.1687442.

[112] https://creationmuseum.org/.

Eines der wesentlichen Charakteristika dieses christlichen Radikalismus ist die prinzipielle und kompromisslose Ablehnung sämtlicher Theorien, Meinungen und Argumente, die seinem speziellen biblischen Welt- und Lebensverständnis widersprechen. Diese seien Teufelswerk und nicht nur zu ignorieren, sondern auch schwungvoll nach diesem Motto zu bekämpfen: *Die Aufklärung, säkulare Medien, Parteien, Organisationen, die Wissenschaft und ihre Vertreter und Institutionen - Satan steckt überall dahinter! Und warum sollten wir mit Satan diskutieren?*

Hier haben wir das Musterbeispiel einer umfassenden und leider sehr erfolgreichen Diskreditierung der Quellen für mögliche Einwände:

- Ein unbequemes Argument, das aus den Reihen *der Feinde* kommt, soll und darf man gar nicht erst durchdenken, zu verstehen versuchen und würdigen. Eine nähere Auseinandersetzung damit sei bereits Sünde, darüber hinaus brandgefährlich und müsse glaubensgefestigten Profis vorbehalten bleiben. Die bestimmen dann wiederum Inhalte und Argumentationslinie des eigenen Lagers und geben vor, was als Meinung bzw. unverbrüchliche Wahrheit anzunehmen ist.

Auf dem Erfolg dieser Immunisierungsstrategie können Verschwörungsgauner mit ihren Verschwörungskonstrukten, wie z.B. QAnon, natürlich prima aufbauen: Einwände sind grundsätzlich keine, wenn sie aus fragwürdigen Quellen wie der *Lügenpresse* oder den Wissenschaften stammen, von Verbündeten Satans vertreten werden (darunter fallen die meisten Politiker, Journalisten, Wissenschaftler, beide Autoren dieses Buches und im Prinzip alle

Menschen außer den radikalisierten Evangelikalen) oder auf abscheulichen Pseudowerten wie der Freiheit zur individuellen Lebensgestaltung beruhen. Was bleibt da noch übrig?[113]

Genau dieser Ansatz mit seinem universalen Feindbild und Hassobjekt *Die da oben* wurde auch bei uns von diversen Verschwörungskonstrukten übernommen:

- *Die Medien* würden uns im Auftrag *der Politik* systematisch über die Existenz des Coronavirus belügen.

- Die Lockdowns seien die Vorbereitung zur Errichtung einer Diktatur.

- Die Impfung solle die Bevölkerung deutlich reduzieren oder mittels injizierter Chips überwachen.

Gegenargumenten wird pauschal und ganz grundsätzlich ihre Seriosität abgesprochen: Sie kommen nämlich immer (!) aus der falschen Quelle, nämlich ausschließlich (!) von *Denen da oben*, ihren Erfüllungsgehilfen in der *Lügenpresse* und Verbündeten, z.B. *der Wissenschaft*. Diese Strategie der pauschalen Diskreditierung entlastet die Verschwörungsanhänger vollumfänglich von der lästigen Aufgabe, auf die Argumente und Theorien der Vertreter einer sinnvollen Coronastrategie näher einzugehen. Noch besser: Sie erklärt prinzipiell alles, was von außerhalb der eigenen Informationsblase

[113] Es ist kein Zufall, dass sehr viele evangelikale Christen auch an das Verschwörungsmärchen um QAnon glauben. **Foreign Policy,** 23. 3. 2021: *The U.S. Needs Deradicalization—for Christian Extremists.* https://foreignpolicy.com/2021/03/23/usa-needs-qanon-deradicalization-christian-extremists/.

kommt für falsch oder irrelevant. Damit lebt es sich als Verschwörungsgauner und -spinner natürlich recht bequem. Lästiges und zeitraubendes Nachdenken und rationale Prüfung von Argumenten entfallen - Dank Immunisierung gegen Einwände durch deren pauschale Zurückweisung.

Um Missverständnisse zu vermeiden: Natürlich ist die Berichterstattung unserer Medien immer wieder lückenhaft, schlampig, uninformiert, sensationsgesteuert und öfter mal viel zu einheitlich bzw. einseitig. Sicher auch bisweilen manipulativ und parteiisch. Und insgesamt alles andere als perfekt.

Das heißt aber erstens nicht, der Informationsmarkt sei von einer Gruppe böswilliger Verschwörer gesteuert und kontrolliert. Im Gegenteil: Dass z.B. alle möglichen Anhänger von Verschwörungskonstrukten auf allen möglichen Kanälen ihre Ansichten verbreiten können und das auch fleißig tun, legt eher das Gegenteil nahe: Die „Informationswelt" einer offenen Gesellschaft lässt sich nicht einfach kontrollieren oder gleichschalten. Es war Dank Computer und Internet noch nie so einfach, Zensurbemühungen abzuwehren und auszuhebeln. Das heißt aber auch, dass es eine Vielzahl kompetenter und glaubwürdiger Informationsquellen gibt - auch und gerade im Internet - in denen solide Kritik an diversen Verschwörungskonstrukten geübt wird. Deshalb die pauschale Immunisierungstaktik. Also: Die Meinungsvielfalt ist nach wie vor gegeben - ihre Basis hat sich sogar verbreitert. Alle diese enorm vielfältigen und facettenreichen Quellen als grundsätzlich unzuverlässig oder gleichgeschaltet einzustufen bedarf einer sorgfältigen Begründung - und die fehlt bisher.

Zweitens gibt es selbst in den angeblich gleichgeschalteten Medien immer wieder kompetente Stimmen, die substantielle Zweifel an der „offiziellen“ Coronapolitik vorbringen und ausführlich begründen. Wie passt das zur „Gleichschaltungsthese“?[114]

Das heißt drittens auch nicht, dass es unmöglich ist, sich bei uns zuverlässig zu informieren. Das ist zwar bisweilen mühsam und setzt etwas Verstand und Bildung voraus. Aber war das nicht schon immer so? Man kann jederzeit Bücher oder Studien im Original lesen - gerade, wenn es um wissenschaftliche Zusammenhänge geht. Das Angebot ist keineswegs „gleichgeschaltet“, sondern bildet die Meinungsvielfalt bei wissenschaftlichen Fragestellungen ab. Auch hier gilt: Die Ausgangsbedingungen dafür, also der Zugriff auf relevante Quellen, waren noch nie besser als heute.[115]

Es heißt viertens nicht, dass wir im Prinzip etwas besseres haben können als eine Vielfalt von Meinungsmachern, -beeinflussern und -kritikern … mit allen nervigen Begleiterscheinungen. Was wäre denn die Alternative?

Also: Die Diskreditierungstaktik, eine umfangreiche Gleichschaltung und Manipulation aller Informationsquellen zu behaupten,

---

[114] Wir denken hier an Journalisten wie Frank Lübberding und Nicola von Lutterotti, zwei kritische Stimmen, die regelmäßig zur Coronathematik in den sogenannten Leitmedien publizieren und sehr seriös argumentieren.

[115] Beispiel dafür ist die Ausarbeitung Professor Wiesendangers, in der er die Theorie formuliert und verteidigt, das Coronavirus stamme aus einem Labor in Wuhan. Er hat sie in Eigeninitiative veröffentlicht, wurde zu Unrecht massivst und größtenteils unfair dafür kritisiert - aber jeder hat darauf Zugriff und kann sich ein eigenes Bild machen: https://www.uni-hamburg.de/newsroom/presse/2021/pm8.html. Das spricht doch klar gegen umfassende Zensur und Informationskontrolle durch *Die da oben.*

geht ins Leere. Wir sehen das Problem eher in der anderen Richtung: Es ist schwerer als früher, sich in der enormen Fülle an Informationen überhaupt noch zurechtzufinden!

Verschiebung der Begründungslast

Eine zweite, recht verbreitete und beliebte Taktik zur Immunisierung von Verschwörungskonstrukten gegen Einwände setzt auf die Verschiebung der Begründungslast. Diese Manipulation ist ziemlich raffiniert und funktioniert leider immer wieder. Es geht dabei im Kern um diese Frage:

- Wer hat eigentlich die Pflicht, Begründungen und Argumente für eine Behauptung oder eine Theorie zu liefern?

Die Antwort ist wichtig, denn die folgende Art von Konter kennen wir aus vielen Alltagsdiskussionen:

- **Person A:** Aber Du hast doch kein einziges akzeptables Argument dafür vorgebracht, dass Attila Hildmann der Anführer aller Satanisten ist.
- **Person B:** Und Du kannst nicht beweisen, dass er das nicht ist!

- **Person A:** Du hast keinerlei handfeste Indizien oder gar Beweise dafür, dass John F. Kennedy von den Freimaurern ermordet wurde!
- **Person B:** Trotzdem ist es möglich! Du kannst ja auch nicht beweisen, dass es nicht so war.

- **Person A:** Es gibt keinerlei Belege dafür, dass es für Dein Liebesleben etwas bringt, wenn du Aphrodite an der Isar ein Brandopfer darbringst.

- **Person B:** Doch, ich fühle, dass mir das hilft - beweise mir doch, dass es nutzlos ist.

Im Grunde wird in diesen Beispielen auf die Behauptung, etwas sei unbewiesen, unplausibel oder unwahrscheinlich mit einem Verweis auf dessen logische Möglichkeit reagiert: *Es könnte doch so sein.* Im zweiten Schritt wird dann ein Gegenbeweis eingefordert bzw. ein argumentatives Patt behauptet: Bleibt dieser Gegenbeweis aus, dann stünden beide Meinungen oder Behauptungen gleichberechtigt nebeneinander.

Aber: Das ist ein sehr schwacher Konter und eine Denkfalle. Die bloße logische Möglichkeit sagt nichts über Wahrscheinlichkeit oder Plausibilität. Natürlich ist es logisch möglich, dass ich nächstes Wochenende im Lotto fünf Millionen Euro gewinnen werde - niemand kann beweisen, dass es nicht so kommen wird. Aber die Wahrscheinlichkeitsrechnung zeigt, dass es ausgesprochen dumm wäre, aufgrund dieser logischen Möglichkeit einen Kaufvertrag für eine Penthousewohnung in München und einen Ferrari zu unterschreiben. Die Aussage *Du wirst nicht gewinnen!* steht also auf wesentlich sichererem Fundament als die Gewinnprognose.

Der Trick dabei: Wenn es dumm läuft, tappt Person A in die Falle, zieht sich den angebotenen Schuh an und versucht, gegen die jeweilige logische Möglichkeit zu argumentieren. Das ist erstens ziemlich aussichtslos und zweitens unnötig. Die Begründungslast liegt nämlich in allen drei Fällen klar bei Person B. Was heißt das? Wir orientieren uns in diesem Zusammenhang an drei Regeln:

- **Regel 1:** Wer uns von etwas überzeugen möchte, sollte dafür gute Gründe anbieten. Die argumentative Bringschuld liegt bei ihm. Vor allem, wenn die Überzeugung in konkretes Handeln münden soll. Anders ausgedrückt: Behauptungen und Theorien sollten begründet werden.

- **Regel 2:** Je unwahrscheinlicher oder unplausibler das ist, wovon wir überzeugt werden sollen, desto stärker müssen die Gründe dafür sein.

- **Regel 3:** Je mehr auf dem Spiel steht, desto besser, stichhaltiger und überzeugender muss die Begründung sein.

Spielen wir diese Regeln an einem konkreten Beispiel durch, nämlich der Trumpschen Verschwörungstheorie vom Wahlbetrug 2020.[116] Tatsächlich war eines der Hauptargumente zur Verteidigung der Betrugstheorie immer wieder, dass es **möglich** ist

- bei der Briefwahl zu tricksen,
- in den Wahllokalen zu tricksen,
- bei den Wahlberechtigungen zu tricksen,
- die Hardware für die Stimmabgabe und -auszählung zu manipulieren,
- die Software zu manipulieren.

Das stimmt natürlich, aber: Das haben wir bzw. die zuständigen Instanzen in den USA alles vorher auch schon gewusst und genau

---

[116] Hier findet sich eine gute Zusammenfassung: **Wikipedia:** *Präsidentschaftswahl in den Vereinigten Staaten 2020.* https://de.wikipedia.org/wiki/Pr%C3%A4sidentschaftswahl_in_den_Vereinigten_Staaten_2020#Zweifel_an_der_Rechtm%C3%A4%C3%9Figkeit_des_Wahlergebnisses_und_an_geordnetem_Wahlausgang. Auch im Untersuchungsausschuss gab es eine Fülle sehr interessanter Aussagen ehemaliger Unterstützer und Mitarbeiter Trumps: **ZEIT,** 13. 6. 2022: *Trump-Vertraute distanzieren sich von Behauptungen zu Wahlbetrug.* https://www.zeit.de/politik/2022-06/donald-trump-untersuchungsausschuss-kapitolerstuermung-vertraute-william-barr?utm_referrer=https%3A%2F%2Fwww.google.com%2F.

deshalb gibt es Regeln und Verfahrensweisen, um mögliche Manipulationen zu verhindern. Es wären also Argumente nötig, die über die bloße Möglichkeit hinaus plausibel machen, dass tatsächlich betrogen wurde - und zwar in großem Stil. An dieser Stelle waren Trump und seine Freunde sehr konsequent darin, die Beweislast zu verschieben und haben es tatsächlich geschafft, damit viele Anhänger zu beeindrucken:

Ihr müsst beweisen,

- dass bei der Briefwahl alles mit rechten Dingen zugegangen ist,
- dass tatsächlich nur die berechtigten Wähler abgestimmt haben,
- dass keine zusätzlichen Fake-Stimmen in die Wahllokale transportiert wurden,
- dass die Hardware in Ordnung war,
- dass die Software in Ordnung war.

Das ist ein klarer Verstoß gegen Regel 1: Wer umfassenden Betrug behauptet, sollte das begründen können und zumindest belastbare Anhaltspunkte für seine Vorwürfe liefern. Hätten Sie es gerne, wenn jedermann Sie im Alltag „einfach so“ als Betrüger oder Vergewaltiger bezeichnen dürfte - und Sie dann Ihre Unschuld beweisen müssten? Natürlich nicht - genau deshalb akzeptieren wir Regel 1 und stellen schwere Verstöße dagegen sogar unter Strafe.[117] Das gilt auch in den USA:

---

117 Deshalb glauben auch so viele Leute die unglaublichsten Vorwürfe und Verleumdungen: Eigentlich gehen nur Psychopathen und Kriminelle das hohe Risiko ein, absurde und strafbare Verleumdungen in die Welt zu setzen. Das ist übrigens eine weitere Manipulationstaktik: Oft werden extrem krasse Lügen geglaubt, weil man sich gar nicht vorstellen kann, dass ein halbwegs vernünftiger Mensch so etwas behauptet, ohne dass was dran wäre ... Auch bei dieser Taktik zählt Trump zu den dreistesten Anwendern.

- Der Hersteller der Wahlmaschinen Dominion hat nicht nur, wie schon in Kapitel 4 skizziert, Trumps Anwältin Powell wegen der Verbreitung der Wahlbetrugslüge und Verleumdung verklagt. Er zog auch gegen den Sender Fox News vor Gericht. Dessen Besitzer Rupert Murdoch und einige Moderatoren mussten im Lauf des Verfahrens zugeben, dass es sich bei den Vorwürfen des Wahlbetruges um Lügen handelte, sie das genau wussten und sie trotzdem verbreitet und unterstützt haben.[118]

Das zeigt eine wirkungsvolle Strategie gegen diese Manipulationstaktik auf:

- Schiebe die Beweislast wieder dahin, wo sie hingehört - und mache die Unwahrheit sehr teuer! Oder: *Lass die Realität zurückschlagen ...*

Außerdem ist das natürlich ein herber Rückschlag für die Diskreditierungsstrategie Trumps und seiner Anhänger: Die Glaubwürdigkeit eines ihrer wichtigsten Kommunikationsorgane und Sprachrohre, nämlich Fox News, wurde damit zerstört. Diese Taktik hat auch an anderer Stelle funktioniert:

- Der in den USA sehr populäre Verschwörungsgauner Alex Jones hat Konkurs angemeldet. Er hatte auf seinem Kanal Infowars mehrfach behauptet, das Massaker an der Schule in Sandy Hooks, bei dem insgesamt 28 Menschen ermordet wurden, sei

---

[118] **FAZ,** 28. 2. 2023: *Rupert Murdoch gibt Lügen seiner Moderatoren zu.* https://www.faz.net/aktuell/feuilleton/medien/rupert-murdoch-gibt-luegen-von-fox-news-bei-us-wahl-2020-zu-18711157.html.

eine Inszenierung mit Schauspielern gewesen. Die Eltern der ermordeten Kinder zogen vor Gericht und gewannen: Jones ist jetzt pleite.[119]

Schade, dass die Evolutionstheorie das Creation Museum nicht wegen Verleumdung verklagen kann.

Auch Regel 2 wird missachtet: Ein flächendeckender Betrug bei den Wahlen ist prima facie extrem unwahrscheinlich. Er müsste von zigtausend Helfern und Mitwissern auf allen Ebenen des Wahlprozesses und quer durch alle Parteien von langer Hand vorbereitet, ausgeführt und mitgetragen worden sein. Es ist praktisch unmöglich, eine so komplexe Täuschung ohne Pannen und Whistleblower hinzukriegen. Also dürfen und sollten wir von Trump sehr starke und überzeugende Argumente zur Stützung der Betrugsvorwürfe fordern. Bis heute konnten diese nicht erbracht werden. Kein Wunder - wie eben gesehen geben mittlerweile sogar die Lügner ihre Lügen zu.

In über 50 Fällen haben Gerichte aller Ebenen sämtliche Klagen des Trump-Lagers abgewiesen. Der Grundtenor dabei ist eindeutig:

- Es gibt keinerlei Belege für den behaupteten Wahlbetrug.

---

[119] Zum Prozess: **SZ,** 3. 12. 2022: *Verschwörungserzähler Alex Jones beantragt Insolvenz.* https://www.sueddeutsche.de/panorama/alex-jones-infowars-sandy-hook-massaker-pleite-opfer-urteil-1.5708744. **Wikipedia:** *Amoklauf an der Sandy Hook Elementary School.* https://de.wikipedia.org/wiki/Amoklauf_an_der_Sandy_Hook_Elementary_School.

- Auf Basis von aus der Luft gegriffenen bzw. frei erfundenen Anschuldigungen wird kein Gericht in einem Rechtsstaat ein Verfahren eröffnen oder gar ein Urteil fällen.

- Zudem wurde sehr oft von den jeweiligen Richtern ausdrücklich darauf hingewiesen, dass die erhobenen Klagen jeder Grundlage entbehren und offensichtlich darauf abzielen, das Rechtssystem zu missbrauchen.

Dadurch wurde zumindest erreicht, dass die Beweislast offiziell klar Trump zugeordnet wurde und er mit seiner Taktik der Verschiebung vor Gericht keinerlei Erfolg hatte. Das dürfte auch viele Menschen überzeugt haben, die nüchtern und rational ihre Meinungen entwickeln und Entscheidungen treffen. Anders sieht es leider bei Trumps Anhängern aus: Die meisten glauben immer noch, dass Biden durch Tricksereien die Wahl gewonnen hätte und halten daran fest, bis jemand sie vom Gegenteil überzeugt - was ja zumindest auf rationaler Ebene gar nicht möglich ist.[120]

Schließlich wird auch Regel 3 ignoriert: Es steht nicht weniger als die Glaubwürdigkeit des gesamten Wahlprozesses und somit auch der politischen Institutionen und Gerichte in den USA auf dem Spiel. Auch deshalb haben wir das Recht, exzellente Argumente zur Stützung der Vorwürfe einzufordern. Es ist ein Mindestgebot der Fairness, einen so schwerwiegenden Vorwurf mit starken Argumenten abzusichern.

---

[120] **Tagesspiegel,** 6. 1. 2022: *US-Umfrage fast ein Jahr nach Amtsantritt: Mehr als 40 Prozent zweifeln an rechtmäßiger Wahl Bidens.* https://www.tagesspiegel.de/politik/us-umfrage-fast-ein-jahr-nach-amtsantritt-mehr-als-40-prozent-zweifeln-an-rechtmaessiger-wahl-bidens/27950884.html. Eine mögliche Erklärung könnte in Taktik Nummer 4 dieses Kapitels liegen: Etablierung subjektiver Gewissheit als Wahrheitskriterium.

Eben weil Trumps Vorwürfe so schwerwiegend sind und sehr viel auf dem Spiel steht, wurde vom Kongress der USA ein Untersuchungsausschuss eingesetzt. Dort wurde mit hohem Aufwand an Zeit und Energie akribisch und detailliert aufgeschlüsselt, dass es sich um nichts anderes als ein sehr giftiges Verschwörungsmärchen handelt. Unter dem Druck dieser offiziellen Untersuchung - und der damit für sie geltenden Beweislast - haben sich auch viele Politiker und ehemalige Mitarbeiter Trumps von ihm und diesem Verschwörungskonstrukt abgewendet.[121]

Die Pflicht zur Begründung und Erhärtung der Betrugshypothese liegt also voll und ganz bei Trump und seinem Lager. Werden die entsprechenden Indizien, Begründungen oder Argumente nicht geliefert, ist die Sache klar: Wir haben keinen Grund, an Wahlbetrug zu glauben. Niemand muss beweisen, dass kein Wahlbetrug stattgefunden hat; aus der Luft gegriffene und frei erfundene Anschuldigungen reichen dafür garantiert nicht aus.

Ein aussagekräftiges **Positivbeispiel** gibt es dazu auch:

- Die sogenannte *Labortheorie* argumentiert, dass das Coronavirus aus einem Labor in Wuhan entwichen sein könnte, z.B. durch einen Unfall oder Unachtsamkeit. Es gibt sogar Indizien dafür, dass das Virus im Labor gezielt verändert wurde, um es für Menschen gefährlich zu machen.

---

[121] **ZEIT,** 13. 6. 2022: *Trump-Vertraute distanzieren sich von Behauptungen zu Wahlbetrug.* https://www.zeit.de/politik/2022-06/donald-trump-untersuchungsausschuss-kapitolerstuermung-vertraute-william-barr?utm_referrer=https://www.google.com/.

Von Anfang an wurde diese Labortheorie bzw. ihre Varianten pauschal als *üble Verschwörungstheorie* und ihre Vertreter als inkompetent verunglimpft. Diese haben aber sauber gearbeitet, also ihre Begründungslast gemäß unseren Regeln angenommen und erfüllt. Mittlerweile gilt die Labortheorie als respektabel und so plausibel, dass die Forderung nach weiteren Untersuchungen als völlig berechtigt und sinnvoll anerkannt wird. Ob sie stimmt, wird die Zukunft zeigen.[122]

Also: Es sollte immer geklärt werden, wer eigentlich die Beweislast zu tragen hat. Dadurch lassen sich viele sinnfreie und überflüssige Diskussionen vermeiden. Solange diese Beweis- und Begründungslast nicht seriös und solide eingelöst wird, gilt das betreffende Verschwörungskonstrukt als erkenntnistheoretisch nicht respektabel.

Einführung von Zusatzhypothesen

Im Grunde ist es legitim, leistungsfähige Theorien durch die Einführung von Zusatzhypothesen vor sperrigen Daten bzw. einer „Widerlegung“ durch diese zu schützen - oder sie zumindest vorläufig einfach zu ignorieren:

- Zusatzhypothesen sollen uns z.B. verständlich machen, warum bestimmte Vorhersagen der Theorie wider Erwarten nicht eingetreten sind oder warum sich bestimmte Daten (noch) nicht im Rahmen der Theorie erklären lassen.

---

[122] Einen exzellenten Überblick bietet der Evolutionsbiologe Günter Theißen: **Das Virus.** Frankfurt, 2022. Der Hamburger Nanophysiker Roland Wiesendanger hatte in Deutschland als erster den Mut, die Labortheorie zu vertreten und hat dafür leider einen veritablen Shitstorm geerntet.

Keine Theorie, schon gar nicht eine neue, kann alle Daten integrieren und alle offenen Fragen beantworten. Genau deshalb betreiben wir ja Theoriebildung: Es gibt eine Fülle offener Fragen. Theorien sind Versuche, diese zu beantworten - Schritt für Schritt. Zusatzhypothesen zum Schutz dieser Theorien vor Widerlegung sollen es uns ermöglichen, diese Schritte in Ruhe gehen bzw. die Theorie in Ruhe entwickeln und ausbauen zu können.

Das heißt natürlich nicht, dass jede beliebige Zusatzhypothese akzeptabel ist und jede Theorie schützenswert. Folgende Bedingungen sollten erfüllt sein:

- Die zu schützende Theorie sollte qualitativ hochwertig sein, also erklärstark und vielversprechend. Sie sollte bereits gute Ergebnisse liefern und anderen Qualitätskriterien für Theorien genügen.

- Die Zusatzhypothese sollte ihrerseits plausibel sein bzw. auf Plausibilität geprüft werden können.[123]

So weit, so gut. Im Rahmen von Verschwörungskonstrukten haben wir allerdings oft eine ganz andere Lage: Zusatzhypothesen werden missbraucht. Unplausible Verschwörungskonstrukte sollen durch gleichermaßen unplausible Zusatzhypothesen vor sperrigen Daten oder Gegenargumenten geschützt werden. So etwas ist schlicht und einfach Trickserei oder Manipulation. Was genau damit gemeint ist, das zeigen folgende Beispiele:

---

[123] In Band 1 haben wir dieses Zusammenspiel zwischen Theorien und Zusatzhypothesen ausführlich erläutert.

- **Person A:** *Eine sehr seriöse Untersuchung zeigt, dass der Impfstoff von Biontech eine tödliche Substanz enthält, nämlich Graphenoxid. Genau damit wollen Gates und seine Satanistenfreunde die Weltbevölkerung dezimieren.*

- **Person B:** *Also erstens müssten dann ja schon extrem viele geimpfte Personen gestorben sein - wie viele in Deinem Umfeld? Und warum gibt es keine Berichte über dieses Massensterben - nicht einmal bei den Impfkritikern? Zweitens zeigen doch so gut wie alle anderen Studien und Untersuchungen, dass das mit der tödlichen Substanz einfach nicht stimmt.*

- **Person A** führt jetzt eine Zusatzhypothese ein, um sein Konstrukt vor diesen Einwänden zu schützen: *Also mein Cousin hat sich gleich zu Beginn impfen lassen und von ihm habe ich schon lange nichts mehr gehört. Und diese ganzen anderen Studien sind doch klar von korrupten Wissenschaftlern und der Pharmaindustrie gefälscht. Wahrscheinlich löschen die auch im Internet alles, was in diese Richtung geht ...*

Man sieht sofort, wie das Verschwörungskonstrukt immunisiert werden soll: Die sperrigen Daten bzw. Gegenargumente werden einfach durch Einführung von Zusatzhypothesen „entkräftet" oder in Frage gestellt. Diese Art unseriöser Zusatzhypothesen nennt man auch *Ad-Hoc-Hypothesen.* Ihr einziger Zweck besteht darin, eine unhaltbare Theorie vor Gegenargumenten zu schützen.[124] Sie sind für sich genommen ebenfalls sehr unplausibel, an den Haaren herbeigezogen. Diese Manipulationstaktik ist also der Versuch, ein sehr fragwürdiges Konstrukt durch ein sehr fragwürdiges Zusatzkonstrukt zu schützen. So läuft es auch im nächsten Beispiel:

---

124 **Wikipedia:** *Ad-hoc-Hypothese.* https://de.wikipedia.org/wiki/Ad-hoc-Hypothese.

- ***Es kann keine zweite Welle geben.*** *Im Juli 2020 behauptet der Maßnahmen-Kritiker Wolfgang Wodarg, dass es keine zweite Corona-Welle geben wird: „Alle Beobachtungen, alle Evidenz, die wir haben, zeigt das." An seine Kritiker gewandt fragt er: „Wann hat es sowas schon mal gegeben? Welche Evidenz habt Ihr, dass es überhaupt zwei Wellen geben kann? Wo ist die Literatur? Wo sieht man das? Nirgends. Was passiert: Im Herbst beginnt die zweite Welle."*[125]

Hier könnten geistesverwandte Hardliner natürlich Wodarg zu Hilfe eilen und z.B. folgende Zusatzhypothesen einführen:

- *Die zweite Welle wurde wie die erste von der Regierung ausgelöst. Die waren nicht ganz mit dem Erfolg zufrieden, den sie mit der ersten Welle bei der Einschüchterung der Bevölkerung erzielt haben. Die geben wahrscheinlich erst Ruhe, wenn alle Grundrechte abgeschafft sind.*

- *Die zweite Welle ist doch ein Mythos: Die ganzen Zahlen und Statistiken sind gefälscht und werden fleißig von den Lügenmedien verbreitet. Ein guter Freund meines Cousins arbeitet als Pfllegekraft in der Uniklinik und die Intensivstation dort ist nicht überlastet - alles gelogen!*

---

[125] **Tagesspiegel,** 31. 7. 2021: *Die vielen Fehlschläge der „Querdenker": So oft irren sich die Verschwörungsideologen.* https://m.tagesspiegel.de/die-vielen-fehlschlaege-der-querdenker-so-oft-irren-sich-die-verschwoerungsideologen/27471378.html?utm_referrer=http%3A%2F%2Fm.facebook.com%2F.

Diese Immunisierungstaktik wird auch in anderen Bereichen gerne eingesetzt, in denen falsche Vorhersagen oder unerwartete Ereignisse „wegerklärt“ werden müssen. Beispiele gibt es in Hülle und Fülle:

- Jedes Jahr ist irgendeine religiöse Sekte felsenfest davon überzeugt, dass an einem ganz bestimmten Tag die Welt untergehen bzw. das Jüngste Gericht oder eine neue Sintflut über uns kommen werden - oder alles zusammen. Sie verkaufen in Vorbereitung auf das Ereignis alle irdischen Güter und warten am fraglichen Tag auf Abholung und Errettung durch UFOs oder ein Erzengel-Geschwader. Bisher hat das mit dem Weltuntergang erfreulicherweise nicht geklappt - was natürlich Erklärungsbedarf auf Seiten der Sekte erzeugt.

Mögliche ad hoc Hypothesen sind bekannt und man kann sie sich auch leicht selber ausdenken:

- *Da haben wir noch einmal Glück gehabt. Unsere intensiven Gebete für die ganzen Sünder und die Errettung der Welt wurden erhört. Lasst uns Gottes Milde preisen!*

- *Gott hat es sich kurzfristig anders überlegt - ein weiteres Zeichen seiner grenzenlosen Güte und Barmherzigkeit. Lasst uns ihm danken und endlich unseren Lebenswandel ändern: Noch einmal werden wir nicht so viel Glück haben!*

- Oder so wie Herr Scharonow, Sprecher einer russisch-orthodoxen Sekte, deren Mitglieder 2010 in Erdhöhlen mehrere Monate vergeblich auf den Weltuntergang gewartet hatten: *Wir wurden durch ein Wunder gerettet!*[126]

Auch im religiösen Mainstream wird gerne mit dieser Manipulationstaktik gearbeitet, sogar „hoch offiziell“:

- **Person A:** *Alles ist deiner Meinung nach also von einem allgütigen, allmächtigen und allwissenden Gott erschaffen worden. Woher kommt dann das ganze Leid und Unglück in dieser Welt? Naturkatastrophen, Seuchen, unheilbare Krankheiten ...?*

- **Person B:** *Das weiß keiner, denn: Gottes Wege sind unergründlich!*[127]

Neben den Religionen ist auch das weite und finanziell mittlerweile sehr lukrative Feld der Esoterik eine unterhaltsame Fundstätte für Pseudo-Theorien jeder Art. Seltsamerweise funktionieren so gut wie alle esoterischen Praktiken nicht, wenn sie unter kontrollierten Testbedingungen stattfinden sollen. Das ist aber nicht schlimm - es gibt ja die Möglichkeit, das durch Ad-hoc-Hypothesen mehr oder weniger elegant „wegzuerklären“:

- *Pharao Ramses der Große hat sich heute nicht aus dem Jenseits gemeldet, weil ein Ungläubiger im Raum ist, der zweifelt und schlechte Schwingungen erzeugt.*

---

[126] **SZ,** 17. 5. 2010: *Sintflut statt Weltuntergang.* https://www.sueddeutsche.de/panorama/russische-sekte-im-erdloch-sintflut-statt-weltuntergang-1.275899.

[127] Eine exzellente Gesamtdarstellung dieser Theodizee-Thematik liefert Gerhard Streminger: **Gottes Güte und die Übel der Welt: Das Theodizee-Problem.** Tübingen, 2016 (2. Auflage).

- *Es stimmt: Meine Vorhersage war falsch, dass Politiker X im Oktober einem Attentat zum Opfer fallen wird. Es gibt aber Gerüchte, dass ein solches in letzter Sekunde vereitelt werden konnte. Natürlich wird das nicht offiziell kommuniziert ... du weißt schon ... die Lügenpresse ...*

Also: Es macht Sinn, eine erkenntnistheoretisch respektable Theorie erst einmal durch ebensolche Zusatzhypothesen vor Widerlegung zu schützen. Die Theorie braucht ja Zeit, um ausgearbeitet und entwickelt zu werden, um zu reifen. Es macht allerdings keinen Sinn, erkenntnistheoretisch nicht respektable Verschwörungstheorien oder -märchen durch ebensolche Zusatzhypothesen zu schützen.

Subjektives Gewissheitsgefühl als Standard für Wahrheit etablieren

Diese Taktik beruht darauf, ein Gefühl, das wir alle kennen, als Prellbock gegen kritische Argumente in Stellung zu bringen. Jeder kennt dieses Gefühl der Gewissheit, die felsenfeste Überzeugung, etwas müsse stimmen, könne einfach nicht falsch sein. Sehr oft lassen wir uns davon auch in unseren Entscheidungen leiten. Der kritischen Frage sollten wir trotzdem nicht ausweichen: Ist dieses Gewissheitsgefühl tatsächlich ein zuverlässiger Indikator für Wahrheit? Mit den folgenden Überlegungen dazu möchten wir für eine gesunde Skepsis auch und gerade gegenüber diesem oft „überwältigenden" Gefühl plädieren.

In so gut wie allen Bereichen der Irrationalität wird dieser Schutzmechanismus gegen rationale Argumente konsequent genutzt. Allerdings wird diese Taktik viel häufiger in Gesprächen eingesetzt als in schriftlicher Form. Was soll ich auch entgegnen, wenn mein Gegenüber im Brustton der Überzeugung Dinge wie die folgenden behauptet:

- *Ich spüre einfach, dass Globuli mir helfen. Diese ganzen wissenschaftlichen Studien, die zeigen wollen, dass Homöopathie nicht mehr als einen Placebo-Effekt erzeugen kann, müssen aus irgendeinem Grund falsch sein.*

- *Ich weiß, dass Gottheit X existiert und meine Gebete erhört. Diese Wahrheit finde ich ganz tief in mir drin und das ist für mich überzeugender als alle Argumente der Welt.*

- *Wenn ich in mich hineinhorche, dann finde ich immer wieder die Bestätigung für die tiefe Wahrheit und Lebensklugheit des Pendels. Ich kann das auch nicht erklären, aber diesem Gefühl der Klarheit und Sicherheit muss ich einfach folgen.*

Wer hier widerspricht läuft Gefahr, sein Gegenüber bzw. dessen Ernsthaftigkeit persönlich anzugreifen - und das geht selten gut. Für solche Situationen haben wir Kapitel 10 geschrieben. Darin erläutern wir ausführlich, wie man derartige Gespräche mit Fingerspitzengefühl und Konsequenz führt.

Natürlich verlassen wir uns im Alltag und bei wichtigen Entscheidungen oft auf unser Bauchgefühl. Und jeder von uns hat damit auch schon gute Erfahrungen gemacht. Häufig geht es auch angesichts von Informationslücken und Zeitknappheit gar nicht anders. Das Problem ist allerdings leicht zu erkennen: Als zuverlässiges Wahrheitskriterium ist dieses Gefühl der Gewissheit untauglich. Warum?

Erstens führt es uns selbst im Alltag immer wieder in die Irre. Jeder von uns hat diese Erfahrung schon machen müssen. Man ist sich absolut sicher, dass man sich an etwas korrekt erinnert, dass man sich auf einen bestimmten Menschen blind verlassen kann, dass etwas einfach stimmen muss, dass als Folge einer Handlung H mit absoluter Sicherheit Z passieren wird … und trotzdem ist, war oder kommt es ganz anders.

Zweitens basiert dieses Gefühl vermutlich ganz stark auf den vielen Erfahrungswerten, die wir im Laufe eines Lebens sammeln und verarbeiten - und die uns gar nicht immer bewusst sind. Deshalb hören auch Ihre Autoren in bestimmten Situationen, zum Beispiel im zwischenmenschlichen Bereich, auf ihr Bauchgefühl, das Gefühl der Gewissheit. Nicht nur - aber wir betrachten es als eine wichtige Komponente der Entscheidungsfindung. Daraus folgt aber nicht, dass wir damit ein Wahrheitskriterium für alle möglichen Bereiche haben. Skeptisch sind wir, wenn uns die Fülle an persönlichen Erfahrungswerten als Grundlage fehlt. Auch dann, wenn wir diese Erfahrungen nie objektiv geprüft und verarbeitet haben. Wir haben ja bereits ausführlich erläutert, wie leicht die Quintessenz „unserer gesicherten Erfahrung" durch Mechanismen wie die Bestätigungsfalle oder Wunschdenken verzerrt werden kann. Leider sind wir Menschen auch sehr gut darin, uns selbst etwas vorzumachen.

Also: Ob eine wissenschaftliche Studie korrekte Ergebnisse liefert, ob eine Statistik stimmt oder eine Theorie unzulänglich ist - das kann dieses Gefühl mir in aller Regel nicht signalisieren. Auch nicht, ob Donald Trump der von Gott gesandte Erlöser ist.

Drittens kennen wir genug Beispiele aus der Geschichte, in denen blindes Vertrauen in dieses Gewissheitsgefühl in Fanatismus, Selbstvernichtung oder verbrecherisches Handeln geführt hat. Offensichtlich wird es auch stark durch die in Kapitel 2 skizzierten Mechanismen beeinflusst, die unser Denken und Verhalten in Gruppen verzerren. Überzeugte Nazis, religiöse Fanatiker, Kommunisten, Rassisten - sie alle sind *absolut gewiss*, auf dem richtigen Weg zu sein.

Viertens liefert dieses Gefühl absoluter Gewissheit von Person zu Person ganz unterschiedliche Ergebnisse. Diese können natürlich nicht alle gleichzeitig stimmen. So können überzeugte Christen absolut gewiss sein, dass ihre jeweils ganz unterschiedliche Bibelauslegung die einzig richtige ist - will Gott z.B. die Unterordnung der Frau unter den Mann oder ein gleichberechtigtes Miteinander? Will er die Abschaffung der Sklaverei oder nicht? Das Gefühl der absoluten Gewissheit liefert da kein klares Bild, wenn wir gleichermaßen überzeugte Christen befragen. Wessen Gewissheit ist denn die richtige: Die von Kirchenvater A oder seines heiligen Kollegen B?[128] Und was ist in diesem Zusammenhang von den Gewissheiten diverser Muslime oder Hindus zu halten? Wer hat Recht und wen täuscht sein Gefühl?

Fünftens kommt es immer wieder vor, dass dieses Gefühl der Gewissheit durch Argumente und Überlegungen abgebaut oder zersetzt wird: Natürlich kann ein überzeugter Nazi oder Kommunist sein Gewissheitsgefühl bezüglich seiner Ideologie verlieren, seine Ansichten ändern und ein neues Gefühl der absoluten Gewissheit aufbauen - oder zum grundsätzlich zurückhaltenden Skeptiker werden. Welches Gewissheitssignal soll dann gelten? Das ursprüngliche oder das neue? Der Nazi kann übrigens auch zum Kommunisten konvertieren, der evangelikale Christ zum islamischen Gotteskrieger …

---

[128] Patriarch Kyrill, Oberhaupt der russisch-orthodoxen Christen, ist absolut gewiss, dass der Angriff auf die Ukraine die Unterstützung Gottes genieße: **DerStandard,** 7. 6. 2022: *Putins Patriarch Kyrill hält die Russen auf Kriegskurs.* https://www.derstandard.de/story/2000136337301/putins-patriarch-kyrill-haelt-die-russen-auf-kriegskurs.

Also: Es ist klar, das der Appell an dieses Gefühl der absoluten Gewissheit als Schutzschild gegen unbequeme Argumente weit verbreitet ist. Ebenso klar sollte sein, dass und warum dieser Appell rational nicht zu rechtfertigen ist. Bestenfalls kann es in bestimmten Bereichen, in denen wir uns gut auskennen und viel Erfahrung haben, als ein erster Indikator dienen. Ein brauchbarer Ersatz für rationale Argumentation ist es sicher nicht.

Zusammenfassung Kapitel 5

In diesem Kapitel geht es um die Frage, mit welchen Tricks ein Verschwörungskonstrukt vor guten Einwänden und Gegenargumenten geschützt werden kann. Wir beleuchten vier beliebte und verbreitete Immunisierungstaktiken:

Diskreditierung der Quellen möglicher Einwände

Die Grundidee: Gegenargumenten wird pauschal ihre Seriosität abgesprochen. Sie kommen immer (!) aus der falschen Quelle, nämlich ausschließlich (!) von den *Feinden* des jeweiligen Verschwörungskonstruktes. Ein unbequemes Argument, das aus den Reihen *der Feinde* kommt, soll und darf man gar nicht erst durchdenken, zu verstehen versuchen und würdigen. Das alles soll unterbunden und tabuisiert werden.

Verschiebung der Begründungslast

Die Grundidee: Gibt es keine guten Argumente für ein Verschwörungskonstrukt, wird gerne die Begründungs- oder Beweislast verschoben. Die Gegenseite wird aufgefordert zu beweisen, dass das Konstrukt falsch ist. Damit wird versucht, die folgenden Regeln für rationale Argumentation auszuhebeln:

- **Regel 1:** Wer uns von etwas überzeugen möchte, sollte dafür gute Gründe anbieten. Die argumentative Bringschuld liegt bei ihm. Vor allem, wenn die Überzeugung in konkretes Handeln münden soll. Anders ausgedrückt: Behauptungen und Theorien sollten begründet werden.

- **Regel 2:** Je unwahrscheinlicher oder unplausibler das ist, wovon wir überzeugt werden sollen, desto stärker müssen die Gründe dafür sein.
- **Regel 3:** Je mehr auf dem Spiel steht, desto besser, stichhaltiger und überzeugender muss die Begründung sein.

Solange diese Beweis- und Begründungslast nicht eingelöst wird, gilt das betreffende Verschwörungskonstrukt als erkenntnistheoretisch nicht respektabel.

Einführung von Zusatzhypothesen

Die Grundidee: Keine Theorie, schon gar nicht eine neue, kann alle Daten erklären und alle offenen Fragen beantworten. Deshalb macht es Sinn, sie erst einmal durch Zusatzhypothesen vor „Widerlegung“ zu schützen. Dafür gelten allerdings zwei Voraussetzungen oder Bedingungen:

- Die zu schützende Theorie sollte qualitativ hochwertig sein, also erklärstark und vielversprechend. Sie sollte bereits gute Ergebnisse liefern und anderen Qualitätskriterien für Theorien genügen.
- Die Zusatzhypothese sollte ihrerseits plausibel sein bzw. auf Plausibilität geprüft werden können.

Im Rahmen von Verschwörungskonstrukten haben wir aber eine ganz andere Lage: Zusatzhypothesen werden missbraucht:

- Unplausible Verschwörungskonstrukte sollen durch gleichermaßen unplausible Zusatzhypothesen vor sperrigen Daten oder Gegenargumenten geschützt werden.

Subjektives Gewissheitsgefühl als Standard für Wahrheit etablieren
Die Grundidee: Diese Taktik beruht darauf, ein Gefühl, das wir alle kennen, als Prellbock gegen Argumente in Stellung zu bringen. Jeder kennt dieses Gefühl der Gewissheit, die felsenfeste Überzeugung, etwas müsse stimmen, könne einfach nicht falsch sein.

- Aber: Genau dieses Gefühl hat uns schon oft getäuscht und auf Holzwege geführt. Deshalb kann es nicht mehr als ein erster Indikator sein, der durch rationale Argumentation überprüft und abgesichert werden muss.

Vertiefende Literatur zu Kapitel 5

Richard Dawkins: **The Greatest Show on Earth: The Evidence for Evolution.** London, 2009. Dawkins zeigt am konkreten Beispiel der Evolutionstheorie, wie man eine gute Theorie gegen schlechte Einwände verteidigt - und den Immunisierungstaktiken der Konkurrenz wirkungsvoll begegnet.

Noretta Koertge: **A House Built on Sand: Exposing Postmodernist Myths about Science.** New York, Oxford, 1998. In dieser Aufsatzsammlung werden zahlreiche Denkfallen und Immunisierungstaktiken anhand konkreter Beispiele analysiert und entkräftet.

Kapitel 6
Wie macht man gute Theorien schlecht?

Die ersten drei Grundprinzipien zur Tarnung und Verteidigung unhaltbarer Verschwörungskonstrukte kennen wir jetzt: Aufbau und Pflege eines griffigen Feindbildes, die Verschleierung der eigenen Schwächen wie Argumentationslücken und Begründungsdefizite sowie die Immunisierung gegen sinnvolle Einwände. Fehlt noch die Abteilung Offensive:

- Wie gehen die Erfinder und Vertreter von Verschwörungskonstrukten gegen die Konkurrenz vor - also gegen gute Theorien und deren Bestand an soliden Argumenten?

Diese stehen ja als Alternativen zu Verschwörungskonstrukten im direkten Wettbewerb. Also, was tun? *Angriff ist die beste Verteidigung!* - diese Binsenweisheit kennt natürlich auch die Zunft der Verschwörungsgauner. Genau mit diesem Ablenkungsmanöver gelingt es ihnen leider immer wieder, die Diskussion über die eigenen Konstrukte auf die seriöse Konkurrenz umzulenken und dabei mit ihren Trickserejen zu punkten. Auch dafür steht ein gut sortiertes Arsenal an Denkfehlern und Manipulationstaktiken zur Verfügung. Vier davon betrachten wir in diesem Kapitel näher:

- Die Konkurrenztheorie kann nicht alles erklären und sollte deshalb verworfen werden.
- Die Konkurrenztheorie hat interne Widersprüche und kann deshalb nicht stimmen.
- Reale Fehler und Irrtümer der Konkurrenz aufbauschen.
- „Schwarze Schafe“ bei der Konkurrenz als repräsentativ hinstellen.

Diese Strategie der Diskreditierung baut ganz wesentlich auf einem bekannten Denkfehler als „Erfolgsgeheimnis" auf, dem der **falschen Alternative:**

- Entweder ist meine Theorie korrekt oder die Theorie A.
- Gegen A gibt es viele Einwände.
- **Also** ist meine Theorie korrekt.

Das *Also* ist nicht berechtigt! Dazu gleich ein konkretes Beispiel zur Veranschaulichung:

- Entweder gibt es das Coronavirus gar nicht oder die Corona-Angstmacher haben Recht.
- Es gibt aber sehr viele und sehr gute Einwänden gegen die Angstmacher.
- Also gibt es das Virus gar nicht.

Grundsätzliche Kritikpunkte an diesem Denkschema bzw. seiner unbedarften oder manipulativen Verwendung liegen auf der Hand:

- Erstens gibt es in aller Regel eine ganze Palette mehr oder weniger plausibler Theorien zu einer Fragestellung oder einem Thema. Es geht - und das haben wir in Band 1 ausführlich besprochen - gerade darum, sie alle professionell zu prüfen und ihre Plausibilität zu beurteilen. Die Verengung der Auswahl auf zwei, noch dazu extreme Alternativen sollte als Warnsignal gewertet werden.

- Zweitens gibt es so gut wie keine Theorie, die nicht von offenen Fragen, ungeklärten Punkten oder sperrigen Daten betroffen wäre. Schließlich entwickeln wir Theorien, um uns offene Fragen zu beantworten - keine Theorie schafft das auf Anhieb für alle. Und gerade gute Theorien führen immer wieder zu neuen, interessanten Fragen, zeigen weitere Forschungsperspektiven auf. Dass es ungeklärte Punkte gibt ist also der Normalfall und spricht nicht per se gegen eine Theorie. Im Gegenteil: Wenn uns eine Theorie als absolut frei von ungeklärten Fragen präsentiert wird, dann sollte die geistige Alarmanlage sofort zu blinken beginnen.

- Drittens kann es durchaus sein, dass keine der beiden in Betracht gezogenen Theorien haltbar ist - sie können beide falsch sein. Es ist also auch deshalb ein Denkfehler, von den Problemen der einen auf die Wahrheit der anderen Theorie zu schließen.

Wir untersuchen jetzt vier so verbreitete wie wirkungsvolle Manipulationstaktiken, mit denen sich auf diesem fundamentalen **Denkfehler der falschen Alternative** ein Angriff gegen unliebsame Konkurrenztheorien aufbauen lässt.

Die Konkurrenztheorie kann nicht alles erklären und sollte deshalb verworfen werden

Würden wir diese Überlegung konsequent anwenden, dann müssten wir so gut wie alle unsere Theorien aufgeben. In Band 1 haben wir diesen Aspekt ausführlich besprochen: Selbst die besten Theorien klären ihre offenen Fragen nur schrittweise, in Etappen - und erzeugen auf diesem Weg oft ganz neue Fragestellungen. Für die gibt es natürlich noch keine Antworten. Diese müssen erst in mühevoller und langwieriger wissenschaftlicher Arbeit entwickelt werden. Selbst die enorm erfolgreiche und erklärstarke Evolutionstheorie konnte und musste zu Beginn ihrer Entwicklung auf eine lange Liste offener Fragen verweisen, die dann im Lauf der Jahrzehnte auf beeindruckende Weise geklärt wurden. Bis heute wirft sie neue und sehr interessante Fragen auf.

Kritisch wird es allerdings, wenn diesen Fragen keine Muster-Erklärungen bzw. überzeugenden Antworten auf wenigstens einige davon gegenüberstehen. Dann sind tatsächlich Zweifel an der Leistungsfähigkeit der Theorie angebracht. Also: Offene Fragen sind normal und sprechen erst einmal nicht gegen eine Theorie. Und es ist kein Fehler, sie zu stellen: Neugier ist eine effektive Triebfeder für Erkenntnisfortschritt.

Trotzdem wird dieser Verweis auf Ungeklärtes immer wieder manipulativ eingesetzt - und zwar in zwei Varianten:

- Zum einen werden *Fake-Fragen* aufgeworfen. Das sind Fragen, auf die es bereits eine gute Antwort gibt, die vielen Menschen aber unbekannt ist. Dadurch sollen Lücken in einer Theorie aufgezeigt werden, die es gar nicht gibt.

- Zum anderen wird auf tatsächlich unbeantwortete Fragen verwiesen, deren Bedeutung aber systematisch falsch dargestellt.

Einsatz von Fake-Fragen

Ein Musterbeispiel dazu verdanken wir einem der dreistesten und lautesten Verschwörungsgauner der Gegenwart, Donald Trump. Seine Verschwörungstheorie zum angeblichen Wahlbetrug 2020 versuchte er u.a. durch gezielte Angriffe auf das Briefwahlverfahren in den USA plausibel erscheinen zu lassen. Diese Angriffe wurden zum Teil mittels Fake-Fragen geführt. Anders ausgedrückt: Es wurden Vorwürfe erhoben, auf die die Vertreter einer Briefwahl angeblich keine gute Antwort hätten.[129]

- **Die Frage**, wie man die Briefwahl gegen gestohlene, gefälschte oder kopierte Stimmzettel schützen könne, war laut Trump offen. Das stimmt aber einfach nicht. Es gibt darauf gute Antworten: Jeder Stimmzettel weist einen eindeutigen Barcode auf, der nur einmal im Rahmen der Wahl eingesetzt werden kann. Das verhindert Fälschung und Kopie. Als gestohlen gemeldete Stimmzettel werden für ungültig erklärt und bei der Wahl nicht berücksichtigt.

- **Die Frage**, wie man die Wahlen gegen doppelte Stimmabgabe per Brief und an der Urne schützen könne, sei ohne Antwort. Genauer: Trump forderte die Wähler in North Carolina dazu auf, ihre Stimme doppelt abzugeben, um die Schwachstellen des Systems in diesem Bundesstaat aufzuzeigen. Die Antwort der zuständigen Justizministerin kam prompt: Vor doppelter Stimmabgabe schütze u.a. das Gesetz; es handle sich dabei um eine Straftat! Und Trump habe folglich zu einer solchen aufgerufen. In Folge musste Trump seine Kompetenz in einer anderen Disziplin unter Beweis stellen: Dem Zurückrudern. In anderen Staaten hat er diesen Test gar nicht erst vorgeschlagen.

- **Die Frage**, ob Briefwahlen überhaupt verfassungsgemäß seien, sei ohne Antwort. Dazu hat Trump mehrere Gerichtsprozesse

---

[129] **Watson,** 15. 10. 2020: *Trumps 7 Argumente gegen die Briefwahl im Faktencheck.* https://www.watson.ch/international/gesellschaft%20&%20politik/699020405-us-wahlen-7-argumente-von-donald-trump-zur-briefwahl-im-faktencheck.

angestrengt und alle verloren: Natürlich entspricht eine Briefwahl der Verfassung der USA. Dieses Ergebnis war absolut vorhersehbar, Trump wusste das - und hat trotzdem versucht, mit seinen aggressiven Fake-Fragen Zweifel zu schüren.

Genau betrachtet spricht Trump mit dieser Kampagne zahlreichen seiner eigenen Unterstützer und vielen Mitgliedern der Republikaner sein Misstrauen aus. Vorbereitung und Ablauf der Briefwahlen werden ja von sehr vielen Beamten und Bürgern aus allen politischen Lagern vom Eintüten und Versand der Unterlagen bis zur Auszählung und deren Kontrolle im kleinsten Wahllokal genau überwacht. Wer da systematische Manipulation behauptet, unterstellt all diesen Menschen betrügerische Absichten und entsprechendes Handeln. Wie plausibel ist das?

Trotzdem bleibt festzustellen, dass seine Strategie der Diskreditierung ziemlich erfolgreich war: Bei einer Umfrage im Januar 2022 sahen lediglich 55% der Befragten in Biden den legitimen Nachfolger Trumps.[130] So dreist diese Manipulationstaktik auch sein mag - sie funktioniert. Genau das ist ja das Dumme an diesen ganzen Manipulationen: Es fallen immer wieder Menschen darauf herein!

[130] **Tagesspiegel,** 6. 1. 2022: *US-Umfrage fast ein Jahr nach Amtsantritt : Mehr als 40 Prozent zweifeln an rechtmäßiger Wahl Bidens.* https://www.tagesspiegel.de/politik/us-umfrage-fast-ein-jahr-nach-amts-antritt-mehr-als-40-prozent-zweifeln-an-rechtmaessiger-wahl-bidens/27950884.html.

Fragen aufwerfen, die tatsächlich offen sind oder nicht beantwortet werden können

Der Trick dabei: Die Bedeutung dieser Fragen wird falsch dargestellt, in aller Regel grotesk übertrieben. Ziel ist es, wie bei Variante eins, Zweifel an einer guten Theorie zu schüren. Zur Veranschaulichung greifen wir auf Beispiele zurück, die wir diversen Diskussionen im Internet entnommen haben. Einige haben wir uns selbst ausgedacht, um zu zeigen, wie einfach diese Taktik anzuwenden ist. Die erste Frage wurde immer wieder vom Lager Trumps gestellt:

- Kannst Du zu 100% ausschließen, dass die Wahlen in den USA ordnungsgemäß verlaufen sind?

Die ehrliche Antwort darauf lautet natürlich *Nein*. Solange etwas logisch möglich ist, besteht immer eine abstrakte, theoretische Wahrscheinlichkeit, dass es wahr ist bzw. wahr wird. Außerdem wird der Normalbürger in der Regel auch nicht über alle relevanten Belege und Argumente verfügen, die seine Überzeugung untermauern und unangreifbar machen würden.

Daraus folgt aber natürlich nicht, dass eine bedeutungsvolle Schwachstelle mit Hilfe der Frage aufgezeigt wurde: Wir haben nämlich einen ganzen Berg an Belegen, Daten und Indizien, die alle auf faire Wahlen hindeuten. Es ist also „immerhin" sehr wahrscheinlich, dass die Wahlen ordnungsgemäß verlaufen sind - und das reicht aus, um an dieser Überzeugung mit gutem Grund festzuhalten.

Ähnliche Fragen lassen sich für jede respektable Theorie leicht finden und stellen - genau darauf beruht diese Manipulationstaktik ja:

- Kannst Du zu 100% ausschließen, dass sich eines Tages die Relativitätstheorie als unhaltbar herausstellen wird?

Wir glauben, dass früher oder später die Relativitätstheorie tatsächlich durch eine leistungsstärkere Theorie ersetzt werden wird. Anders ausgedrückt: Die nächste und übernächste wissenschaftliche Revolution kommt bestimmt! Trotzdem ist es aktuell die beste Theorie, die wir für diesen Bereich der Naturwissenschaften haben und sie liefert Ergebnisse. Also: Weiter daran festhalten!

- Kannst Du mit absoluter Sicherheit ausschließen, dass meine Kinder die Impfung gegen Masern völlig unbeschadet überstehen werden?

Nein, das kann niemand. Aber Nachwirkungen treten extrem selten auf und sind dazu noch allermeistens recht harmlos. Das Risiko, böse von Masern erwischt zu werden ist da weitaus höher. Außerdem hilft jede Impfung dabei, Masern als Krankheit harmlos zu halten - so haben wir ja auch die Kinderlähmung weitgehend eliminiert. Also: Impfen!

- Was ist, wenn sich doch noch herausstellt, dass der Fall Wirecard ein Komplott der Konkurrenz war, um Wirecard in den Bankrott zu treiben?

Das ist beim aktuellen Stand der Dinge eine rein abstrakte Möglichkeit. Bisher gibt es dafür keinerlei Indizien oder Verdachtsmomente. Wir sollten also bei den bewährten Regeln unserer Gerichtsverfahren bleiben und die Frage nach bestem Wissen und Gewissen klären lassen.

Also: Der Verweis auf logische Möglichkeit durch scheinbar kritisches Hinterfragen ist für sich genommen kein plausibles Argument. Eine rationale Entscheidung wägt ab und orientiert sich an der höchsten Wahrscheinlichkeit.

Mit Fragen Nebensächlichkeiten übertreiben

Neben der Frage bezüglich logischer Möglichkeit gibt es noch die Variante, auf **ungeklärte Nebensächlichkeiten, Unstimmigkeiten oder Unregelmäßigkeiten** zu verweisen und deren Bedeutung zu übertreiben. Ein konkretes Beispiel:

- Bei dem Terroranschlag in Wien am 2. November 2020 wurden vier Personen getötet und 23 weitere zum Teil schwer verletzt. Täter war der in Österreich geborene Kujtim Fejzulai. Polizei und Medien gingen für einige Stunden davon aus, dass mehrere Täter hinter dem Anschlag stecken würden. Das wurde durch diverse Zeugenaussagen nahegelegt.[131]

Zeugenaussagen sind allerdings immer mit Vorsicht zu genießen. Gerade unter Stress oder in Ausnahmesituationen weiß man, wie unzuverlässig sie sein können.

- Auch beim Amoklauf 2016 im OEZ in München war lange Zeit die Rede von einigen bewaffneten Tätern, verteilt im ganzen Stadtgebiet.[132]

---

[131] **Wikipedia:** *Terroranschlag in Wien 2020.* https://de.wikipedia.org/wiki/Terroranschlag_in_Wien_2020.
[132] **Wikipedia:** *Anschlag in München 2016.* https://de.wikipedia.org/wiki/Anschlag_in_M%C3%BCnchen_2016. Einer Ihrer Autoren

Derartige Unstimmigkeiten gibt es bei größeren Ereignissen oder Vorfällen eigentlich immer - und genau das wissen Verschwörungsgauner für sich zu nutzen:

- *Bei den Terroranschlägen in Wien haben viele Leute mehrere Täter an verschiedenen Orten gesehen - glaubst Du im Ernst, die würden alle lügen? Also: Warum behauptet die Regierung, es wäre ein Einzeltäter gewesen?*

- *Beim Anschlag auf das World Trade Center hat Hausmeister Rodriguez bereits kurz vor dem Aufprall des Flugzeuges eine riesige Explosion in dem Gebäude gehört. Das beweist doch, dass die Gebäude gezielt gesprengt wurden! Oder wie sonst kannst Du diese Explosion erklären?*[133]

Eine wirkungsvolle Entschärfungstaktik ist es, **im ersten Schritt** die Plausibilität der fraglichen Daten oder Belege zu prüfen:

- Wie glaubwürdig sind Zeugenaussagen in solchen Situationen?
- Wie glaubwürdig ist ein bestimmter Zeuge?

Im zweiten Schritt kann man die (angeblichen) Unstimmigkeiten mit den vorliegenden Daten und Belegen abgleichen:

---

war zur Zeit des Amoklaufs mit seinen Studenten in Schwabing bei einer kleinen Semesterabschlussfeier. Über alle Kanäle kam die Aufforderung der Polizei, da zu bleiben, wo man gerade war - die Bedrohungslage würde vermutlich das ganze Stadtgebiet umfassen.

[133] **Wikipedia:** *William Rodriguez.* https://en.wikipedia.org/wiki/William_Rodriguez.

- Zu Wien: Die genaue Rekonstruktion des Tathergangs anhand von zahlreichen Videos, Zeugenaussagen (!), Polizeimeldungen und forensischen Ergebnissen hat ergeben, dass es tatsächlich nur ein Täter war. Die Aussagen zu mehreren Tätern können gut erklärt und zurückgewiesen werden.

- Zum World Trade Center: Es gibt sehr viele Videos und Zeugenaussagen, die alle darauf hindeuten, dass es keine Explosion vor dem Aufprall gab.

Im dritten Schritt kann man dann zu einer allgemeinen Plausibiliätsbetrachtung übergehen:

- Zu Wien: Wie wahrscheinlich ist es, dass sich das Wirken mehrerer Attentäter tatsächlich verschleiern lässt - und warum sollte das geschehen? Dazu bräuchte es garantiert enorm viele Polizisten, Journalisten und Zeugen, die alle dabei mitspielen: Wer hat die denn so schnell „gleichgeschaltet"? Und warum machen die so etwas mit? Wo sind die Smartphonefilmchen, die mehrere Attentäter belegen - Leute filmen heutzutage doch alles mit?

- Zum World Trade Center: Um so ein riesiges Gebäude zu sprengen, muss man es tagelang dafür vorbereiten, verkabeln und Unmengen an Sprengstoff überall an den richtigen Stellen anbringen: Warum hat davon niemand etwas bemerkt? Und: Könnte es nicht sein, dass Hausmeister Rodriguez sich in einer derartigen Ausnahme- und Stresssituation getäuscht hat?

Zum Abschluss laden wir unsere Leser ein, über folgende Fragen einmal in Ruhe nachzudenken - zu Übungszwecken:

- *Woher weißt Du eigentlich, dass Napoleon Bonaparte keine Erfindung ist? Es gibt keinerlei Photos oder Filme, auf denen er zu sehen wäre. Es sind lediglich Zeugenaussagen, Dokumente, Denkmäler und Gemälde überliefert - die sind doch alle leicht zu fälschen! Vielleicht haben die Franzosen ja einen „Superhelden" erfunden, um ihre Gegner einzuschüchtern und zu verunsichern?*

- *Bist Du wirklich zu 100% sicher, dass es keine geheimen Gespräche oder Absprachen zwischen Bill Gates und der nordkoreanischen Regierung gibt?*

- *Glaubst Du tatsächlich, dass es Zufall ist, dass sowohl Lenin als auch Hitler sich in ihren Münchner Jahren immer wieder im Schelling Salon aufgehalten haben - und dass 1968 bei den Studentenprotesten genau dort, in der Schellingstraße, zwei Menschen ums Leben kamen?*

- *Kann die Evolutionstheorie wirklich im Detail erklären, was menschliches Bewusstsein ist? Und wie es aus der Materie entstanden ist? Brauchen wir dafür nicht einen allmächtigen und allgütigen Schöpfer?*

- *Seit Jahrtausenden gibt es Berichte über Begegnungen mit Zwergen, Wichteln und Elfen. Wie wahrscheinlich ist es, dass alle diese Menschen, die davon erzählt haben, Lügner oder Dummköpfe sind?*

Die Konkurrenztheorie hat interne Widersprüche und kann deshalb nicht stimmen

Ein Widerspruch oder eine Unstimmigkeit innerhalb einer Theorie wird zwar sogar in den Naturwissenschaften bisweilen zähneknirschend hingenommen, gilt aber natürlich nicht als letztes theoretisches Wort, das man auf Dauer akzeptieren könnte. Es stimmt: Unstimmigkeiten signalisieren Klärungs- und Verbesserungsbedarf. Ob deshalb eine vielversprechende Theorie ganz verworfen oder lediglich „repariert“ werden sollte, ist allerdings nur im konkreten Einzelfall zu entscheiden.

Auch diese ausgesprochen sinnvolle Anforderung an eine gute Theorie wird immer wieder manipulativ missbraucht, um angebliche Schwachstellen respektabler Theorien aufzuzeigen. Die Taktik dabei:

- Es wird ein Scheinwiderspruch erzeugt, eine Unstimmigkeit „aufgezeigt“, die es gar nicht gibt.

Dafür gibt es verschiedene Tricks, die ihre Wirksamkeit leider schon oft unter Beweis gestellt haben.

Variante 1: Wissenslücken sind kein Widerspruch

Man tut so, als läge innerhalb ein und derselben Theorie ein Widerspruch vor. Schaut man genauer hin, wird man feststellen, dass lediglich zwei Theorien bzw. Aussagen oder Meinungen zum gleichen Thema nicht deckungsgleich sind. Das ist zwar nicht optimal, **entspricht aber dem wissenschaftlichen Normalzustand und unserer Alltags- und Lebenserfahrung:** Nur selten deutet alles in dieselbe Richtung. Deshalb müssen wir in aller Regel das Für und Wider vollständig erfassen und dann in Ruhe abwägen. Genau das möchte der Manipulator aber verhindern. Hier ein reales Beispiel für diesen Trick:

- *Die Viruspanikmacher wissen nicht, wovon sie reden. Professor X empfiehlt ganz dringend, dass Kinder in der Schule Masken tragen sollten. Chefarzt Y bezeichnet das als nicht sinnvoll. Sie sehen also, dass die selbst nicht wissen, wovon sie reden und was wir tun sollen. Und das zeigt doch, dass es das Virus gar nicht gibt. Sonst wüssten die nämlich, in welchen Fällen eine Maske was bringt.*

Die hier skizzierte Situation ist keineswegs außergewöhnlich oder gar skandalös. Sie entspricht vielmehr dem Normalweg hin zu Erkenntnisgewinn. Der vermeintliche Widerspruch ist leicht aufzulösen:

- Die beiden Personen X und Y vertreten - wenn ihre Aussagen tatsächlich korrekt wiedergegeben werden - zum Thema *Schutz durch Maske* unterschiedliche Meinungen oder Theorien. Das ist wissenschaftlich betrachtet normal und sogar zu erwarten. Ob Masken gegen bestimmte Viren schützen, bei welcher Personengruppe das am besten funktioniert, wie hoch die Schutzwirkung genau ist und welche Anwendungsbedingungen erfüllt sein müssen, damit die Schutzwirkung tatsächlich eintritt - das muss erst einmal erforscht und geprüft werden. Das geht auch nicht innerhalb von 24 Stunden. Und bis die Frage geklärt ist, werden unterschiedliche Experten unterschiedliche Meinungen vertreten. Daraus lässt sich gerade nicht schließen, dass die beiden bzw. die Experten nicht wüssten, wovon sie reden oder dass es das Virus gar nicht gebe. Vermutlich werden sie nach weiteren Tests und Untersuchungen zu einer gemeinsamen Aussage oder Theorie kommen. Und zwar gerade weil sie wissen, wovon sie reden und ihr wissenschaftliches Geschäft verstehen …

Es liegt also in diesem und vielen ähnlichen Beispielen weder ein fataler Widerspruch noch ein Indiz für Betrug vor. Anders ausgedrückt: Der Manipulator macht viel Lärm um Nichts. In diesem konkreten Fall liegt es erst einmal an uns abzuwägen, was zu tun ist. Wir prüfen z.B. die beiden Ansätze und deren Argumente, bis wir uns mit guten Gründen für oder gegen eine der beiden Handlungsalternativen entscheiden können. Oder wir entscheiden ohne

Prüfung, dass das Tragen einer Maske auch ohne zwingende Begründung sinnvoll ist. Ein begründeter Anfangsverdacht auf Wirksamkeit in Kombination mit langjährigen Erfahrungen reicht doch schon, um diese relativ kleine Unbequemlichkeit zumutbar werden zu lassen.

Das Beispiel ist übrigens real, d.h. der Unterhaltung eines Ihrer Autoren mit einer Virusskeptikerin entnommen.[134] Im Rahmen der Coronapandemie hatten wir diese Situation unterschiedlicher Expertenmeinungen und -empfehlungen von Anfang an. Das ist leicht erklärbar: Wir wussten zu Beginn recht wenig über das Virus, Ansteckungswege und -risiko, Krankheitsverlauf oder Risikogruppen. Kurz: Wir mussten viele Entscheidungen unter Nichtwissen treffen.[135] Das kommt leider immer wieder vor und zeigt nicht, dass es grundsätzlich nichts zu wissen gibt. Vielmehr sollte es uns anspornen, Wissen schnell und systematisch aufzubauen - also Wissenschaft zu betreiben. Und das geht einfach nicht ohne kontroverse Diskussionen!

Variante 2: Es wird ein Pseudo-Widerspruch erzeugt

Das geht ziemlich leicht: Man behauptet einfach, es läge ein Widerspruch vor und hofft darauf, dass niemand genauer hinschaut. Auch dafür gibt es genügend Beispiele, alle aus dem reichen Erfahrungsschatz der beiden Autoren:

---

[134] Besagter Autor ist unheilbar liberal, neugierig und betrachtet es als lebensbereichernd, mit allen möglichen Leuten ins Gespräch zu kommen.

[135] Leider haben die politisch Verantwortlichen viel zu wenig getan, um diese Phase des Nichtwissens schnell zu überwinden: **Die Offene Gesellschaft,** 4. 7. 2022: *Aufklärung, Liberalismus und Corona.* http://blog.projekt-philosophie.de/liberalismus/aufklaerung-liberalismus-und-corona/.

- *Meine Leitung im Seniorenheim hat mir dringend eine Impfung gegen Influenza empfohlen. Dabei hat sie zugegeben, dass zwei Personen auf meinem Stockwerk trotz Impfung an Grippe erkrankt sind. Das zeigt doch, dass diese ganze Impferei nichts bringt und nur ein Geschäft für die Pharmaindustrie ist.*

- *Mein Hausarzt hat mir dringend eine Masernimpfung für meine Tochter empfohlen, Und das, obwohl es bekanntlich Fälle mit schweren Nebenwirkungen gibt. Also ich gehe jetzt nur noch zum Homöopathen.*

- *Angeblich sind Flugreisen ja der sicherste Weg zum Ziel. Aber es gibt doch immer wieder diese schrecklichen Abstürze! Ich vermute, da sollen wir von den Fluggesellschaften mit gefälschten Zahlen manipuliert werden.*

Hier haben wir es mit **Scheinwidersprüchen** zu tun. Sie sollen Zweifel an der Alternative zum jeweiligen Verschwörungskonstrukt säen:

- Dass eine Impfung sinnvoll ist heißt nicht, dass sie zu 100% vor Erkrankung schützt. Das wird auch kein Experte so behaupten. Im Gegenteil: So gut wie alle Impfungen, auch die besten und bewährtesten, bieten keinen absoluten Schutz. Es wird also immer wieder Fälle eines Impfdurchbruchs oder eines Versagens der Impfung geben. Normalerweise schützen Impfungen vor Erkrankung und vor allem schweren Krankheitsverläufen sehr gut - aber leider nie vollständig. Und gerade im Seniorenheim macht es doch einen Unterschied, ob 2% der Bewohner trotz Impfung erkranken oder 80% bei Verzicht auf Impfung. Es liegt also gar kein Widerspruch vor.

- Für Nebenwirkungen gilt im Prinzip das gleiche: Leider gibt es keine Impfung ohne Neben- bzw. Nachwirkungen. In einzelnen Fällen können diese unglücklicherweise auch schwerwiegend ausfallen. Deshalb haben wir es nicht mit einem Widerspruch zu tun, sondern sind aufgefordert, eine Entscheidung zu treffen, bei der Risiken abgewogen werden müssen: Das Risiko einer Erkrankung ohne Impfung gegen das Risiko, von einer Neben- oder Nachwirkung des Impfstoffes erwischt zu werden. Gerade im Fall der Masern verfügen wir über eine exzellente Datenbasis für eine rationale Risikoentscheidung.

Leider wird diese Manipulationstaktik immer wieder durch Steilvorlagen Verantwortlicher aufgewertet und plausibilisiert. Hier ein Tweet des Gesundheitsministers Lauterbach:

- *Stimmt. Und zusätzlich geht es darum, weshalb eine Minderheit der Gesellschaft eine nebenwirkungsfreie Impfung nicht will, obwohl sie gratis ist und ihr Leben und das vieler anderer retten kann.*[136]

Wer eine Impfung, noch dazu eine so neue wie die gegen Corona, als *nebenwirkungsfrei* bezeichnet, spielt Manipulatoren in die Karten und leistet einen aktiven Beitrag zur Entstehung und Verbreitung von Verschwörungskonstrukten. Auf diesen heiklen aber sehr realen Aspekt müssen und werden wir im nächsten Kapitel ausführlich eingehen: Unsere Gesellschaft und deren Debattenkultur bietet leider einen sehr fruchtbaren Nährboden für Verschwörungskonstrukte.

---

[136] **Merkur,** 27. 6. 2022: *„Sollte keine Approbation haben“: Corona-Experte geht Lauterbach nach Impf-Tweet heftig an.* https://www.merkur.de/deutschland/lauterbach-nebenwirkung-approbation-arzt-schaeden-politik-coronaimpfung-nebenwirkungsfrei-stoehr-91620934.html.

Also: Wenn eine Theorie selbst besagt, dass es statistisch betrachtet eine gewisse Zahl an Ausnahmen geben wird, dann liegt kein Widerspruch vor, wenn diese Ausnahmen tatsächlich auftreten. Im Gegenteil: Wir haben es in so einem Fall ganz offensichtlich mit einer guten Theorie zu tun, die es uns ermöglicht, belastbare Entscheidungen unter berechenbarem Risiko zu treffen. Ein guter Schutz gegen diesen sehr beliebten Trick, einen Scheinwiderspruch zu erzeugen, besteht also ganz einfach darin, sich klarzumachen, was die Theorie wirklich sagt - und was nicht. Genau das möchte der Manipulator verhindern.

Ein weiterer Trick zur Erzeugung von Scheinwidersprüchen besteht darin, eine Aussage anzubieten, die oberflächlich betrachtet tatsächlich gegen eine Theorie spricht. Daraus wird dann gefolgert, die Theorie müsse verworfen werden. Hier liegt eine Kombination aus (mindestens) zwei Denkfehlern vor:

- Erstens können einzelne Unstimmigkeiten eine ansonsten brauchbare Theorie schlicht und einfach nicht widerlegen …

- … und zweitens wird die Möglichkeit außen vor gelassen, dass der Gesamtzusammenhang den vermeintlichen Widerspruch auflösen könnte.[137]

Auch dazu wieder ein Gesprächsauszug:[138]

- *Bill Gates hat nachweislich ein halbes Jahr vor der Pandemie in die Firma Biontech investiert, die dann das große Geschäft*

---

[137] Band 1, Kapitel 6.

[138] Diesmal war der Rahmen eine Demo in München, die einer Ihrer Autoren im Rahmen seiner Feldstudien für dieses Buch besucht hat.

mit der Entwicklung des Impfstoffes gemacht hat.[139] *Das ist doch ein Widerspruch zu der Behauptung, das Virus sei erst seit 2020 bekannt und der Impfstoff eine sehr schnelle Neuentwicklung. Diese ganzen Tatsachen zeigen doch, dass alles von langer Hand geplant war.*

Es stimmt: Gates hat diese Investition getätigt. Aber der vermeintliche Widerspruch als Indiz einer groß angelegten Verschwörung kann aufgelöst werden, indem man das gesamte Bild mit allen Facetten betrachtet. Folgende Auflösung halten wir für plausibel:

- Bill Gates hat eine eigene professionelle Vermögensverwaltung und ist über diese vermutlich in eine ganze Reihe von jungen Unternehmen in Zukunftsbranchen investiert. Es ist ziemlich wahrscheinlich, dass die meisten dieser Unternehmen keinen (großen) Erfolg haben werden: Blockbuster wie Biontech gibt es nicht wie Sand am Meer. Gates und seine Vermögensmanager wissen aber auch, dass die Fehlschläge durch einen oder zwei Erfolgskandidaten mehr als ausgeglichen werden - mit denen verdient man dann sehr viel Geld. Das ist im Grunde der Fondsgedanke: Risikominimierung bzw. Gewinnmaximierung durch Streuung. So ein Investorenverhalten ist typisch. In jedem zukunftsträchtigen Bereich gibt es Spezialfonds, deren Manager gleichzeitig in die vielversprechendsten Kandidaten investieren. Kein verantwortungsvoller Vermögensverwalter wird alles auf

[139] **Handelsblatt,** 4. 9. 2019: *Bill und Melinda Gates investieren in deutsche Biotechfirma Biontech.* https://www.handelsblatt.com/technik/medizin/hiv-und-tuberkulose-impfstoffe-bill-und-melinda-gates-investieren-in-deutsche-biotechfirma-biontech/24978960.html.

eine Karte setzen. Und deshalb sollte man sich auch nicht wundern, wenn jemand mit so viel Geld wie Bill Gates immer wieder in Erfolgsunternehmen investiert ist.[140]

Zudem ist für eine angemessene Beurteilung des Gesamtbildes zu berücksichtigen, dass die Technik, auf denen die neuen mRNA-Impfstoffe beruhen, schon seit Anfang des Jahrhunderts bekannt war und erforscht wurde. Dabei ging es um mögliche Anwendungsfelder wie HIV und Tuberkulose. Es handelt sich dabei also gar nicht um eine Neuerfindung. Genau deshalb ging es ja mit der Anwendung für Impfstoffe im Rahmen der Coronapandemie so schnell.[141]

Also: Auch hier greift eine Binsenweisheit - immer schön den Gesamtzusammenhang betrachten!

Reale Fehler und Irrtümer der Konkurrenz aufbauschen

Irren ist menschlich - auch diese Einsicht in unser Dasein nutzen Verschwörungsgauner und -spinner weidlich aus. Selbst die besten Experten, Wissenschaftler und Könner machen Fehler. Auch unsere besten Theorien sind nicht frei von Schwachstellen und Verbesserungsmöglichkeiten. Genau da wird eingehakt und sehr oft

---

[140] Im Jahr 2015 hatte Gates auch in Curevac investiert - wie wir heute wissen, ohne Erfolg: Focus, 21. 6. 2021: *Die US-Milliardäre und Curevac: Elon Musk und Bill Gates trifft es besonders hart.* https://www.focus.de/finanzen/boerse/bitter-fuer-investoren-die-us-milliardaere-und-curevac-elon-musk-und-bill-gates-trifft-es-besonders-hart_id_13411073.html.

[141] **Wikipedia:** *RNA-Impfstoff.* https://de.wikipedia.org/wiki/RNA-Impfstoff. Auch dazu gibt es übrigens Verschwörungskonstrukte: Man habe die Pandemie absichtlich erzeugt, um endlich die ansonsten überflüssige mRNA-Technik rentabel zu machen.

sehr viel Aufhebens gemacht - um Kleinigkeiten, Nichtigkeiten oder eben ganz „normale" Irrtümer. Ziel ist und bleibt es, eine an sich sehr gute und leistungsfähige Theorie in Verruf zu bringen und ihre Autorität zu erschüttern.

Donald Trump liefert in gewohnter Zuverlässigkeit ein Musterbeispiel dieser Taktik:

- Im Vorfeld der Präsidentschaftswahlen 2020 kam es im Bundesstaat Georgia zu einem kuriosen Fehler: Eine schon seit mehr als 10 Jahren tote Katze erhielt die schriftliche Aufforderung, sich als Wähler registrieren zu lassen. Der Hintergrund: Nur registrierte Wähler können in den USA persönlich oder per Briefwahl ihre Stimme abgeben. Trump und sein Team nutzten diesen Vorfall, um ihre Kampagne gegen die Wahlen bzw. ihre Verschwörungstheorie von den manipulierten Wahlen zu befeuern: *This is the election chaos and mischief the Democrats want!*[142]

Nach relativ kurzer Zeit hatte dieser seltsame Vorfall sich bei den Anhängern Trumps zu einem regelmäßig vorgebrachten Argument für den von ihnen behaupteten Wahlbetrug ausgewachsen. Was Trump und seine Genossen allerdings verschwiegen haben ist, dass es sich dabei um lediglich einen solchen Fall handelt. Und es wurde auch nicht erklärt, wie diese tote Katze sich erfolgreich als Wähler hätte eintragen bzw. eine Ausweiskontrolle austricksen können. Aber: *Hauptsache Krawall - irgendwas bleibt schon irgendwie bei irgendwem hängen!* Und was auch unerwähnt blieb:

---

[142] **Watson,** 15. 10. 2020: *Trumps 7 Argumente gegen die Briefwahl im Faktencheck.* https://www.watson.ch/international/gesellschaft%20&%20politik/699020405-us-wahlen-7-argumente-von-donald-trump-zur-briefwahl-im-faktencheck.

Jede, auch die professionellste Wahl, wird einen bestimmten Bestand an Unregelmäßigkeiten bzw. „Ausreißern" liefern.[143] Wie gesagt: Irren ist menschlich. Das ist allgemein bekannt und genau deshalb sammelt jede halbwegs professionelle Wahlkommission akribisch alle Meldungen zu diesen Fällen, prüft diese und deren Einfluss auf das Wahlergebnis und veröffentlicht dann das Ergebnis ihrer Untersuchungen.

Oft werden **Theorien** angegriffen, indem auf ihre **Vertreter** geschossen wird. Diese Manipulationstaktik macht sich das folgende triviale Phänomen zunutze: Experten, vor allem die ehrlichen und redlichen, ändern bisweilen ihre Meinung. Man nennt das *Erkenntnisfortschritt* und wie schon in Band 1 erläutert, arbeitet die Wissenschaft sich im Normalbetrieb von Irrtum zu Irrtum - und funktioniert genau deshalb immer besser.

Da die Vertreter von Verschwörungskonstrukten offenbar über Erkenntnisquellen verfügen, die Irrtum ausschließen, werden diese Irrtümer der richtigen Experten gerne als Erfolg für die eigene Sache gefeiert. Das Grundmuster:

- Man gräbt **einen** Irrtum des Experten X aus, bauscht diesen enorm auf und kritisiert damit indirekt **alle** Aussagen dieses Experten - und diesen selbst.

Dazu ein kurioses Beispiel:

- Der Virologe Drosten gab im Januar 2022 die Prognose ab, die Pandemie wäre gegen Ende des Jahres vorbei. Im Juni korrigierte er sich und erklärte auch recht genau, auf Basis welcher

---

[143] Beide Autoren sind Münchner und verzichten großherzig auf Beispiele aus Berlin.

Argumente er die Lage nun anders beurteilt: *Deshalb würde ich mich tatsächlich gern korrigieren: Ich glaube nicht mehr, dass wir Ende des Jahres den Eindruck haben werden, die Pandemie sei vorbei.*[144]

Dieses Beispiel kann gut als Stellvertreter für viele Aussagen anderer Wissenschaftler im Rahmen der Pandemie gelten: Es wurden öfter Prognosen abgegeben, die sich nicht bewahrheitet, Meinungen geäußert, die sich als falsch erwiesen haben. Unabhängig davon, ob Drostens neue Prognose gestimmt hat oder nicht: Es ist absolut legitim, seine Meinung zu ändern und sehr hilfreich, die Argumente anzuführen, die das bewirkt haben. Nur so können wir schlauer werden und uns besser in der Welt zurechtfinden. Diese Argumente zeigen uns dann eben, warum es vernünftig ist, die Dinge anders zu sehen und neu zu bewerten.

- Eine Angst vor Meinungsänderung aufgrund neuer Daten, Argumente und Belege ist Gift für ein offenes Debattenklima, wissenschaftlichen Fortschritt und dessen Umsetzung in Entscheidungen.

Von dieser irrationalen Angst profitieren Verschwörungskonstrukte natürlich. Immer wieder machen wir die Erfahrung in Gesprächen, dass selbst hoch kompetenten Experten tatsächliche und angebliche Irrtümer angekreidet und als Argument benutzt werden, um ihre Expertise ganz grundsätzlich in Zweifel zu ziehen.

---

[144] PraxisVita, 24. 6. 2022: *Corona: Drosten gibt zu, dass er falsch lag.* https://www.praxisvita.de/corona-drosten-gibt-zu-dass-er-falsch-lag-21432.html. Manchmal läuft es wirklich dumm - im Januar lag Drosten richtig: **Sokrates. Ein Forum kritischer Rationalisten,** 28. 7. 2022: *Haben wir es geschafft? Kein COVID-19 mehr - nur noch „Omikronitis"!* https://www.sokrates-rationalisten-forum.de/haben-wir-es-geschafft.

Das geht bis hin zu der Behauptung, die Wissenschaft irre sich ständig und sei deshalb als Erkenntnisquelle, z.B. zu Fragen der Pandemie, zu vernachlässigen.

Interessanterweise wird mit Irrtümern und falschen Vorhersagen der Helden des eigenen Lagers ganz anders umgegangen: Diese werden in der Regel höflich ignoriert bzw. als *grotesk aufgebauscht* eingeordnet. Und das, obwohl sich in aller Regel sehr schnell eine sehr lange Liste angesammelt hat.[145] Auch das sind Immunisierungstaktiken: Ignorieren, Abwiegeln, mit zweierlei Maß Messen ... Die Fehlprognosen der legendären Quelle QAnon, Initiator des nach ihr benannten Verschwörungsmärchens, sind legendär; hier ein paar Beispiele:

- Am 3. November 2017 hätte der *Tag der Abrechnung* mit Massenverhaftungen stattfinden sollen - passiert ist Nichts. Für den 10. Februar 2018 hatte QAnon einen Massenselbstmord von pädophilen Satanisten (aus Angst vor Trumps Gegenschlag) angekündigt und für den 18. Februar einen Anschlag mit Autobombe in London - passiert ist Nichts. Im März 2018 hätte ein kompromittierendes Video mit Hillary Clinton in der Hauptrolle auftauchen sollen - wieder Nichts. Auch Vorhersagen allgemeiner Art sind nicht eingetroffen: Senator John McCain und Jack Dorsey (Twitter) sind nicht zurückgetreten, Marc Zuckerberg nie aus den USA geflohen ... und immer wieder passierte Nichts, wenn QAnon über anstehende *große Dinge* orakelte. Den bisher vermutlich peinlichsten seiner Fehlschläge stellt Joe Bidens Verei-

[145] **Tagesspiegel,** 30. 7. 2021: *Die vielen Fehlschläge der „Querdenker": So oft irren sich die Verschwörungsideologen.* https://www.tagesspiegel.de/themen/reportage/die-vielen-fehlschlaege-der-querdenker-so-oft-irren-sich-die-verschwoerungsideologen/27471378.html.

digung zum Präsidenten der USA am 20. Januar 2021 dar: Dieser Tag hätte eigentlich - wieder einmal - die *große Abrechnung* liefern und Massenverhaftungen, Schauprozesse und Hinrichtungen bieten sollen.[146]

Diese Manipulationstaktik - *Wer einmal irrt, irrt ständig!* - funktioniert leider auch außerhalb des Universums der Verschwörungskonstrukte. Er erklärt, warum Politiker sich so schwer damit tun, Fehler und Irrtümer einzugestehen: Der *Shitstorm* in sozialen und anderen Medien ist vorprogrammiert! Dabei wäre es doch wünschenswert Politiker zu haben, die ihre Irrtümer ehrlich zugeben, uns erklären, was sie daraus gelernt haben - und was sie tun werden, um es ab sofort besser zu machen. Wenn das mit belastbaren und nachvollziehbaren Argumenten unterlegt wird - wo ist das Problem?

Richtig gefährlich wird es, wenn dieser Mechanismus dann auch die Welt der Wissenschaft selbst erreicht und dort Angst verbreitet. Das kann leicht dazu führen, gut begründete kritische Ansichten oder „unbequeme" Studien zu unterdrücken, Irrtümer zu lange in Ehren zu halten und so den unverzichtbaren Treibstoff *kritische Diskussion* zu verknappen.

- 2018 löste Dieter Köhler mit seinen wissenschaftlich sauber begründeten Zweifeln an der damals allgemein und widerspruchslos akzeptierten These vom *immensen Gesundheitsrisiko Feinstaub* eine längere und ziemlich erbitterte öffentliche Debatte

---

[146] Diese und viele weitere Beispiele finden sich in **Wikipedia:** *QAnon.* https://en.wikipedia.org/wiki/QAnon; https://de.wikipedia.org/wiki/QAnon. Die Liste haben wir aus Band 1, Kapitel 4 übernommen.

aus. Unsere Erinnerung: Die Aufregung war zwar groß, aber inhaltlich ging man auf seine Überlegungen nie so richtig ein, gemäß diesem fatalen Motto: *Er ist gegen den Mainstream und muss deshalb falsch liegen!* Als Köhler dann ein (im Grunde harmloser) Rechenfehler in einem seiner Argumente nachgewiesen wurde, war das für viele seiner Kritiker ein Grund, ihm Unseriosität, Inkompetenz oder gar Manipulation vorzuwerfen und seine Überlegungen einfach wegzuschieben. Umgangssprachlich ausgedrückt: Er wurde niedergebrüllt.

Köhler hat dann 2021 seine Thesen in Buchform ausführlich und transparent dargelegt, den Rechenfehler korrigiert und ... Schweigen geerntet. Warum denn? Wenn sein Irrtum und seine Fehler so gravierend sind wie behauptet, dann müsste es doch sehr leicht sein, ihm diese klar und nachvollziehbar nachzuweisen. Warum macht niemand sich diese Mühe?[147]

Also: Jede Theorie hat Schwachstellen und jeder Experte irrt sich bisweilen. Das alleine untergräbt weder die Qualität der Theorie noch die Glaubwürdigkeit des fraglichen Experten. Kritisch wird das nur, wenn die Theorie und der Experte häufig oder ständig danebenliegen - und zwar in gravierenden Fällen.

---

[147] Dieter Köhler, Frank Lübberding: **Wie Wissenschaft Krisen schafft. Epidemiologie im Praxistest: Feinstaub, Stickoxide, Corona & Co**. Münster, 2021. In diesem Buch findet sich ein sehr lesenswertes Grußwort von Professor Gerd Antes. Er beschreibt knapp und anschaulich, wie diese Taktik des Aufbauschens und Personalisierens von Irrtümern zu Ideologisierung, Zensur und Selbstzensur in den Wissenschaften führt.

„Schwarze Schafe" bei der Konkurrenz als repräsentativ hinstellen

Wo Menschen sind, ist Irrtum und leider auch Schwindelei und Gaunerei. Konkret: Auf allen Seiten gibt es „schwarze Schafe". Die eigentlich wichtige Frage ist, wie repräsentativ diese jeweils sind. Bereits im ersten Band haben wir das Thema *Betrug in den Wissenschaften* ausführlich besprochen: Der kommt vor, wird auch immer wieder vorkommen - tritt aber sicher nicht in einem Umfang auf, der das Projekt Wissenschaft in seiner Seriosität und Erfolgssicherheit ernsthaft gefährden würde.

Ähnliches gilt für den Journalismus der klassischen Medien, also der öffentlich-rechtlichen Sender, der großen Zeitungen und Zeitschriften. Auch in unserer Wahrnehmung hat die journalistische Qualität in Deutschland während der letzten Jahre sehr deutlich abgenommen. Das hat viele Gründe, auf die wir gar nicht alle im Detail eingehen möchten:

- Das Selbstverständnis vieler Medien hat sich stark in Richtung „Erziehungsauftrag" entwickelt. Zu kurz kommt dadurch die eigentliche Funktion einer freien Presse, nämlich Machtkontrolle durch Aufklärung und Information. Gesinnungsjournalismus hat natürlich auch seine Berechtigung - aber nicht im Informations-, sondern im Kommentarteil.

- Bei vielen Medien haben sich weltanschauliche Leitlinien etabliert, die ganz grundsätzlich die Auswahl der Themen und die Art der Berichterstattung in eine gewisse Richtung einfärben.

- Handfester Sparzwang führt zur Ausdünnung vieler Redaktionen, die dadurch an der nötigen Quantität und Qualität für professionelle Recherche verlieren.

- Die Konkurrenz der sogenannten *sozialen Medien* führt zu Zeitdruck für die großen Redaktionen. Dieser steht eingehender Prüfung und Recherche oft im Wege.

- Dazu kommen die ganz krassen Fälle journalistischen Betrugs, in denen eine Sachlage extrem verzerrt und „Informationen" sogar frei erfunden werden. Der Fall Relotius hat völlig zu Recht hohe Wellen geschlagen. Claas Relotius galt als einer der herausragenden Journalisten seiner Generation, veröffentlichte seine Reportagen und Recherchen in vielen angesehenen Medien - und flog während seiner Arbeit beim Spiegel mit frei erfundenen Geschichten auf.[148]

- Auch katastrophal inkompetente *Faktenchecks* lassen sich hier einordnen.[149] Die weisen unserer Ansicht nach auf ein weiteres Problem hin: Vielen Journalisten fehlen schlicht und einfach Ausbildung und Kompetenz, um bei „harten" wissenschaftlichen Themen mitreden zu können. Sich ein paar Wochen einzulesen reicht dafür garantiert nicht aus.

Wie dem auch sei - all das rechtfertigt nicht den pauschalen Vorwurf, wir hätten es ganz grundsätzlich mit einer *Lügenpresse* oder *Fake-Medien* zu tun. Das ist ja ein beliebtes Pseudo-Argument zur Diskreditierung von Theorien: *Diese werden von der Lügenpresse vertreten und sind folglich falsch!*

---

[148] **Wikipedia:** *Claas Relotius.* https://de.wikipedia.org/wiki/Claas_Relotius

[149] **t-online,** 24. 2. 2023: *ARD blamiert sich mit Übersetzungsfehler.* https://www.t-online.de/unterhaltung/tv/id_100134408/ard-format-faktenfinder-blamiert-sich-mit-uebersetzungsfehler.html.

- Das Motto: *Das Virus existiert? Definitiv nicht - schließlich will die FAZ uns das glauben machen. Die Impfung funktioniert? Haha - wer glaubt schon, was in der Süddeutschen oder dem Focus steht? Biden hat die Wahl auf legalem Wege gewonnen? Das ist das Märchen, das die Lügenmedien verbreiten.*

Betrüger und „schwarze Schafe" wie Relotius wird es immer wieder geben - traurig aber wahr. Aber gerade in einem Feld, das so von Konkurrenzkampf und der Suche nach der Sensation bestimmt wird, besteht automatisch ein hohes Risiko, mit großen Gaunereien früher oder später aufzufallen. Alleine schon deshalb dürfte sich die Zahl der wirklich „dicken Gaunerfische" in Grenzen halten. Außerdem sollten wir nicht vergessen, dass die meisten Journalisten, genau wie die meisten Menschen, schlicht und einfach ehrlich sind.

Bedenklicher als einzelne Betrüger sind für die Glaubwürdigkeit der Medien aus unserer Sicht die oben skizzierten Tendenzen hin zu Ideologisierung, Inkompetenz und Schludrigkeit. Noch einmal: Die gibt es und sie machen auch uns Sorgen.[150]

Das heißt aber nicht, dass grundsätzlich alle Informationen der klassischen Medien falsch oder verzerrt sind - vieles stimmt auch. Vor allem die Fußballergebnisse - da würde man sonst wirklich mit dem Feuer spielen. Spaß beiseite:

- Wir haben oft selbst die Möglichkeit, die Qualität von Informationen nachzuprüfen. Viele Statistiken, Studien, Forschungsergebnisse, Wahlergebnisse, Berichte über Ereignisse etc. sind

[150] Aber: In unserer offenen Gesellschaft haben wir alle Möglichkeiten, das festzustellen, zu kritisieren und etwas dagegen zu tun. In Kapitel 13 gehen wir noch einmal auf diese Thematik ein.

Dank Internet direkt an der Quelle bzw. im Original erhältlich. Man kriegt dann schnell ein Gespür, welche Journalisten bzw. Redaktionen seriös arbeiten und welche man eher mit Vorsicht betrachten sollte.

- Zudem gibt es tatsächlich für viele Gebiete anerkannte und als redlich bekannte Experten, die in ihren Blogs hohe Qualität bieten - mit denen man wiederum die mediale Berichterstattung vergleichen kann.[151] Ein Beispiel bieten die Kritischen Rationalisten vom Sokrates Forum, die von Anfang an die Coronapandemie mit ihrer neutralen Expertise sozusagen „ehrenamtlich" begleitet und die Öffentlichkeit regelmäßig über diverse Entwicklungen und Gegebenheiten informiert haben.[152] Auf einige andere dieser seriösen und verlässlichen Quellen haben wir in unseren Fußnoten schon mehrfach zurückgegriffen.

- Schließlich sei daran erinnert, dass es Bücher gibt, die in nach wie vor unerreichter Breite und Tiefe Wissen und Einsicht vermitteln, Themen bearbeiten, durchleuchten, Argumentationslandschaften erkunden. Ja, das „kostet" Zeit - aber niemand hat behauptet, dass es einfach ist, sich in einer komplexen Welt zurechtzufinden. Das war übrigens nie anders!

Was bleibt, ist die im Grunde triviale Einsicht, dass uns niemand in absoluter Zuverlässigkeit die Wahrheit auf dem Silbertablett präsentieren wird.

---

[151] Dieses Phänomen wird zu oft nicht ausreichend gewürdigt: Zahlreiche Experten stellen ihre Erfahrung und ihr Wissen den Mitbürgern kostenlos zur Verfügung und bereiten es auch noch so auf, dass Nichtexperten es gut verstehen können.

[152] **Sokrates. Ein Forum kritischer Rationalisten:** https://www.sokrates-rationalisten-forum.de. Einer Ihrer Autoren ist dabei.

- Die Wunschvorstellung aus einer Quelle zeitnah, zuverlässig, verständlich und genau über alles Wichtige informiert zu werden ist und bleibt genau das: Eine **Wunschvorstellung**.

Wer glaubt, über so eine Quelle zu verfügen, der sollte ernsthaft in sich gehen - da kann etwas nicht stimmen! Und wer „die Medien“ an dieser Wunschvorstellung misst, sollte das dann aber auch mit sämtlichen seiner Informationsquellen tun ...

Also: Es ist durchaus möglich, bei einer entsprechenden Investition an Zeit und Mühen an zuverlässige Informationen zu kommen. Das schaffen sogar die Menschen in Russland und China - und zwar gegen den Druck rabiatester staatlicher Zensur und Manipulation. Wie diese wiederum aussehen, haben wir in unserer jüngeren Geschichte leider auch erfahren müssen. Genau deshalb können wir guten Gewissens und mit guten Gründen feststellen, dass wir zwar keine perfekte Medien-und Informationslandschaft haben, aber eine freie - und somit gute Voraussetzungen, um an solide Informationen zu gelangen. „Schwarze Schafe“ gibt es, sie ändern daran aber nichts.

Zusammenfassung Kapitel 6

In diesem Kapitel geht es um die Frage, wie Verschwörungsgauner und -spinner gegen ihre Konkurrenz vorgehen, also gegen gute Theorien und deren Bestand an soliden Argumenten.

Diese Strategie baut ganz wesentlich auf einem bekannten Denkfehler als „Erfolgsgeheimnis“ auf, dem der **falschen Alternative:**

- Entweder ist meine Theorie korrekt oder die Theorie A.
- Gegen A gibt es viele Einwände.
- **Also** ist meine Theorie korrekt.

Wir analysieren vier Taktiken genauer:

Die Konkurrenztheorie kann nicht alles erklären und sollte deshalb verworfen werden.
Die Grundidee:

- Zum einen werden *Fake-Fragen* aufgeworfen. Das sind Fragen, auf die es bereits einen gute Antwort gibt, die vielen Menschen aber unbekannt ist. Dadurch sollen Lücken in einer Theorie aufgezeigt werden, die es gar nicht gibt.
- Zum anderen wird auf tatsächlich unbeantwortete Fragen verwiesen, aber deren Bedeutung systematisch falsch dargestellt bzw. übertrieben.

Die Konkurrenztheorie hat interne Widersprüche und kann deshalb nicht stimmen.
Die Grundidee:

- Variante 1: Wissenslücken sind kein Widerspruch, werden aber als solcher „verkauft".
- Variante 2: Es wird ein Pseudo-Widerspruch erzeugt.

Reale Fehler und Irrtümer der Konkurrenz aufbauschen.
Die Grundidee:

- Man gräbt einen Irrtum des Experten X aus, bauscht diesen enorm auf und kritisiert damit indirekt alle Aussagen dieses Experten.
- Man weist auf eine Lücke oder eine Schwachstelle einer Theorie hin und tut so, als wäre diese Theorie damit „erledigt".

„Schwarze Schafe" bei der Konkurrenz als repräsentativ hinstellen.

Die Grundidee:

- Wo Menschen sind, ist Irrtum und leider auch Schwindelei und Gaunerei. Konkret: Auf allen Seiten gibt es schwarze Schafe. Diese Manipulationstaktik stellt dieses unvermeidliche Schaf als typisch für die Gruppe hin, die man diskreditieren möchte.

Vertiefende Literatur zu Kapitel 6

Die beiden Professoren Köhler und Theißen haben zu emotional aufgeheizten Themen Positionen entwickelt und vertreten, die in der Öffentlichkeit sehr kontrovers und oft genug sehr unsachlich und unfair diskutiert wurden. Nach Lektüre unserer beiden Bände zu Verschwörungstheorien sind Sie bestens gerüstet, sich selbst eine Meinung zu bilden. Genau dabei wollen wir Sie mit unserer Arbeit unterstützen!

Dieter Köhler & Frank Lübberding: **Wie Wissenschaft Krisen schafft: Epidemiologie im Praxistest: Feinstaub, Stickoxide, Corona & Co.** Münster, 2021.

Günter Theißen: **Das Virus: Auf der Suche nach dem Ursprung von Covid-19.** Frankfurt, 2022.

Kapitel 7
Der Nährboden für Verschwörungskonstrukte

Wo steht unsere Untersuchung jetzt? Im ersten Kapitel haben wir erklärt, dass und warum aggressive, emotional geladene Feindbilder das zentrale Element der Erklärung des Schadenspotentials von Verschwörungskonstrukten sind. Sie wecken und befeuern starke und eher negative Emotionen und Leidenschaften - eine klassische Quelle für irrationale Entscheidungen und Handlungen.

In Kapitel 2 haben wir die Frage beantwortet, warum Feindbilder - und mit ihnen die zugehörigen Verschwörungskonstrukte - so stabil sind, so bereitwillig gepflegt und verteidigt werden: Ihre Anhänger haben am Festhalten daran oft konkrete Vorteile. Zudem haben wir erläutert, wie Denken, Entscheiden und Handeln einer Gruppe dadurch beeinflusst und irrational verzerrt werden.

Dann haben wir in vier Kapiteln ausführlich erklärt, wie diese Konstrukte als respektable Theorien getarnt werden. Wir haben vier Grundstrategien herausgearbeitet und dazu eine Fülle wirkungsvoller Manipulationstaktiken vorgestellt:

- Aufbau, Ausbau und Pflege eines Feindbildes (Kapitel 3).
- Stützung und Bestätigung des Verschwörungskonstruktes (Kapitel 4).
- Immunisierung des Verschwörungskonstruktes gegen rationale Argumente (Kapitel 5).
- Diskreditierung der seriösen Konkurrenztheorien (Kapitel 6).

Jetzt geht es uns um die Fragen dahinter:

- Warum fallen so viele Menschen auf diese Strategien und Manipulationen herein?

- Warum lassen sich so viele Leute auf Verschwörungskonstrukte ein?

Diese Fragen beantworten sich leider nicht von selbst. Schließlich sind die einschlägigen Tricks und Manipulationstaktiken mittlerweile gut bekannt; es handelt sich garantiert nicht um Geheimwissen. Zudem ist es leicht, für jedes konkrete Verschwörungskonstrukt Informationen zur tatsächlichen Faktenlage zu beschaffen, Analysen zu dessen Schwachstellen und bessere Theorien zu finden. Also: Wer sich ernsthaft davor schützen will Verschwörungsgaunern auf den Leim zu gehen, der kann und schafft das! Und das unterstreicht natürlich die Wichtigkeit unserer Leitfrage für dieses und das nächste Kapitel: Warum glauben **trotzdem** so viele Leute an unhaltbare Verschwörungstheorien und -märchen? Unsere Antwort hat drei Teile:

- In diesem Kapitel arbeiten wir heraus, dass unsere Gesellschaft einen ziemlich guten und facettenreichen Nährboden für Verschwörungskonstrukte bietet. Anders ausgedrückt: Es besteht kein Grund, sich über dieses Phänomen zu wundern. Im Gegenteil: Es könnte schlimmer sein.

- In Kapitel 8 nehmen wir uns dann erneut die Frage vor, warum viele Verschwörungskonstrukte so stabil und schwer zu erschüttern sind. Viele Anhänger scheinen immun gegen jede Art rationaler Argumentation zu sein - obwohl sie in anderen Bereichen sehr wohl zu vernünftigen Entscheidungen und Überlegungen fähig sind. Hier knüpfen wir an Kapitel 2 an und vertiefen unser Verständnis der Stabilität von Verschwörungskonstrukten.

- Schließlich zeigen wir, welche Aspekte dazu führen können, sich überhaupt für ein Verschwörungskonstrukt als Erklärung diverser Ereignisse zu entscheiden und damit den Boden rationaler Argumentation zu verlassen. Es ist eine Sache, etwas zu verteidigen, an das man schon glaubt. Aber: Wie kommt man im ersten Schritt dazu, an etwas zu glauben, das man dann später verteidigt?

Also: Will man wirkungsvolle Strategien gegen Verschwörungskonstrukte bzw. deren Schadenspotentiale entwickeln, muss man sie begünstigende Rahmenbedingungen, ihre Attraktivität und Stabilität verstehen: Genau darum geht es uns.

Im Folgenden zeigen wir zahlreiche Eigenheiten unserer Gesellschaft bzw. unserer Argumentations- und Debattenkultur auf, die für Verschwörungskonstrukte förderlich sind. Sie werden oft nur am Rande beleuchtet - wenn überhaupt. Ihre Analyse ist aber wichtig, um im Kampf gegen Verschwörungskonstrukte an den richtigen Stellen mit den richtigen Mitteln anzusetzen.

Knappe Ressourcen

Es ist nicht leicht, sich eine wirklich tragfähige Meinung zu komplexen Ereignissen in der Welt zu erarbeiten. Zeit, Energie, Motivation und andere Ressourcen dafür sind begrenzt und stehen in Konkurrenz zu weiteren Interessen und Notwendigkeiten des Lebens.

- Will ich z.B. wissen, wie es zum Ersten Weltkrieg kam und mir dazu eine belastbare Meinung bilden, dann ist in erster Linie intensives Studium der Fachliteratur angesagt. Diese ist allerdings so umfangreich, dass sie von einer Person gar nicht vollständig überblickt werden kann. Außerdem gibt es dazu, wie meistens bei wissenschaftlichen Fragestellungen, stark unterschiedliche

Positionen, die von kompetenten Gelehrten mit jeweils nachvollziehbaren Argumenten vertreten werden. Natürlich gibt es auch weniger kompetente Gelehrte - aber wie erkenne ich die?

Wie soll ich also unter diesen Umständen die Wahrheit oder die beste Theorie erkennen können? Und wenn ich mich auch noch für andere Fragen interessiere, z.B. für die Ursachen des Scheiterns der Republik von Weimar, den aktuellen Stand der Kernphysik oder Astronomie - dann stoße ich sehr schnell an sehr massive Grenzen. Ganz zu schweigen davon, dass ich ja auch noch meinen Lebensunterhalt verdienen und mich Familie, Freunden und Hobbies widmen möchte.

Dieses sehr reale Problem taucht auch in Zusammenhang mit gängigen Verschwörungskonstrukten auf. Eine Vielfalt von Meinungen zu jedem Thema - auch in Expertenkreisen - ist ganz normal. Oft genug haben wir es dabei mit einem Kontinuum an mehr oder weniger plausiblen Theorien und Theoriekandidaten zu tun, an dessen einem Ende sich dann eben auch oft Verschwörungskonstrukte finden. Die aber geben sich ungern als solche zu erkennen, sondern müssen erst einmal identifiziert werden.[153] Ein aktuelles Beispiel:

- Können Sie ohne intensive Recherche beurteilen, ob der Vorwurf *Verschwörungsmärchen* in Bezug auf die Labortheorie zu Entstehung und Verbreitung des Coronavirus plausibel ist?

Also: Zeit- und Ressourcenknappheit machen es schwer, sich zu vielen Fragen eine solide begründete Meinung zu erarbeiten.

---

[153] Zur Erinnerung: In Band 1 bieten wir eine systematische Vorgehensweise zur Prüfung von Verschwörungstheorien an. Auch deshalb, weil dadurch Zeit und Energie punktgenau investiert werden können.

Glaubwürdigkeitsverlust von Politik und Medien

Es gibt immer wieder prima facie nicht unplausible Verschwörungstheorien, die schwer einzuschätzen sind. Ist es wirklich völlig abwegig, dass ein Geheimdienst oder das organisierte Verbrechen hinter der Ermordung Kennedys stecken könnte - und das von der Regierung vertuscht wurde? Nein, ist es nicht: Es gab und gibt schließlich viele zutreffende Verschwörungstheorien mit Regierungsbeteiligung. In Band 1 haben wir Fälle wie Watergate und Wirecard ausführlich erläutert. Diese dienen dann natürlich als Präzedenzfälle gemäß diesem Motto:

- *Wer Massenvernichtungswaffen im Irak erfindet, um dort einzumarschieren, der lügt auch bei Umfang und Ausmaß einer Pandemie!*

Der Glaubwürdigkeitsverlust vieler Regierungen und Politiker ist also weder eine Erfindung von Verschwörungsgaunern noch ohne nachvollziehbare Gründe. Anders ausgedrückt: Regierungen schaffen tatsächlich immer wieder Anlässe für die Entwicklung plausibler, d.h. erkenntnistheoretisch respektabler Verschwörungstheorien:

- Ein trauriges und aktuelles Beispiel (Stand September 2022) liefert Bundeskanzler Scholz. Seine vagen Aussagen und enormen Gedächtnislücken im Cum-Ex-Untersuchungsausschuss lassen viele Bürger an seiner Ehrlichkeit zweifeln: *Was lief da wirklich hinter den Kulissen?*[154]

- Der oft unwissenschaftlich-alarmistische Kurs von Gesundheitsminister Lauterbach ist bestens geeignet, Glaubwürdigkeit und Vertrauen der Bürger in die Regierung und deren Pandemiepolitik zu schwächen. Das spielt diversen Verschwörungskonstrukten in die Hände, die sich um das Thema *Corona* gebildet haben.[155]

Derartige Manöver und Fehlleistungen untergraben Stück für Stück das Vertrauen der Bürger in die Aussagen der Politik. Das hat zweierlei Effekt für das Thema *Verschwörungskonstrukte*:

- Erstens dienen diese Fehlleistungen als nicht unplausible Präzendenzfälle für weitere Verschwörungskonstrukte, in deren Feindbild Regierungen und Politiker eine wichtige Rolle spielen.

- Zweitens wird dadurch die extrem wichtige Rolle von Regierung und Politik als Instanzen der Glaubwürdigkeit geschwächt. Das Argument *Die Regierung sagt es, also wird es schon stimmen!* greift einfach nicht ohne weiteres. Das verschärft das eben

---

[154] **Focus,** ohne Datumsangabe: *70 Prozent der Deutschen halten Scholz bei Cum-Ex für unglaubwürdig.* https://www.focus.de/politik/deutschland/meinungsforschungsinstituts-kantar-mehrheit-der-deutschen-haelt-scholz-in-cum-ex-affaere-fuer-unglaubwuerdig_id_137277822.html.

[155] Hier eines von sehr vielen Beispielen berechtigter Kritik: **Focus,** 17. 8. 2022: *„Lauterbachs Aussagen können fundamental nicht stimmen"*: https://www.focus.de/gesundheit/news/statistiker-mit-heftiger-kritik-lauterbachs-aussagen-koennen-fundamental-nicht-stimmen_id_136586892.html.

erläuterte Problem der knappen Ressourcen: Eine offene Gesellschaft braucht glaubwürdige Instanzen für die Meinungsbildung der Bürger, die deren Vertrauen genießen und an deren Aussagen wir uns orientieren können. Eine davon wären natürlich demokratisch gewählte Regierungen. Fallen diese weg, so schafft das Raum für raffinierte Verschwörungsgauner und deren Aktivitäten.

Verschärft wird diese Problematik durch den bereits im letzten Kapitel erläuterten Qualitätsverlust unserer Medien:

- Auch die klassischen Leitmedien sind leider nicht (mehr) die glaubwürdige und zuverlässige Instanz der Meinungsbildung, die wir als Bürger angesichts der enormen Fülle von Informationen dringend benötigen, um zu einer belastbaren Sicht der Dinge zu kommen.

Irrationalität als Vorbild

Viele Denkfehler, Manipulationstaktiken und Irrtümer, auf denen Verschwörungskonstrukte aufbauen, werden in unserer Gesellschaft gar nicht als solche kritisiert. Absurderweise werden sie oft sogar als Höchstleistungen menschlicher Vernunft dargestellt! Musterbeispiele dafür liefern die Religionen, die sogenannten *alternativen Heilmethoden* und das weite Feld der Esoterik. Dort ist ein ganz grundsätzlicher Skeptizismus gegenüber dem Welt- und Menschenbild der Aufklärung eine Selbstverständlichkeit. Man ist sich weitgehend einig, dass

- die Naturwissenschaften die Realität nur sehr unzureichend oder oberflächlich erklären können,

- das, worauf es wirklich ankommt, dem sehr engen Blick der Wissenschaften und der Vernunft verborgen bleiben muss und

- Vernunft, Rationalität und die kritisch-intersubjektive Prüfung von Erkenntnisansprüchen ganz grundsätzlich weit überschätzt werden. Die Wahrheit liege vielmehr im Fühlen, in der Intuition, in subjektiver Gewissheit.

Dem werden die Vertreter der Reptiloiden-Theorie, die Anhänger QAnons und Attila Hildmann sofort und begeistert zustimmen!

Das klingt zwar unterhaltsam, ist es aber nicht: Diese und ähnliche rationalitätsfeindliche Positionen werden leider nicht nur von sehr vielen „Meinungsbildnern" in der Öffentlichkeit wie selbstverständlich vertreten, sondern sogar noch staatlich finanziert. Das zeigen die folgenden Beispiele.

Im Fall der Religionen ist das Wort zum Sonntag zwar nur die kleine Spitze eines riesigen Eisbergs, aber ein sehr aussagekräftiges und bekanntes Beispiel:

- Seit Jahrzehnten werden jeden Samstag Abend auf Kosten der Gebührenzahler und mit dem Gütesiegel des öffentlich-rechtlichen Staatsfernsehens zur besten Sendezeit verschiedene Facetten der Irrationalität liebevoll aufpoliert. Der rationale Gehalt dieser Sendung tendiert gegen Null. Sehr oft werden sogar moralisch höchst fragwürdige Ansichten frei und unbeschwert als vorbildlich präsentiert. Als Motto dieser Sendung drängt sich das bekannte *Ich glaube, weil es widersinnig ist!* geradezu auf.[156]

Ebenfalls gestärkt wird diese staatliche Förderung der Irrationalität durch öffentlichkeitswirksame Rituale prominenter Politiker wie deren offizielle Teilnahme an Kirchentagen oder Gottesdiensten jeder Art. Betrachtet man darüber hinaus, mit welchen Summen unser Staat mit Unterstützung so gut wie aller Parteien den christlichen Religionsbetrieb und dessen Eintreten für Irrationalität und gegen Aufklärung und Vernunft finanziert, stellt sich diese Frage:[157]

- Von welcher Prämissenbasis aus werden von staatlicher Seite eigentlich die Reptiloidentheorie oder esoterische Impfgegner kritisiert - und mit welchem moralischen Recht?

Durch diese Verzahnung von Staat und Religion wird genau das abgewertet und entwertet, was wir als Bollwerk gegen Verschwörungskonstrukte als Kern der gesellschaftlichen Argumentationskultur dringend benötigen: Vernunft und Wissenschaftlichkeit, ein rationales und säkulares Verständnis von Moral und Gerechtigkeit, also das geistige Koordinatensystem der Aufklärung.

---

[156] Marc Niedermeier leistet seit Jahren dazu wichtige, argumentativ sehr solide und unterhaltsame Aufklärungsarbeit. Ein Besuch auf der Website awq.de lohnt immer. Bis heute ist es ihm allerdings trotz zäher Versuche nicht geglückt, Auskunft über die Produktionskosten dieser christlichen Werbesendung zu erhalten.

[157] Auch dazu gibt es exzellente Fachliteratur. Carsten Frerk durchleuchtet immer wieder das Thema *Finanzen, Staat und Kirche*, z.B. in: **Kirchenrepublik Deutschland.** Aschaffenburg, 2015.

Sogar unser Staatsoberhaupt, Bundespräsident Steinmeier, liefert dazu regelmäßig Anschauungsmaterial. Ein Beispiel vom Ökumenischen Kirchentag 2021:

- *Steinmeier ging in seiner Eröffnungsrede zum Ökumenischen Kirchentag in Frankfurt auf die "schwierige Zeit" ein, in der sich die beiden großen Kirchen befänden. Dabei stellte er die "bange Frage", ob es "je wieder ein Zurück zur Normalität gibt". Wörtlich fuhr er fort: "Ob die Pandemie nicht auch hier als Brandbeschleuniger wirkt, dem Prozess der Säkularisierung zusätzlichen Schub verleiht, die Kirchen aus der Mitte der Gesellschaft drängt."*[158]

Aha: Die Säkularisierung ist eine Gefahr für unser Land, die durch den Brandbeschleuniger (!) Pandemie weiter verschärft wird! Zur Erinnerung: Die BRD ist als weltanschaulich neutraler Staat im Geiste der Aufklärung und somit Säkularisierung konzipiert!

- Zum einen missachtet Steinmeier damit klar und bewusst die Grenzen seines Amtes. Dieses verpflichtet ihn zu vorbildlichem Respekt vor unserer Verfassung und somit zu weltanschaulicher und religiöser Neutralität in seinem Handeln als Staatsoberhaupt.

- Zum anderen wertet er mit seinen Aussagen aktiv und bewusst das Weltbild der Aufklärung und Wissenschaft ab. Die Anhänger von Verschwörungskonstrukten freut das natürlich: *Sogar der Bundespräsident hält Fakten, Logik und Wissenschaft für weit überschätzt.*

---

[158] **hpd,** 15. 5. 2021: *"Nicht der Präsident aller Deutschen".* https://hpd.de/artikel/nicht-praesident-aller-deutschen-19290.

Gleiches gilt für die Homöopathie. Mittlerweile ist oft genug und solide genug nachgewiesen worden, dass diese außer dem bekannten Placeboeffekt keinerlei Heilwirkung bietet. Das ist auch kein Wunder, basiert sie doch auf einem grotesk esoterischen Welt- und Menschenbild.[159] Das hindert allerdings den Bayerischen Landtag in keinster Weise, Gelder zur Verfügung zu stellen, um diesen Unfug staatlich zu fördern. Die Initiative dafür ging von CSU und Freien Wählern aus.[160] Letztere sehen Schulmedizin und Homöopathie sogar *auf Augenhöhe*. Soviel zum angeblichen Qualitätsvorsprung des bayerischen Abiturs.

Wir Bayern stehen aber nicht alleine im Regen. Auch die meisten gesetzlichen Krankenkassen erstatten die Kosten für homöopathische „Heilmittel".[161] Und selbstverständlich sind auch die Grünen

---

159 **Wikipedia:** *Homöopathie.* https://de.wikipedia.org/wiki/Hom%C3%B6opathie. Eine ausführliche und überzeugende Argumentation, dass es sich bei Homöopathie um Bullshit handelt - mittlerweile ein Fachbegriff in Philosophie und Argumentationstheorie - liefern Nikil Mukerji und Edzard Ernst: **Synthese** 200, 14. 9. 2022: *Why homoeopathy is pseudoscience.* https://link.springer.com/article/10.1007/s11229-022-03882-w.

160 Man darf gespannt sein, wann die bayerische Staatsregierung auf den Einfall kommt, neben die Kreuze in bayerischen Amtsstuben einen Beutel mit Globuli an die Wand zu hängen. **DAZ,** 14. 2. 2020: *Bayerischer Landtag verdoppelt Ausgaben für Homöopathie-Studie.* https://www.deutsche-apotheker-zeitung.de/news/artikel/2020/02/14/bayerischer-landtag-verdoppelt-ausgaben-fuer-homoeopathie-studie. Die AfD macht übrigens auch mit: **BR24,** 13. 7. 2022: *CSU warnt vor "Generalangriff" auf Homöopathie – SPD: Hokuspokus.* https://www.br.de/nachrichten/bayern/csu-und-freie-waehler-verteidigen-kassenleistung-fuer-homoeopathie,TBSW5I8?utm_name=Newsletter&utm_source=BR24-Newsletter&utm_medium=Link-Mail&utm_term=oz&utm_motiv=oz&utm_time=2022-07-13T15:00:00.

161 **aerzteblatt.de,** 18. 9. 2019: *Spahn will Homöopathie auf Kassenkosten nicht antasten.* https://www.aerzteblatt.de/nachrichten/106083/Spahn-will-Homoeopathie-auf-Kassenkosten-nicht-antasten.

dabei, wenn es gegen Aufklärung und Wissenschaft geht. Die Landesvorsitzende in Baden-Württemberg, Lena Schwelling, stellt sich furchtlos gegen den *Kreuzzug gegen die Homöopathie.*[162] Das wirft zwingend diese Frage auf:

- Wie kann man an Homöopathie glauben, sie finanzieren und gleichzeitig die zahlreichen Impfgegner als *Spinner* kritisieren, die ihre Pseudo-Argumente aus dem Weltbild der Homöopathie oder Anthroposophie ableiten?

Die Esoterik ist der Dritte in diesem unheilvollen Bunde der Irrationalität. Sie ist mittlerweile zur Milliardenindustrie geworden. Sinn- und hirnfreie Bücher, Seminare, Workshops und Ausbildungen werden für viel Geld angeboten und konsumiert, werden als willkommene Möglichkeiten der Persönlichkeitsbildung in weiten Teilen der Gesellschaft anerkannt.

- Das Motto: *Wahr ist, was mir gut tut oder was ich als wahr empfinde und spüre ... oder was sich irgendwie cool anhört.*

Auch hier zeigt sich, wie tief irrationales und abergläubisches Denken in unserer Gesellschaft wurzelt. Hier nur wenige Beispiele aus einer unüberschaubaren Fülle an Angeboten:[163]

---

[162] **SZ,** 27. 8. 2022: *Grünen-Chefin beklagt "Kreuzzug" gegen Homöopathie.* https://www.sueddeutsche.de/gesundheit/gesundheit-stuttgart-gruenen-chefin-beklagt-kreuzzug-gegen-homoeopathie-dpa.urn-newsml-dpa-com-20090101-220827-99-531828.

[163] Das Thema *Exorzismus* und die zugehörige Ausbildung zum Profi in Rom lassen wir aus Gründen der Ausgewogenheit diesmal weg.

- *Du lernst nicht nur die Befreiung von Fremdenergien (Clearing) und wie man mit einem Satz in ein früheres Leben (Rückführung) gelangt - sondern auch die Seelenrückholung nach OMNITAK. Diese besondere Ausbildung zum Seelenrückholer kannst Du nicht anderswo buchen, sie ist einzigartig.*[164]

- *Alle Lebewesen dieser Erde sind miteinander durch ein riesiges energetisches Netz verbunden und jede Handlung, jeder Gedanke und jedes Gefühl hat eine Wirkung auf das gesamte Netzwerk. Schamanismus ist die Fähigkeit und Praxis, über dieses Netzwerk mit allem, was existiert, in Verbindung zu treten. Es ist wie ein multidimensionales Internet und unsere Seele hat die Zugangsdaten für dieses „Weltweite Netz". Zu diesem Netzwerk gehören auch Bewusstseinskräfte, die unterschiedliche Kulturen als Hilfsgeister, Krafttiere, Geistwesen, Engel, Göttinnen und Götter wahrnahmen, und mit deren Hilfe sie Krankheiten heilten, Kräfte entwickelten und Weissagungen für die Zukunft erhielten.*[165]

- *Neue Seminarreihe: ... Was tut der Engel in unserem Astralleib?*[166]

---

[164] **Omnitak Academy:** *Seelenregulierung.* https://www.omnitak.academy/basic-lehrgang-seelenregulierung?gclid=EAIaIQobChMIof2r-JeP-gIV2OF3Ch2IXwPAEAAYBCAAEgInZfD_BwE.
[165] Die Ausbildung gibt es hier: https://www.schamanische-ausbildung.com/?gclid=EAIaIQobChMIluSplJmP-gIV8IO-DBx3y7gdLEAMYASAAEgIPaPD_BwE.
[166] Dieses Seminar wird im Rudolf Steiner Haus in Berlin angeboten: https://www.agberlin.de/html/aktuelles.htm. Es könnte auch ein Redebeitrag im Berliner Senat zur Bildungs- oder Gesundheitspolitik sein.

Also: Genau auf diese in weiten Teilen unserer Gesellschaft akzeptierten und etablierten Formen der Irrationalität, deren Denkfallen und -muster greifen auch alle möglichen Verschwörungskonstrukte und deren Vertreter zurück. Unsere unbequeme Frage muss erneut gestellt werden: Ist es wirklich verwunderlich, dass sie damit Erfolg haben und immer wieder offene Türen einrennen? Lustigerweise werden sie dafür oft von denen kritisiert, die im gleichen Boot des Irrwitzes und der Unvernunft rudern und dieses auch noch mit Steuergeldern finanzieren!

Mangel an argumentativer Kompetenz

Ein weiterer Aspekt muss in diesem Zusammenhang auch erwähnt werden - obwohl kaum jemand sich angesprochen fühlen wird: Bei sehr vielen Zeitgenossen ist die argumentative Kompetenz eher schwach entwickelt. Sie tun sich sehr schwer, gute von schlechten Argumenten zu unterscheiden, Theorievorschläge kompetent zu bewerten und liegen regelmäßig in wichtigen Denkfeldern falsch, z.B. beim Umgang mit Statistik, Risiken und Wahrscheinlichkeiten.[167] Das ist auch kein Wunder: Argumentative und logische Kompetenz fällt nicht vom Himmel und spielt an unseren Schulen als Unterrichtsfach so gut wie keine Rolle. Im Gegenteil: Dort werden Irrationalität und fragwürdige Weltbilder im konfessionellen Religionsunterricht sogar staatlich gefördert und als wesentliche Elemente sinnvoller Lebensgestaltung verkauft.[168] In anderen Fächern liegt der Schwerpunkt viel zu sehr auf der Vermittlung von

---

[167] Walter Krämer leistet in diesem Bereich seit Jahrzehnten wertvolle Aufklärung: **So lügt man mit Statistik.** Frankfurt/New York, 1991. **Die Angst der Woche. Warum wir uns vor den falschen Dingen fürchten.** München, Zürich, 2011.

[168] Eine detaillierte Argumentation dazu: **Die Offene Gesellschaft,** 7. 9. 2016: *Weg mit dem Religionsunterricht* (3 Teile). http://blog.projekt-philosophie.de/liberalismus/weg-mit-dem-religionsunterricht-teil-1/.

Fakten, Wissen und Inhalten; der systematische Aufbau von Argumentationskompetenz kommt zu kurz. Hinzu kommt, dass sich durch den Einfluss des Internets unsere Lesegewohnheiten und Konzentrationsfähigkeit offensichtlich in Richtung kurz, einfach und oberflächlich verändert haben.[169]

Also: Denkfehler und gedankliche Fehlleistungen jeder Art sind bei sehr vielen Mitbürgern zu erwarten. Schlicht und einfach auch deshalb, weil in unserem Schulsystem für ein Fach wie *Rationales Denken, Entscheiden und Handeln* bisher kein Platz ist. Dass Verschwörungskonstrukte auf diesem Nährboden gut gedeihen, sollte uns nicht überraschen.

Gruppenloyalität vor Ehrlichkeit

Leider ist das Ende der Fahnenstange gesellschaftlich wohl gelittener und aktiv gepflegter Irrationalität und Absurdität noch nicht erreicht. Noch lange nicht. Ein weiterer Aspekt ist der, dass in unserer Gesellschaft die mehr oder weniger blinde Treue zur eigenen Gruppe oft bewusst über die Orientierung an Wahrheit und Vernunft gestellt und als ganz besondere Tugend gelobt wird. Wer würde ernsthaft behaupten wollen, Parteien, Kirchen oder Berufsverbände seien Institutionen der Wahrheitsfindung? Es geht um etwas anderes, nämlich die Durchsetzung von Interessen, die Befriedigung von Ambitionen etc. Lassen sich Wahrheit und Erkenntnis dafür nutzen - gut. Falls nicht, so ist das kein Grund, die eigenen Interessen zu opfern. Zahlreiche Beispiele sind uns allen bekannt:

---

[169] Nicholas Carr: **The Shallows: How the Internet Is Changing the Way We Think, Read and Remember.** New York, 2010. Rüdiger Maas: **Generation lebensunfähig: Wie unsere Kinder um ihre Zukunft gebracht werden.** München, 2021.

- Der Umgang der katholischen Kirche mit dem Themenkomplex *Missbrauch* zeigt mustergültig, wie eine Organisation und deren Macht konsequent und systematisch eingesetzt wird, um die Aufdeckung krimineller Strukturen, die Bestrafung pädophiler Straftäter und deren Beschützer sowie eine akzeptable „Entschädigung“ für die Missbrauchsopfer zu blockieren. Geduldet, gedeckt und mitgetragen wird das seit Jahrzehnten von Parteien und Politik. Und natürlich von zigmillionen Kirchenmitgliedern, die dabeibleiben und so zumindest passiv ihre Unterstützung signalisieren: *My church - right or wrong …*

- Parlamentarische Untersuchungsausschüsse sind nicht gerade als neutrale und der Wahrheit verpflichtete Gremien bekannt. Es geht in aller Regel darum, dem politischen Gegner eins auszuwischen und sich rechtzeitig wegzuducken, wenn die Retourkutsche kommt. Und wenn wir schon dabei sind: Wer glaubt eigentlich, dass politische Parteien ernsthaft darum bemüht sind, sich an Wahrheit, Vernunft und Wissenschaft zu orientieren?

Das aber sind genau die Mechanismen, die - wie in Kapitel 2 gezeigt - auch in den Reihen der Anhänger von Verschwörungskonstrukten für Zusammenhalt, Durchsetzungsstärke und Korpsgeist sorgen. Und wieder drängt sich die unbequeme Frage auf: Warum wird das bei den einen kritisiert und bei den anderen nicht?

Personalisierte Welterklärungen

Wir alle tendieren stark dazu, Ereignisse in der Welt als Resultat des Wirkens absichtsvoll Handelnder zu deuten. Die Erklärung dafür liegt vermutlich darin, dass wir im zwischenmenschlichen Nahbereich damit recht erfolgreich sind und dieses „Erfolgsmodell“ dann auf andere Bereiche übertragen (haben):

- Unsere Vorfahren haben wie selbstverständlich versucht, mit Flüssen, Seen, Vulkanen, dem Wetter, den Jahreszeiten, der Sonne etc. zu kommunizieren und deren Handeln mit Opfergaben zu beeinflussen. Sonne, Mond und Wind wurden oft als „Personen“ mit Absichten, Gefühlen und Neigungen verstanden. Flussgötter, Wald- und Berggeister, Wettergötter waren selbstverständlicher Teil dieses Weltbildes. Alle konnten sie wie Menschen beeinflusst werden - wenn man es mit Hilfe der korrekten Riten und Opfergaben geschickt angepackt hat.

Diese Art des Theoretisierens kennen wir aus dem beruflichen und privaten Alltag; sehr beliebt in der Variante *Suche den Schuldigen*:[170]

- *Diese Neuregelung haben sich garantiert der Müller und der Huber ausgedacht - typisch!*

- *Das hat nur deshalb nicht geklappt, weil die älteren Mitarbeiter das Projekt von Anfang an sabotiert haben!*

- *An dem ganzen Schlamassel mit der Bundeswehr ist nur der Verteidigungsminister schuld.*

Eine wesentliche Facette der wissenschaftlichen Revolution und deren Methodik liegt hingegen in der Entwicklung abstrakter, „unpersönlicher“ Erklärungen. Was heißt das? Theorien beziehen sich nicht mehr auf Geister, Götter und deren absichtsvolles Wirken, sondern bieten z.B. abstrakte und unpersönliche Kausalmechanismen als Erklärungsansatz. Musterbeispiel dafür ist die extrem erfolgreiche Evolutionstheorie:

---

[170] In Kapitel 3 haben wir erklärt, wie wichtig dieser Ansatz für Aufbau, Ausbau und Pflege eines Feindbildes ist.

- Anpassung und „Harmonie in der Natur“ wird nicht als Ergebnis planvollen Wirkens einer allmächtigen und allweisen Gottheit erklärt, die will, dass es uns gut geht (oder uns bestrafen bzw. schikanieren will - diese Facette gibt es natürlich auch). Es geht vielmehr um das absichtsfreie und „blinde“ Zusammenspiel von Mutation, Vererbung, Selektion etc.

- Auch die Meteorologie kommt seit einiger Zeit ohne Wetter- und Donnergott aus, allerdings nicht so erfolgreich wie die Biologie.

Auch wenn es um die Ergebnisse menschlichen Wirkens geht, sind die besten Erklärungen oft in diesem Sinne unpersönlich: Es geht um die sehr komplexe Interaktion sehr vieler Personen, ohne dass dabei jemand einen Masterplan umsetzt und seine Absichten erfolgreich verwirklicht. Ein klassisches Beispiel dafür kommt aus den Wirtschaftswissenschaften bzw. der Spieltheorie:

- Viele Marktergebnisse entstehen nicht auf Basis eines Planes weniger, sondern durch die komplexe Interaktion vieler, die jeweils eigene Pläne verfolgen, sich unterstützen oder ins Gehege kommen, begrenzten Einfluss auf das Gesamtgeschehen haben und jeweils nur über Teilinformationen verfügen.

- Das Geschehen an der Börse unter Normalbedingungen kann als typisches Beispiel dafür gelten: Niemand kann die Kurse über längere Zeiträume genau vorhersagen.[171]

Mit dieser Entpersönlichung und Entzauberung der Welt sind die Wissenschaften enorm erfolgreich! Allerdings ist es nicht so, dass diese nüchterne Sicht von allen Zeitgenossen widerspruchslos akzeptiert und berücksichtigt würde - im Gegenteil.

- Religionen kennen alle das Gebet zu ihren jeweiligen Gottheiten, ausgeführt von Profis (Priester) und Amateuren (einfache Gläubige) und behaupten, es würde funktionieren.

- Und wenn wir schon bei den Religionen sind: Wer leistet denn in weiten Teilen immer noch erbitterten Widerstand gegen die Evolutionstheorie und somit das wissenschaftliche Weltbild?

Damit möchten wir natürlich niemandem Gebet oder Religion verbieten. Selbstverständlich treten wir für Religions- und Glaubensfreiheit ein. Aber: Religiöse Menschen sollten sich erstens darüber klar sein, dass diese *Freiheit zur Irrationalität* auch für die Anhänger von Verschwörungskonstrukten gilt und jeder Vorwurf der Irrationalität an deren Adresse auf ausgesprochen tönernen Füßen steht. Wer irrationale Weltbilder und personalisierte Erklärmodelle bewusst fördert und praktiziert, darf sich zweitens nicht wundern, wenn diese Erklärmodelle blühen und gedeihen.

---

[171] Mit entsprechend hohem Aufwand lassen sich aber selbst Indizes wie der S&P500 manipulieren: Die Coronakrise hat es gezeigt. Zumindest haben wir es hier mit einer prima facie plausiblen Verschwörungstheorie zu tun: **New York Times,** 24. 6. 2021: *Top US-Officials Consulted with Blackrock as Markets Melted Down.* https://www.nytimes.com/2021/06/24/business/economy/fed-blackrock-pandemic-crisis.html.

Auch die Politik scheint felsenfest davon überzeugt, dass wenige Personen in kurzer Zeit das Weltgeschehen gezielt und punktgenau beeinflussen können:

- Steigt z.B. das Wirtschaftswachstum oder sinkt die Zahl der Arbeitslosen, dann reklamiert die jeweilige Regierung diesen Erfolg für sich - egal wie lange oder kurz sie im Amt und egal wie klein ihr tatsächlicher Einfluss auf die Entwicklung der Weltwirtschaft ist. Und zwar trotz der ganzen Hindernisse, die in erster Linie die jeweilige Opposition angeblich aufgetürmt hat.

- Geht etwas schief, dann war es natürlich die Opposition.

Dummerweise stimmen diese personenbezogenen Erklärungsansätze auch manchmal. Die Inflation in Europa im Jahre 2022 ist nicht das Werk unerklärbarer Komplexität oder unvorhersehbarer Zufälle: Es wurde sehr lange von der EZB sehr viel Geld gedruckt, es wurden immense Schulden aufgehäuft. Und wenn immer mehr Geld in Umlauf gebracht wird, dann wird dieses Geld immer weniger wert ...

Also: Es gibt diverse, sehr einflussreiche Interessengruppen, die kein wirkliches Interesse daran haben, dass die jeweils besten Theorien sich durchsetzen. Im Gegenteil: Ihren Absichten und Zielen hilft es oft, an abergläubischen, esoterischen und wissenschaftlich nicht akzeptablen Erklärungsansätzen festzuhalten. Damit spielen sie erneut den Verschwörungsgaunern und -spinnern in die Karten: Deren Welterklärungen basieren ja gerade auf diesem bei uns immer noch populären Modell: *Strippenzieher am Werk*!

Angst als Bürgertugend und Quell der Freude

In Kapitel 1 haben wir ausführlich erläutert, dass gefährliche Verschwörungskonstrukte ein aggressives Feindbild pflegen. Damit wird mit der Angst derer gespielt, die an das Feindbild glauben: Sie fürchten sich vor diesen angeblichen oder erfundenen Feinden, deren Einfluss, Skrupellosigkeit, Hinterhältigkeit und Macht.

Das Phänomen Angst ist nicht nur aber besonders in Deutschland ein wesentlicher Bestandteil des Nährbodens für Verschwörungstheorien. Aber nicht, weil Verschwörungsgauner bei uns etwas Spezielles ins Leben gerufen, Angst aus dem Nichts erzeugt hätten. Sie haben es hierzulande einfacher. Sie können mit ihren Verschwörungskonstrukten an eine recht eigenartige gesellschaftliche Grundstimmung anknüpfen. Im Ausland wird diese immer wieder als *German Angst* bezeichnet. Was heißt das?[172]

Wir - und damit sind die Länder Westeuropas gemeint - haben im Prinzip das qualitativ beste und preisgünstigste Essen der Welt, die längste Lebenserwartung bei bisher unerreichter Gesundheit, sind sicher vor vielen Krankheiten und Seuchen, die kurz vor uns noch das Leben der Menschen stark geprägt haben, leben historisch betrachtet in einer sehr sauberen und weitgehend schadstofffreien Umwelt, genießen bisher nicht gesehenen Wohlstand, haben insgesamt exzellente Möglichkeiten und Rahmenbedingungen, um glücklich und zufrieden zu leben. Zudem haben wir eine sehr lange Liste von erfolgreich gemeisterten Krisen jeder Art vorzuweisen. Konkret: Uns geht es historisch betrachtet sehr gut; wir sind im

---

[172] Kurz und klar: **RedaktionsNetzwerk Deutschland,** 9. 3. 2022: *Haben wir mehr Angst als der Rest der Welt? Wie der Begriff der „German Angst" zu verstehen ist.* https://www.rnd.de/wissen/german-angst-was-ist-damit-gemeint-und-wie-ist-der-begriff-entstanden-PWCLJ6TETNBUTO2X3ETEEZURXI.html.

Prinzip weder hilflos noch ohne Erfolgsmodelle. So gut wie Alles ist oder läuft besser als jemals zuvor. Aber: In Deutschland haben wir *German Angst* - und zwar sehr oft ohne jede rationale Basis.

Wenn Sie beim Lesen des letzten Absatzes die Stirn gerunzelt haben, zeigt das am konkreten Beispiel, wovon wir reden: Das positive Gesamtbild stimmt tatsächlich - nur weiß es kaum jemand.[173] Wir vermuten, dass es viele auch gar nicht wissen wollen: Das meinen wir mit *Angstkultur*. Im Grunde stehen wir, bildlich gesprochen, oft bei 95% - und stürzen uns selber in tiefste Verzweiflung und Angst ob der noch fehlenden 5%! Wäre es nicht angemessener und klüger, sich auch Freude über die erreichten 95% zu gönnen? Und mehr gelassene Selbstsicherheit, dass wir die letzten 5% auch noch schaffen werden? Oder, falls das doch nicht klappen sollte, wir daran nicht zugrunde gehen werden? Dann leben wir halt einfach damit! Wer oder was ist schon perfekt?

Die sehr oft nichtigen wie flüchtigen Anlässe für unser Jammern und Fürchten sind Legende und werden z.B. von Walter Krämer in seinem exzellenten Buch **Die Angst der Woche** vorgestellt und analysiert. Er beschreibt darin detailliert, klar und anhand immens vieler konkreter Beispiele das klassische Zusammenspiel von schlampiger Forschung, journalistischer Sensationsgier und Inkompetenz, mangelndem Beurteilungsvermögen der Bevölkerung und knallharter Interessen- und Lobbypolitik von Parteien und Verbänden. Das Resultat: Eine bei uns leider weit verbreitete Mischung aus Angsthasenmentalität und Realitätsflucht. Das war übrigens 2011, also vor mehr als 10 Jahren - und an die allermeisten

---

[173] Die klare und eindeutige Faktenlage beschreiben z.B. diese internationalen Bestseller: Steven Pinker: **Enlightenment Now. The Case for Reason, Science, Humanism, and Progress.** New York, 2018. Hans Rosling: **Factfulness. Ten reasons we`re wrong about the world - and why things are better than you think.** London, 2018.

fürchterlichen Bedrohungen können wir uns gar nicht mehr erinnern![174]

Es ist bis heute leider nicht besser geworden. Wir haben weiterhin sehr viel Angst vor sehr vielem: Flüchtlingen,[175] Viren bzw. neuen Mutationen, Impfungen, Impfneben- und nachwirkungen, natürlich auch ungeimpften Personen, Waldsterben (Ups, vorbei), allen möglichen Lebensmitteln, die es in jedem Supermarkt zu kaufen gibt (Zucker, Salz, Butter - die reinsten Killer), Inflation,[176] natürlich dem Klimawandel in all seinen Facetten,[177] Feinstaub (hat sich auch bereits wieder gelegt - war falscher Alarm),[178] der anstehenden Eiszeit (war auch falscher Alarm, wurde übergangslos abgelöst von der Erderwärmung), dem Ukrainekrieg, dem Artensterben, dem Zerfall des Ostblocks (auch vorbei - war historisch betrachtet der friedlichste Untergang eines Weltreiches aller Zeiten - trotz Ukrainekrieg) …

---

[174] Walter Krämer: **Die Angst der Woche. Warum wir uns vor den falschen Dingen fürchten.** München, Zürich, 2011.

[175] **Die Offene Gesellschaft,** 19. 1. 2016: *Angst - was tun?* (3 Teile). http://blog.projekt-philosophie.de/liberalismus/angst-tun/.

[176] Zu Recht - aber die kam mit Ansage und so gut wie niemand wollte die Entwicklung sehen oder eingestehen: Realitätsverweigerung ist ebenfalls ein prägender Aspekt dieser Angstkultur. Motto: *Kopf in den Sand!*

[177] Steven E. Koonin, Physiker am Caltech und ehemaliger *Undersecretary* für Klimafragen in Präsident Obamas Regierung, rät zu Nüchternheit: **Unsettled: What Climate Science Tells Us, What It Doesn't, and Why It Matters.** Dallas, 2021. Dafür plädiert auch der Klimaforscher Hans von Storch: *Klimaforschung zwischen fachlicher Beschränkung und politischer Herausforderung.* In: **Skeptiker 3**, 2022.

[178] Dieter Köhler & Frank Lübberding: **Wie Wissenschaft Krisen schafft. Epidemologie im Praxistest: Feinstaub, Stickoxide, Corona & Co.** Münster, 2021.

Als besonders abstruses und geradezu irrwitziges Beispiel kann die eben kurz erwähnte permanente Panikberichterstattung über unser Essen gelten: Ein klassischer Fall der Kategorie *Sehr viel Lärm um Nichts!* Der Ernährungswissenschaftler Uwe Knop zeigt immer wieder überzeugend und wissenschaftlich fundiert, wie haltlos und dreist in diesem für uns alle natürlich wichtigen und interessanten Bereich phantasiert, manipuliert und ideologisiert wird.[179]

Blickt man zurück, so haben wir sehr viel Angst vor Dingen gehabt, die nie eingetroffen sind oder sich als *lange nicht so schlimm* erwiesen haben. Eigentlich unklug, oder? Und darum geht es uns: Angst ist natürlich wichtig und oft das Ergebnis von Intelligenz und Verstehen. Rationale Angst ist der jeweiligen Problemlage angemessen und eine wichtige Triebfeder menschlichen Handelns. Aber wir schätzen sehr viele Risiken ständig viel zu dramatisch ein und ignorieren gleichzeitig, wie erfolgreich wir viele dieser oder ähnlicher Probleme schon bewältigt haben. Und leider verharmlosen wir gleichzeitig reale Risiken, die uns tatsächlich betreffen.[180]

Also: Das gesellschaftliche Klima in Deutschland mit starkem und irrationalem Hang zu Angst, mit extremer Risikoaversion statt zupackendem Optimismus liefert eine vielversprechende Basis für Verschwörungskonstrukte, mit denen Menschen Angst gemacht werden soll. Angstmache, eine der zentralen Taktiken der Verschwörungsgauner, funktioniert bei uns besonders gut.

---

[179] Hier eine sehr gute Überblicksdarstellung: Uwe Knop: *5-am-Tag. Kaffee und Schokolade – für die Volksgesundheit!* In: **VFEDaktuell**. 173/2019. Alleine schon an diesem Thema lässt sich der dramatische Qualitätsrückgang journalistischer Berichterstattung sehr anschaulich zeigen.

[180] Musterbeispiel dafür ist ein starker Raucher, der Angst vor einer Masernimpfung hat.

Unser Fazit: Vor dem Hintergrund dieser Aspekte und Mechanismen ist es nicht überraschend, dass immer wieder Verschwörungskonstrukte auftauchen, sich relativ leicht und schnell verbreiten und eine beachtliche Lebensdauer aufweisen. Ob es uns gefällt oder nicht: Die Erfinder und Anhänger von Verschwörungskonstrukten nutzen viele bereits vorhandene und zum Teil positiv belegte gesellschaftliche Realitäten für Ihre Zwecke. Verschwörungskonstrukte sind kein singuläres Phänomen, das aus dem Nichts oder besonders überraschend über uns gekommen wäre. Im Gegenteil: Sie sind ein rational erklärbarer Teil unserer Gesellschaft - wie Esoterik, Religion, alternative Heilmethoden und viele andere Irrationalismen.

Zusammenfassung Kapitel 7

In diesem Kapitel beleuchten wir oft übersehene aber wirkungsvolle gesellschaftliche Rahmenbedingungen für Verschwörungskonstrukte, deren **Nährboden**:

- Knappe Ressourcen für die Meinungsbildung.
- Glaubwürdigkeitsverlust von Politik und Medien.
- Irrationalität als Vorbild (Religion, Homöopathie, Esoterik).
- Mangel an argumentativer Kompetenz.
- Gruppenloyalität wird oft über Ehrlichkeit gestellt.
- Personalisierte Welterklärungen: Das *Strippenzieher-Modell* ist immer noch sehr populär.
- *German Angst* als Bürgertugend und Quell der Freude.

Vertiefende Literatur zu Kapitel 7

Hans Rosling: **Factfulness. Ten reasons we're wrong about the world - and why things are better than you think.** London, 2018.

Walter Krämer: **Die Angst der Woche. Warum wir uns vor den falschen Dingen fürchten.** München, Zürich, 2011.

Beide Bücher erinnern uns auf jeder Seite daran, wie wichtig es ist, für die eigene Meinungsbildung, z.B. bei der Beurteilung von Verschwörungstheorien, nüchterne Zahlen, Daten und Fakten heranzuziehen. Und sie zeigen am konkreten Beispiel, wie schwer uns das durch bestimmte in diesem Kapitel skizzierte gesellschaftliche Einflüsse gemacht wird!

Kapitel 8
Warum glauben so viele Menschen an unhaltbare Verschwörungskonstrukte?

Im letzten Kapitel haben wir den gesellschaftlichen Nährboden für Verschwörungskonstrukte skizziert. Irrationalität tritt in verschiedenen Bereichen und Formen auf und ist oft positiv belegt. Konkreter: Zahlreiche Denkfallen, Scheinargumente und Manipulationstaktiken gelten in Bereichen wie Religion, Esoterik oder Homöopathie als völlig akzeptabel, bisweilen sogar als vorbildlich. Es ist also kein Wunder, dass diese auch bei Verschwörungskonstrukten „funktionieren“ - sie werden einfach übernommen.

Jetzt nehmen wir uns vor diesem Hintergrund die Frage vor, warum viele Verschwörungskonstrukte so schwer zu erschüttern sind. Das verwundert auf den ersten Blick: Obwohl sie in anderen Bereichen sehr wohl zu vernünftigen Überlegungen, Entscheidungen und zu kluger Kritik fähig sind, scheinen viele Anhänger immun gegen jede Art rationaler Argumentation zu sein, sobald es um ein Verschwörungskonstrukt geht. Die Antwort *Die können halt einfach nicht denken!* ist also nicht überzeugend - sie können es sehr wohl!

Schließlich klären wir, welche Aspekte dazu führen können, sich überhaupt für ein Verschwörungskonstrukt als Erklärung diverser Ereignisse zu entscheiden und damit den Boden rationaler Argumentation zu verlassen. Es ist eine Sache, etwas zu verteidigen, an das man schon glaubt. Aber: Wie kommt man im ersten Schritt dazu, an etwas zu glauben, das man dann später verteidigt?

Ein Ausflug in die Philosophie

In Kapitel 2 haben wir gezeigt, dass selbst abstruse Feindbilder sehr stabil sein können. Pflege und Ausbau eines Feindbildes bringen dem Einzelnen oft konkreten Nutzen; gleichzeitig wird er durch verschiedene Mechanismen vor dem Schaden seiner falschen Weltsicht und seiner eigenen Irrationalität relativ wirkungsvoll geschützt. In gewisser Weise ist es also vernünftig, an irrationalen Überzeugungen festzuhalten: Man hat davon Vorteile!

Nutzen durch Unvernunft? Das bedarf der Erklärung und führt zu einem weit verbreiteten Phänomen, das ausgesprochen förderlich für Verschwörungskonstrukte ist: **Rationale Irrationalität.** Was heißt das? Abstrakt betrachtet haben wir es damit zu tun, wenn das Festhalten an Irrtum oder Irrationalität nicht nur Vorteile bietet, sondern sich - rational gesehen - sogar mehr lohnt als die (rationalen) Alternativen dazu. Das eigentliche Problem geht allerdings weit über Feindbilder hinaus, hat mehrere Facetten, die für unser Thema wichtig sind und beeinflusst unsere Gesellschaft in vielen Bereichen. Was heißt das?

Eine aktuelle Debatte in der Staatsphilosophie liefert indirekt eine sehr plausible Erklärung, warum irrationale Verschwörungskonstrukte sehr oft sehr stabil sind und gerade gegen rationale Argumente immun zu sein scheinen. In den USA werden seit den 50er Jahren bei jeder Wahl zum Kongress, also alle zwei Jahre, umfangreiche und detaillierte Wählerbefragungen durchgeführt. Das Ergebnis ist seit Jahrzehnten konstant niederschmetternd: Etwa 80% der Wähler wissen so gut wie nichts über die Themen, auf die sie mit ihrer Stimme Einfluss nehmen: Politik, Wirtschaft, Finanzen etc. sind für diese Bürger *terra incognita.*[181]

Schlimmer: Da, wo eigentlich Wissen sitzen sollte, dominiert in der Regel Irrtum. Es gibt ziemlich surrealistische Vorstellungen zu emotional belegten Themen wie Entwicklungshilfe, Wirtschaftspolitik, Sozialhilfe, Energie, Einwanderung, Außenpolitik etc. Drittens fällt auf, dass im Normalfall die Überzeugungen voller Unstimmigkeiten und Widersprüche sind. Das lässt auf einen gehörigen Mangel an argumentativem und logischem Vermögen schließen.

Ausgehend von diesem Datenbestand stellen Philosophen, Ökonomen und Politikwissenschaftler wie Jason Brennan, Bryan Caplan und Ilya Somin die unbequeme Frage, warum demokratische Entscheidungsverfahren eigentlich so hoch im Kurs stehen:[182]

- Wenn etwa 80% der Entscheider keine Ahnung von der Materie haben, wie sollen dann gute Entscheidungen entstehen, indem man alle befragt?

Diese Frage ist extrem unbequem und bei weitem nicht alle Philosophen haben Lust, sich ihr zu stellen. Unabhängig davon ist die Frage allerdings für uns alle ungemein wichtig: Demokratische Entscheidungsprozesse haben uns Trump, Orban, den Brexit, ei-

---

[181] Wir haben uns bewusst für das Beispiel aus den USA entschieden: Die Datenlage ist exzellent und wir können die Thematik emotionsfreier diskutieren als „im eigenen Land".

[182] Jason Brennan: **Against Democracy.** Princeton und Oxford, 2017. Bryan Caplan: **The Myth of the Rational Voter. Why Democracies Choose Bad Policies.** Princeton und Oxford, 2007. Ilya Somin: **Democracy and Political Ignorance.** Stanford, 2013.

nen starken Rechts- und Linkspopulismus in Europa und viele andere Phänomene beschert, die man mit gutem Grund als Angriffe auf politische Vernunft, Rechtsstaat und liberale Schutzrechte verstehen kann. Zudem ein ganzes Bündel von Verschwörungskonstrukten mit relativ hohem Schadenspotential!

So weit, so gut - aber: Warum verbessern sich die Befragungsergebnisse seit vielen Jahrzehnten nicht, warum sind sie so stabil? Die überraschende Antwort:

- Wir haben es mit einem Fall von rationaler Irrationalität zu tun! Salopp formuliert: *Schlau werden lohnt sich nicht!*

Was heißt das genau? Es bedarf großer Mühe und einer enormen Investition an Zeit und Energie, um sich das nötige Maß an politischer, wirtschaftlicher und finanzieller Bildung anzueignen, damit man von einer verantwortungsbewussten Ausübung des Stimmrechts sprechen kann. Dem gegenüber steht eine verschwindend geringe Wahrscheinlichkeit, als einer von 168 Millionen Wählern (Stand USA 2020), das Ergebnis der Wahl signifikant zu beeinflussen. Mit anderen Worten: Es ist statistisch betrachtet völlig egal, ob ich meine Stimme informiert abgebe, uninformiert abgebe oder verfallen lasse. Und das wissen die Wähler natürlich.

Dazu kommen die beträchtlichen Vorteile politischer Ignoranz: Die Zeit, die ich sonst in die (langweilige) Beschäftigung mit Fragen aus Politik, Wirtschaft und Finanzen investieren würde, kann ich mit wesentlich unterhaltsameren Aktivitäten füllen. Wie genau, überlassen wir der Phantasie unserer Leser. Und auch mit wesentlich lukrativeren: Ich kann einer bezahlten Beschäftigung nachgehen oder eine Geschäftsidee verwirklichen. Nicht einmal auf die Freuden politischer Aktivitäten muss man verzichten. Jason Brennan hat dafür den Begriff des *politischen Hooliganismus* geprägt: Ich trete in Diskussionen mit lauter Stimme und heißem Herzen für einen Kandidaten oder eine Partei ein, habe Spaß an den regelmäßigen Versammlungen, genieße den Zusammenhalt und die Anerkennung in einer Gruppe Gleichgesinnter, engagiere mich in meiner sonst eintönigen Freizeit im Wahlkampf, schimpfe auf und streite mit politischen Gegnern … und kann Vorurteilen, Emotionen und Wunschdenken dabei freien Lauf lassen. Das alles ist, wie die Befragungsergebnisse eindeutig zeigen, bestens mit kompletter politischer Ahnungslosigkeit vereinbar.

Dieses Phänomen der rationalen Irrationalität erklärt für uns recht gut, warum so viele Zeitgenossen immer wieder und so lange an unhaltbaren Verschwörungskonstrukten festhalten:

- Dieser Irrtum ist erstens mit Nutzen für sie verknüpft. Das kennen wir schon aus der Diskussion um Feindbilder.

- Zweitens - und das ist neu - rentiert sich die Beseitigung des Irrtums für sie nicht! Sie haben oft keinen Vorteil davon, sich schlau zu machen. Der für sie entscheidende Nutzen liegt im Festhalten am Verschwörungskonstrukt, nicht in der Abkehr von diesem!

- Drittens ist diese Lebenseinstellung in unserer Gesellschaft sehr weit verbreitet und oft genug positiv belegt! Man ist damit kein Außenseiter.

Betrachten wir diese Antwort genauer. Ein starkes Indiz dafür ist eine prima facie verblüffende Beobachtung, die wir in vielen Gesprächen gemacht haben und immer wieder machen:

- Die allermeisten Anhänger wilder Verschwörungskonstrukte sind in vielen Lebensbereichen sehr wohl zu vernünftiger Informationsbeschaffung, nüchterner Beurteilung der Daten und zu rationalen Entscheidungen fähig.[183]

Wir alle kennen dieses Phänomen:

- Wir unterhalten uns angeregt und sehr informativ bei einer Familienfeier mit einer Kusine über unser Schulsystem und wie ihre Kinder damit zurechtkommen. Oder ein Schulfreund erzählt uns voller Stolz von dem Schreinerbetrieb, den er in den letzten Jahren aufgebaut hat und wie gewitzt er dabei verschiedene Schwierigkeiten gemeistert hat. Irgendwie kommt die Sprache dann auf Trump und die letzten Wahlen in den USA - und plötzlich ist die Rede von ganzen LKW-Ladungen gefälschter oder vernichteter Stimmen in Kombination mit einem Komplott sämtlicher mit der Überprüfung befassten Beamten, freiwilligen Helfer, Richter, Justizangehörigen und natürlich den Lügenmedien. Die chinesischen Kommunisten waren auch dabei.

Es liegt also ganz offensichtlich nur in den seltensten Fällen eine umfassende Unfähigkeit zu rationalem Denken, Entscheiden und

[183] Ilya Somin zeigt ausführlich: Wenn Interesse besteht bzw. etwas Wertvolles auf dem Spiel steht, dann werden sehr viele *politische Hooligans* sehr schnell sehr vernünftig. Genau das dürfte eine wichtige Rolle bei der schon erwähnten „Bekehrung“ Xavier Naidoos gespielt haben.

Handeln vor. Es geht eher darum, dass gezielt und selektiv diese Fähigkeiten nicht eingesetzt bzw. ausgeblendet werden.[184]

Eine zweite Beobachtung unterstreicht, dass wir es nicht mit einer grundsätzlichen Unfähigkeit zur Rationalität zu tun haben, sondern „nur“ mit einer Nichtanwendung in bestimmten Bereichen: Es gibt sehr klug und geschickt argumentierende Anhänger von Verschwörungskonstrukten; wir kennen einige persönlich. Eine Diskussion mit ihnen ist alles andere als grundsätzlich abstrus, wirr oder langweilig. Sie argumentieren über weite Strecken rational, logisch und vernünftig - allerdings auf Basis nicht haltbarer oder extrem unplausibler Annahmen. Diese allerdings schützen sie konsequent vor kritischer Prüfung. In solchen Fällen wird das rationale Vermögen sogar in Bezug auf ein und dasselbe Verschwörungskonstrukt selektiv eingesetzt!

Derartige Erfahrungen stützen die These der rationalen Irrationalität. Die betreffenden Personen haben, erstens, einen guten Grund dafür, ihre rationalen Fähigkeiten in bestimmten Bereichen oder auf gewisse Fragen nicht anzuwenden: Sie versprechen sich davon - bewusst oder unbewusst - irgendeine Form von Nutzen. Zweitens sind durch Aktivierung des rationalen Vermögens keine vergleichbaren Vorteile zu erwarten - warum sollte man sich also die Mühe machen? Und drittens ist in unserer Gesellschaft diese Form der selektiven Rationalitätsverweigerung sehr oft sehr positiv belegt: Das haben wir bereits im letzten Abschnitt in Zusammenhang mit Religion, Esoterik und alternativen Heilmethoden gesehen.

---

[184] Im Bereich von Religion, Esoterik und Homöopathie gibt es dieses Phänomen der selektiven Irrationalität genauso. Auch dort ist der Erklärungsansatz der rationalen Irrationalität - er stammt übrigens von Bryan Caplan - prima facie überzeugend.

Auch „im Alltag“ ist dieses Phänomen zu finden: Bei sehr vielen politischen und „sozialen“ Diskussionen in unserem Bekanntenkreis werden systematisch Fragen zu möglichen wirtschaftlichen und finanziellen Folgen und Voraussetzungen ausgeblendet oder weggewischt. Sehr oft deshalb, weil man es einfach nicht weiß und niemand sich die Mühe machen will, sich darüber zu informieren. Auch deshalb, weil die Welt der Wirtschaft und Finanzen bei vielen Bürgern als moralisch fragwürdig gilt. Zudem hat es für viele Zeitgenossen etwas Anrüchiges, bei existentiell wichtigen Fragen mit nüchternen Zahlen, Daten und Fakten zu argumentieren. Man will es also gar nicht wissen - und kann so eine schmerzhafte und mühevolle Revision der eigenen Überzeugungen vermeiden. Man kann Diskussionen schließlich auch so bestreiten und gewinnen. Rationale Irrationalität!

Unser Fazit: Wir verstehen jetzt besser, warum so viele Menschen so hartnäckig an irrationalen Verschwörungskonstrukten festhalten. Es ist nicht bloßes Denkunvermögen, Starrköpfigkeit oder blanke Irrationalität. Die Sache liegt oft anders: Wir haben es vermutlich mit dem komplexen Phänomen der rationalen Irrationalität zu tun, das wir aus anderen Bereichen wie Politik, Religion oder Esoterik bestens kennen. Diese Irrationalität wird selektiv geübt und ist stabil, weil die vernünftige Alternative sich nicht lohnt oder den Verlust bestimmter Vorteile bedeuten würde. Überdies wird dieser selektive Einsatz unserer Rationalität in unserer Gesellschaft sehr oft positiv gesehen. Wo stehen wir jetzt?

- Im letzten Kapitel haben wir gezeigt, dass es in unserer Gesellschaft einen exzellenten Nährboden für Verschwörungskonstrukte gibt. Deren Auftreten ist also nicht besonders verwunderlich: **Man hält sich an bekannte irrationale Denk- und Verhaltensmuster, übernimmt sie einfach.**

- Eben haben wir das verbreitete Phänomen der rationalen Irrationalität bemüht, um die Stabilität so vieler Verschwörungskonstrukte angesichts leicht verfügbarer und guter Gegenargumente verständlich zu machen: **Schlau werden lohnt sich oft gar nicht!**

- Im nächsten Abschnitt gehen wir der noch offenen Frage nach, warum so viele Menschen den ersten Schritt vollziehen und ein prima facie absurdes Verschwörungskonstrukt für sich akzeptieren - trotz leicht zugänglicher besserer Alternativen dazu.

Warum „entscheiden" sich so viele Leute, an ein Verschwörungskonstrukt zu glauben?

Erneut haben wir keine einfache Patentlösung. Deshalb betrachten wir auch in diesem Abschnitt verschiedene Facetten einer möglichen Antwort. Und wieder gilt, dass wir keinen Anspruch auf Vollständigkeit erheben wollen und können. Wie die Antwort im Einzelfall aussieht, also für eine konkrete Person, lässt sich in einem Buch wie diesem nicht beantworten. Dazu sind Menschen viel zu komplex und verschieden; jeder Einzelfall ist anders. Falls Ihnen jemand eine Antwort nach dem Motto *Und hier die Erklärung in zwei Sätzen, warum Millionen von Menschen an QAnon glauben:* ... anbietet, seien Sie vorsichtig! Wahrscheinlich kommt irgendein Unsinn. Was würden Sie davon halten, wenn jemand ernsthaft behauptet, dass die Religiosität Milliarden Gläubiger auf gleiche Weise erklärt werden kann? Oder der Glaube an Astrologie oder Voodoo? Schon der gesunde Menschenverstand und unsere Alltagserfahrung sagen uns doch, dass mit solchen „Patenterklärungen" etwas nicht stimmen kann: Viele Wege führen nach Rom ... und einige davon sind sehr verwickelt!

Die eben genannten Phänomene der Irrationalität liefern allerdings, wie so oft in unserer Untersuchung, gute Indizien und Anhaltspunkte für die Suche nach einer Antwort. Beginnen wir mit einem Klassiker.

Tradition und Erziehung

Menschen kommen zu Beginn ihres Lebens durch Erziehung im Rahmen einer bestimmten Tradition oder Kultur zu einem guten Teil ihrer Ansichten. Diese werden schon im Kindesalter ungefragt und unreflektiert übernommen bzw. antrainiert und sind oft erstaunlich stabil gegenüber rationaler Kritik. Religionen und autoritäre Regime wissen das und versuchen genau deshalb, möglichst früh an möglichst viele Kinder und Jugendliche heranzukommen, um deren Weltsicht und Moral zu prägen. Ein Blick auf die Koranschulen der Taliban, die Hitlerjugend und kommunistische Jugendorganisationen zeigt in aller Deutlichkeit, wovon wir reden. Das kann bis hin zur aktiven Gehirnwäsche gehen.

Erwachsenwerden und persönliche Weiterentwicklung bestehen auch darin, diese anerzogenen Ansichten für sich zu prüfen, zu bewerten und dann auf Basis rationaler Argumente beizubehalten, zu verändern oder zu verwerfen. Das ist nicht leicht: Nicht jedes gesellschaftliche Umfeld unterstützt das und sehr oft werden nicht nur bestimmte Ansichten vermittelt, sondern dazu auch gleich eine umfangreiche Immunisierung gegen kritisches Denken. Mit anderen Worten: Die Revision der übernommenen Weltsicht kann ein langwieriger, verworrener und schmerzhafter Prozess sein. Und dass es immer klappt, kann man auch nicht behaupten.

Oft sind es leider auch Feindbilder, die jungen Menschen sehr früh vermittelt werden. Damit wären wir auch schon bei unserem Thema. In Kapitel 1 haben wir ausführlich erläutert, wie wichtig Feindbilder für gefährliche Verschwörungskonstrukte sind. Einige dieser Feindbilder spuken seit langer Zeit herum und werden offensichtlich immer wieder von Generation zu Generation weitergegeben. An sie können Verschwörungsgauner mit ihren Konstrukten natürlich leicht und schnell ankoppeln. Das ganze internationale Spektrum des religiösen und rassistisch geprägten Judenhasses liefert z.B. das gängige *Feindbild Jude*, das immer wieder in Verschwörungskonstrukten auftaucht: Dolchstoßlegende, Marxismus, Kapitalismus, die beiden Weltkriege, das internationale Bankenwesen, die Flüchtlingsthematik - Juden spielen in vielen gängigen Verschwörungskonstrukten dazu immer wieder die Schurkenrolle.

Wir vermuten zudem, dass ein vages Feindbild *kapitalistische Ausbeuter und Volksfeinde* auch eine gewisse Rolle dabei spielt, dass gerade im Osten der Bundesrepublik eine recht verbreitete und ganz grundsätzliche Skepsis gegenüber dem Modell des liberalen, marktwirtschaftlich ausgerichteten Rechtsstaates den Schritt hin zu einer Ablehnung „des Systems" und damit verknüpften Verschwörungskonstrukten zu einem vergleichsweise kleinen macht.[185]

Also: Einige Verschwörungskonstrukte bzw. deren Feindbilder werden ganz einfach gesellschaftlich tradiert.

Glaubwürdigkeitsverlust in Politik und Journalismus

Diese Thematik haben wir in anderem Zusammenhang bereits besprochen. Es gibt aber noch eine Facette, die für unsere Fragestellung wichtig ist. Wenn ich einer Institution oder Person misstraue,

---

[185] **POLITISCHE STUDIEN // 497/2021**, E. Jesse: *Das Wahlverhalten in den neuen Bundesländern: Die Stärke der AFD und der Partei Die Linke.* https://www.hss.de/download/publications/PS_497_BUNDESTAGSWAHL_2021_05_Jesse.pdf.

sie ihre Glaubwürdigkeit für mich weitgehend oder komplett verloren hat, dann ist die Schwelle dafür, Schlechtes von ihr zu erwarten und zu glauben, sehr niedrig.

- Das Motto: *Von dort kommt nichts Gutes!*

Dazu kommt ein Denkfehler, der diesen Vertrauensverlust optimal ergänzt:

- *Wenn X lügt, dann muss die Wahrheit auf der anderen Seite liegen.*[186]

Und schon hören sich einschlägige Verschwörungskonstrukte ziemlich plausibel an.

Politik und Journalismus haben bei vielen Bürgern an Ansehen, Glaubwürdigkeit und Vertrauen stark verloren.[187] Wir sind davon überzeugt, dass diese Entwicklung viel mit tatsächlichen, gravierenden und tief sitzenden Fehlern und Defiziten in Politikbetrieb und Journalismus zu tun haben; darum geht es in diesem Buch aber nicht. Viele Bürger nehmen diese Defizite wahr und reagieren darauf - eben mit Skepsis und Vertrauensentzug. Das wiederum fördert die Erstakzeptanz von Verschwörungskonstrukten zweifach:

- Einerseits bröckeln oder entfallen mit Politik und Journalismus zwei Säulen rationaler und verlässlicher Meinungsbildung, die

---

[186] Kapitel 6 haben wir diese Denkfalle der **falschen Alternative** ausführlich erläutert.

[187] Dieser Prozess hat schon lange vor dem Auftauchen prominenter Verschwörungskonstrukte eingesetzt. Diese nutzen das zwar aus, sind aber nicht die Hauptursache, sondern viel mehr eine Folgeerscheinung.

in einer liberalen und rechtsstaatlichen Demokratie unverzichtbar sind.

Das kennen wir bereits aus Kapitel 7: Sehr viele wichtige Themen sind äußerst komplex und vielschichtig. Genau deshalb brauchen wir in einer offenen Gesellschaft meinungsbildende Instanzen und Institutionen, auf deren kompetentes Urteil und prinzipielle Ehrlichkeit wir uns verlassen können. Aktuell können wegen des Verlustes an Glaubwürdigkeit und Vertrauen in den Augen vieler Bürger weder Politik noch Journalismus diese regulative Leitfunktion wahrnehmen.

- Andererseits werden Politik und Journalismus selbst zum Feindbild diverser Verschwörungskonstrukte.

Darauf kommt es uns jetzt an: Seit Jahren begleitet die Parole von der *Lügenpresse* z.B. viele Demonstrationen zu ganz unterschiedlichen Themen. Und das Feindbild *Pseudostaat Bundesrepublik* ist inzwischen integraler Bestandteil diverser Verschwörungskonstrukte bei Reichsbürgern und Rechtsextremisten. Nehmen wir dazu noch den menschlichen Hang zum oben erwähnten Denkfehler der falschen Alternative, dann wird verständlich, warum selbst prima facie nicht sonderlich plausible Verschwörungskonstrukte an Akzeptanz gewinnen können:

- *An der Sache mit der gezielten Steuerung der Flüchtlingsströme durch die EU und Soros muss was dran sein. Schließlich bezeichnet die Lügenpresse das als irren Verschwörungsmythos* …

Diese Kombination aus Vertrauensverlust und aktiver Zuschreibung übler Motive und Handlungen ist keine bloße theoretische Konstruktion. Wir kennen sie alle aus dem Alltag. Geht eine Ehe oder Freundschaft in die Brüche, entsteht ein Konflikt zwischen

Leitung und Mitarbeitern in der Firma oder im Kollegenkreis, dann blüht diese Art der „Theorieentwicklung“ auf, schnell werden negative Zuschreibungen akzeptiert, ausgeschmückt und erweitert - und schon ist das Feindbild fertig. Wir haben doch alle schon erlebt, wie schnell aus „netten Kollegen“ „intrigante Querulanten“ werden können.[188]

Also: Verlieren Institutionen wie Politik und Journalismus Vertrauen und Glaubwürdigkeit, werden sie leicht zu Türöffnern für Verschwörungskonstrukte: Man orientiert sich zwar weiterhin an ihnen und ihren Aussagen, nutzt sie aber als *Kontra-Indikatoren*! Man misstraut ihnen nicht nur, sondern hält automatisch die *Kontra-Positionen* für plausibel.

Gut für das Ego: Expertenwissen

Auch der nächste Einstieg in Verschwörungskonstrukte wird vielen Lesern bekannt vorkommen. Wie schon erläutert, ist es für den Einzelnen sehr schwer, sich eine fundierte Meinung zu komplexen Themen zu bilden. Das wiederum beschert vielen von uns deutlich spürbares Unbehagen: Zum einen bringt das große Unsicherheit beim Entscheiden und Handeln, zum anderen ärgert es uns, wenn andere mehr wissen, einen besseren Durchblick haben, uns erklären, was Sache ist. Besonders ärgerlich ist das, wenn Arroganz ins Spiel kommt und wir uns belehrt und bevormundet vorkommen. Das mag keiner!

Genau darauf, auf diesen Frust, reagieren viele Zeitgenossen mit der Flucht in „alternative Theorien“ - bevorzugt solche, die leicht

---

[188] Heinz Jiranek und Andreas Edmüller: **Konfliktmanagement. Konflikten vorbeugen, sie erkennen und lösen.** Freiburg, München, Stuttgart, 2021 (6. Auflage).

zu verstehen bzw. anzueignen sind, sehr vieles in der Welt erklären (am besten gleich Alles), kaum zu widerlegen sind - und in Opposition zu den Ansichten der arroganten Besserwisser stehen, die uns die ganze Zeit belehren wollen. Das Motto:

- *Ha - jetzt verfüge* ***ich*** *über Herrschafts- oder Insiderwissen und* ***du*** *bist der Dumme!*

Ein Beispiel zur Veranschaulichung:

- Nicht ohne hämische Freude verwenden viele Anhänger von Verschwörungskonstrukten den Begriff *Schlafschaf* für die aus ihrer Sicht unaufgeklärten, indoktrinierten und unwissenden Mitmenschen.

Dieses Phänomen ist aus allen anderen Bereichen der Irrationalität bekannt, z.B. aus der Esoterik. Dort werden reichlich triviale und banale Dinge wie ein Spiel mit 78 Tarotkarten durch alle möglichen „altehrwürdigen" Deutungsmuster und Rituale bei der Verwendung zu theoretisch anspruchsvollen Instrumenten des Erkenntnisgewinns aufgeplustert. Das Signal ist deutlich: *Ich verfüge über anspruchsvolles Insiderwissen, das nicht jedermann zugänglich ist!*[189]

Ähnliches findet sich in den Religionen dieser Welt: Wir haben schon oft gehört oder gelesen, dass alles, was man im Leben wissen müsse, im Koran, der Bibel oder sonst einer heiligen Schrift

[189] Die Schnittmenge von Anhängern des Tarot mit Personen, die z.B. die Evolutionstheorie oder die Relativitätstheorie verstanden haben, dürfte sehr überschaubar sein.

stehe. Und wie beim Tarot gibt es natürlich Experten für Auslegung und Anwendung.[190]

Also: Verschwörungskonstrukte bieten einen prima facie attraktiven und für jedermann gangbaren Fluchtweg aus Unsicherheit und Unbehagen angesichts einer schwer und nur in Teilen verstehbaren Welt. Zielpunkt ist eine „erklärstarke“ Theorie, die Antworten liefert - und den Anwender als Experten gegenüber der großen Mehrheit der Uneingeweihten oder *Schlafschafe* auszeichnet.

Angst und Verunsicherung: Strippenzieher stets willkommen

Zum Schluss möchten wir noch auf eine Einstiegsmöglichkeit in Verschwörungskonstrukte hinweisen, die einige bereits bekannte Aspekte aus Kapitel 7 verknüpft. Relativ oft werden Verschwörungskonstrukte in tatsächlichen oder „nur gefühlten“ Krisensituationen akzeptiert. Wie kommt das? Viele Bürger europäischer Staaten, denken wir nur an Frankreich, Ungarn oder auch Deutschland, sehen z.B. in den Flüchtlingen aus islamischen geprägten Ländern eine Bedrohung.

Natürlich gibt es plausible Erklärungen für deren Flucht. Oft ist es eine Mischung aus wirtschaftlicher Perspektivlosigkeit, Krieg, gezielter Verfolgung von Minderheiten durch das jeweilige Regime, genereller Unterdrückung, oft auch ganz individueller Gefährdung aufgrund von sexueller Orientierung oder weltanschaulich-religiöser Überzeugung. Bisweilen sicher auch Abenteuerlust, Flucht vor Strafverfolgung oder in einen Wohlfahrtsstaat - Menschen sind

---

[190] Heinz-Werner Kubitza: **Der Dogmenwahn: Scheinprobleme der Theologie. Holzwege einer angemaßten Wissenschaft.** Marburg, 2015.

keine Engel, viel eher Nutzenmaximierer. Diese Motive sind nachvollziehbar und verständlich, aber auch „irgendwie abstrakt".

Die menschliche Tendenz zu personalisierten Welterklärungen in Kombination mit Ängsten und Unsicherheiten - noch dazu wenn diese durch Politik und Medien entsprechend thematisiert und geschürt werden - ist im Grunde eine Einladung für Verschwörungsgauner, Strippenzieher zu präsentieren, denen man die Schuld an der Lage zuschieben kann.

Das klappt immer wieder: Trump hat es gut hingekriegt, die Demokraten für die Einwanderung aus Mittel- und Südamerika verantwortlich zu machen. Boris Johnson hat die EU politisch erfolgreich als Schurkenorganisation „entlarvt", die an allen möglichen realen und eingebildeten Übeln Schuld ist, die den Briten das Leben erschweren und die ihnen natürlich angestammte Weltherrschaft verwehren.[191] George Soros, Angela Merkel und selbstverständlich auch Bill Gates steuern gemäß diverser Verschwörungskonstrukte ganz gezielt die Einwanderung „aus dem Orient" mit dem Ziel, die Bevölkerung in den europäischen Ländern gegen die Flüchtlinge auszutauschen. Warum genau dieser *Große Austausch* angestrebt wird konnten wir bis heute nicht herausfinden - aber egal: Hauptsache es gibt einen finsteren Strippenzieher, der für möglichst viele Leute attraktiv erscheint.[192] Stichwort *Strippenzieher*: Hinter dem beachtlichen Erfolg dieser Art von Verschwörungskonstrukt steht eine ebenfalls durch unsere Alltagserfahrung belegte Eigenheit menschlichen Verhaltens:

---

[191] **Die Offene Gesellschaft,** 4. 4. 2019: *Warum ich für einen maximal harten Brexit bin.* http://blog.projekt-philosophie.de/liberalismus/warum-ich-fuer-einen-maximal-harten-brexit-bin/.

[192] **Wikipedia:** *Großer Austausch.* https://de.wikipedia.org/wiki/Gro%C3%9Fer_Austausch.

- Bei Angst oder Unsicherheit tendieren wir noch viel stärker als üblich zu Erklärungen, die Personen verantwortlich machen.

Vermutlich deshalb, weil ein Vorgehen gegen diese im Prinzip einfacher scheint, als die Bekämpfung abstrakter und komplexer Ursachengeflechte. Das Motto:

- *Weg mit Soros und Merkel - und schon bleiben die Flüchtlinge zu Hause!* Oder: *Raus aus der EU - und schon wollen keine Flüchtlinge mehr nach England!*

Strippenzieher haben gewisse Vorteile gegenüber abstrakten Ursachen: Man kann auf sie schimpfen, sie abwählen, gegen sie demonstrieren, sich gegen sie wehren, indem man ihre Machenschaften aufdeckt ... Kurz: Man *kann etwas tun* - und das hilft beim Abbau von Ängsten und Unsicherheit, bei der Überwindung von Gefühlen wie Hilflosigkeit und Ausgeliefertsein.

Also: In gefühlten oder realen Krisensituationen sind Verschwörungskonstrukte **besonders** attraktiv, weil sie konkrete Personen als Verantwortliche präsentieren und damit erfolgreich an das gesellschaftlich weithin akzeptierte Strippenzieher-Modell anknüpfen. Und es wird der Eindruck erzeugt, man könne selbst schnell und halbwegs wirkungsvoll etwas tun.

Unser Fazit: In diesem Abschnitt haben wir einige mögliche Wege skizziert, die zur Akzeptanz eines Verschwörungskonstruktes führen können und dies auch immer wieder tun. Sie wirken als Türöffner und erleichtern den Einstieg in Verschwörungskonstrukte. Hat man ein solches erst einmal akzeptiert, steht eine Fülle an Strategien zur Verfügung, um angesichts sperriger Daten und guter Gegenargumente daran festzuhalten (Kapitel 3 bis 6). Viele davon sind sogar gesellschaftlich positiv belegt (Kapitel 7). Das Phänomen der rationalen Irrationalität erklärt schließlich, warum oft die Motivation fehlt, das Verschwörungskonstrukt durch eine bessere Theorie zu ersetzen.

Wir erheben mit den Erklärungsansätzen in diesem Kapitel zwar Anspruch auf Plausibilität, jedoch nicht auf Vollständigkeit. Warum jemand ein konkretes Verschwörungskonstrukt akzeptiert, dabei bleibt und es sogar „mit Zähnen und Klauen" verteidigt, kann im Einzelfall sehr oft rational erklärt und verständlich gemacht werden. Eine Pauschalerklärung für alle Menschen und alle Fälle können und wollen wir aber nicht anbieten. Wir glauben auch nicht, dass es so etwas tatsächlich gibt.

Aber ein grundlegendes Verständnis für die Attraktivität und die Stabilität auch abstruser Verschwörungskonstrukte ist unverzichtbar, um wirkungsvolle Maßnahmen zu deren Eindämmung und Entschärfung zu entwickeln. Wer da falsch liegt, gießt ungewollt Öl ins Feuer. Deshalb ist es uns wichtig, einfach gestrickten Pseudoerklärungen nach dem Motto *Die sind eh alle doof, kennen die Fakten nicht oder fühlen sich sozial ausgegrenzt!* den Wind aus den Segeln zu nehmen. So einfach, wie viele „Experten" glauben, ist es leider nicht.

Uns ist etwas anderes wichtig: Bisher haben wir keinen Grund gefunden, Verschwörungskonstrukte als herausragende Besonderheit, als singuläres Phänomen einzustufen. Im Gegenteil: Sie sind lediglich eine von mehreren Ausprägungen einer Irrationalität, die tief und dauerhaft in unserer Gesellschaft und wohl auch in uns Menschen verankert ist. Drei Dinge sollten jetzt bereits klar sein:

- Erstens ist es wenig wirkungsvoll, Verschwörungskonstrukten mit Faktenchecks oder rationalen Gegenargumenten als Hauptwaffen entgegenzutreten.

- Zweitens ist es vermutlich ein vielversprechender Ansatz, das Nutzenkalkül für die Anhänger von Verschwörungskonstrukten zu verändern - und zwar hin zu Realität und Rationalität.

- Drittens gilt auch hier, dass Vorbeugen eine wirkungsvolle Strategie sein könnte: Wir sollten konsequent und gezielt die argumentative Kompetenz der Bürger stärken und festigen.

Zusammenfassung Kapitel 8

In diesem Kapitel untersuchen wir diese beiden Fragen:

- **Frage 1:** Warum sind viele Verschwörungskonstrukte so schwer zu erschüttern - obwohl deren Anhänger sehr wohl zu vernünftigen Entscheidungen, Überlegungen und zu rationaler Kritik fähig sind?
- **Frage 2:** Welche Aspekte können dazu führen, sich überhaupt für ein Verschwörungskonstrukt als Erklärung diverser Ereignisse zu entscheiden und damit den Boden rationaler Argumentation zu verlassen?

Für Frage 1 haben wir das verbreitete Phänomen der **rationalen Irrationalität** bemüht, um die Stabilität so vieler Verschwörungskonstrukte angesichts leicht verfügbarer und guter Gegenargumente verständlich zu machen: *Schlau werden lohnt sich oft gar nicht!*

- Das Verschwörungskonstrukt ist erstens mit Nutzen für seine Anhänger verknüpft.
- Zweitens lohnt sich die Beseitigung des Irrtums nicht! Man hat oft keinen Vorteil davon, sich schlau zu machen. Der entscheidende Nutzen liegt also im Festhalten am Verschwörungskonstrukt, nicht in der Abkehr von diesem.

- Drittens ist diese Lebenseinstellung in unserer Gesellschaft sehr weit verbreitet und oft genug positiv belegt. Man ist damit kein Außenseiter.

Für Frage 2 haben wir diverse Aspekte herausgearbeitet, die immer wieder eine Rolle spielen:

- Feindbilder und Verschwörungskonstrukte werden anerzogen oder mit einer kulturellen Tradition übernommen.
- Die Vertreter der „offiziellen" Theorien haben Glaubwürdigkeit und Vertrauen verspielt und dienen als *Kontra-Indikatoren.*
- Der Wunsch, eine einfache und umfassende Erklärung für viele Dinge zu haben ist sehr stark. Dazu kommt die Freude, als Experte und Insider den *Schlafschafen* überlegen zu sein.
- Die Attraktivität des Strippenziehermodells ebnet und erleichtert gerade in gefühlten Krisensituationen den Einstieg in Verschwörungskonstrukte.

Vertiefende Literatur zu Kapitel 8

Die beiden folgenden Titel gelten als „Gründungswerke" der Public Relations. Sie zeigen nüchtern und klar, wie man die öffentliche Meinung gezielt beeinflussen und steuern kann. Lippman und Bernays sind im übrigen beide der Meinung, dass man das im Sinne des Gemeinwohls auch konsequent tun sollte.

Walter Lippman: **Public Opinion.** New York, 1922.

Edward Bernays: **Propaganda.** New York, 1928.

Beide Werke sind im Internet, auch als Übersetzung, leicht zu finden. Gleiches gilt für den folgenden Klassiker, auf den sie sich immer wieder beziehen:

Gustave LeBon: **Psychologie des foules** (Psychologie der Massen). Paris, 1895.

Kapitel 9
Warum handeln Menschen auf Basis von Verschwörungskonstrukten?

Eine Sache ist es, an ein Verschwörungskonstrukt und dessen Feinbild zu **glauben**. Eine andere Sache ist es, auf dieser Basis zu **handeln**. Nicht jeder Reichsbürger begeht Straftaten. Nicht jeder Anhänger eines der vielen Verschwörungskonstrukte mit dem *Feindbild Jude* lässt sich zu antisemitischen Handlungen hinreißen. Und nicht jeder QAnon-Gläubige rennt bis an die Zähne bewaffnet in eine Pizzeria, um aus einem nicht existenten Keller nicht existierende Kinder zu befreien.[193] Zum Glück!

Für viele unserer Überzeugungen gibt es entweder natürliche, intellektuelle, moralische oder gesetzliche Hemmschwellen, an denen eine eventuelle Umsetzungsbereitschaft erst einmal abprallt. Das gilt ganz allgemein und unabhängig von unserem Thema:

- Damit Überzeugungen in Handeln münden, bedarf es zusätzlicher Faktoren, einer zusätzlichen Entscheidung, etwas zu tun.

Genau um diese Faktoren geht es in diesem Kapitel:

- Wie schaffen es Verschwörungsgauner und -spinner, diese Hemmschwellen bei sich und bei anderen zu überwinden?

Wir skizzieren, wie Handlungsbereitschaft grundsätzlich erzeugt und aktiviert wird. Dabei knüpfen wir wieder ganz bewusst an Alltagserfahrung und Menschenkenntnis an: Wir wollen Theorie auf ein Minimum beschränken und greifbar machen. Im Mittelpunkt

---

[193] **Wikipedia:** *Pizzagate.* https://de.wikipedia.org/wiki/Pizzagate.

dieses Kapitels stehen Handlungen der Marke *soft core*. Später wird es dann extrem: Die Kapitel 11 und 12 beleuchten den Zusammenhang zwischen Verschwörungskonstrukten und extremistischen Handlungen.

Also, wie entsteht Handlungsbereitschaft? Alltagserfahrung und Menschenkenntnis liefern erste Antworten: *Liebe macht blind! Gier frisst Verstand! Angst motiviert!* Abstrakter formuliert:

- Starke Leidenschaften führen oft zu Handlungen, die man bei nüchterner Betrachtung vermutlich hätte bleiben lassen und die man im Nachhinein bereut.

Konkrete Beispiele können unsere Leser mit Sicherheit der eigenen Biographie entnehmen. Bei Ihrem Autorenteam klappt das jedenfalls. Dabei gibt es mindestens zwei Arten der Überwindung von Hemmschwellen: Nummer eins besteht im kurzfristigen Überrennen derselben; Nummer zwei im langfristigen Abbau von Hemmschwellen. Beginnen wir mit der ersten Variante.

Trickbetrüger bei der Arbeit

Es gibt eine Bevölkerungsgruppe, deren Kernkompetenz speziell darin besteht, ihren Mitmenschen beim Überwinden von Hemmschwellen gezielt, wirkungsvoll und mit Gewinn Hilfestellung zu leisten. Falschspieler und Trickbetrüger sind die wahren Profis auf diesem Gebiet angewandter Menschenkenntnis.[194] Sie schaffen es immer wieder, unsere Hemmschwellen auszutricksen, z.B. unsere

[194] Zur Abwechslung wählen wir unsere Beispiele diesmal nicht aus Esoterik, Religion oder Homöopathie. So sammeln wir zusätzliches Anschauungsmaterial für die These, dass alle diese Phänomene derselben Schicht menschlicher und allzumenschlicher Irrationalität entspringen: Verschwörungskonstrukte genießen keine Sonderstellung.

rationalen Kontroll- und Schutzmechanismen stark einzuschränken oder ganz zu blockieren.

Ein klassisches Beispiel sind die Hütchenspieler, die immer wieder in Großstädten bei der Ausübung ihres Handwerks zu beobachten sind. In Fernsehen und Internet wird oft und ausführlich über deren Vorgehensweise und Tricks berichtet - auf YouTube finden sich zahlreiche Videos dazu. Ihre Tricks sind seit Jahrhunderten bekannt. Das ändert allerdings nichts daran, dass Hütchenspieler immer wieder Opfer finden, deren im Alltag eigentlich gut funktionierender Selbstschutzmechanismus zügig und gezielt ausgeschaltet wird, z.B. durch die Hoffnung auf einen schnellen Gewinn. Es ist lehrreich, sich das Vorgehen dieser Experten näher anzusehen und die dabei gewonnenen Einsichten auf Verschwörungskonstrukte zu übertragen.

Wie funktioniert das Hütchenspiel?

Beim Hütchenspiel wird ein kleiner Ball oder eine Erbse unter eine von drei Walnussschalen oder einen kleinen Becher gelegt. Die Nussschalen werden dann zügig hin und her bewegt, ihre Positionen auf dem Tisch mehrmals vertauscht. Wer den Überblick behalten und sagen kann, unter welcher Nussschale sich die Erbse am Ende dieser ganzen Manöver befindet, hat gewonnen. Da die Hand nicht schneller als das Auge ist, ist es ziemlich leicht, die Schale mit der Erbse im Auge zu behalten. Das Problem: Der Hütchenspieler verfügt über Manipulationstechniken, mit denen er die Erbse unbemerkt von einer Schale unter eine andere bringen kann. Genau das wird er auch tun - wenn von einem Opfer genug Geld eingesetzt wird.

Hütchenspieler arbeiten immer im Team, allerdings gut getarnt. Neben dem eigentlichen Spieler, der die Sache mit der Erbse und den Nussschalen regelt, gibt es mindestens einen *Schlepper*, der

Passanten anhält, anspricht und für das Spiel interessiert. Seine Aufgabe ist es, potentielle Opfer zu erkennen, deren Aufmerksamkeit auf das Spiel zu lenken und dann zum Mitmachen zu bewegen. Diese Schlepper wirken natürlich bieder, harmlos und jovial. Bei mir, Andreas Edmüller, hat es einmal einer versucht, der ein Kleidungsstück in der Verpackung einer Reinigung über dem Arm trug. Damit wollte er signalisieren, dass er selbst zufällig hier vorbeikam und somit nichts mit dem Spiel zu tun haben kann. In gleicher Funktion wurden auch schon flirtbereite junge Damen beobachtet, die ihren Charme recht erfolgreich eingesetzt haben, um männliche Passanten zusätzlich für das Spiel zu interessieren.

Daneben sind *Pseudo-Spieler* aktiv, die Geld setzen und dabei jedes mal „gewinnen“ - oder sich erkennbar dumm anstellen und verlieren. Ihr Job ist es, dem potentiellen Opfer vor Augen zu führen, wie leicht die Aufgabe zu lösen und Geld zu gewinnen ist. Normalerweise vermeiden sie es, den Eindruck von Überintelligenz zu erwecken. Es soll ja vorgeführt werden, wie leicht es ist, die Erbse zu finden. Zusätzlich gibt es in einiger Entfernung einen oder mehrere *Aufpasser*, die das Team warnen, sobald Polizei oder anderes Unheil auftaucht. Schließlich - und das ist der mit Abstand unromantischste Job - gibt es den *Abräumer*. Selbiger setzt seine Muskelkraft und Schlagtechnik ein, sobald ein Opfer Ärger macht oder trotz der Trickserei des Spielers errät, wo die Erbse liegt. Das Opfer kriegt dann im Extremfall kein Geld, sondern einen Kinnhaken. Falls Sie mittlerweile den Eindruck gewonnen haben sollten, dass es bei diesem Spiel nur einen Gewinner geben kann: Stimmt genau.

Wie werden die Opfer überzeugt?

Betrachten wir jetzt einen typischen Ablauf. Der Schlepper spricht ein potentielles Opfer an, erzählt, dass er schon ein paar Minuten dem Treiben zuschaut und nicht verstehen kann, warum der Hütchenspieler so oft gewinnt. Die Neugier des potentiellen Opfers wird damit geweckt: Geld interessiert jeden! Der Trick sei ganz einfach, so der hilfsbereite Schlepper: *Den Blick starr auf die Schale mit der Erbse fixieren und sich weder vom Gerede des Hütchenspielers noch von seinen schnellen Handbewegungen ablenken oder verwirren lassen.* Gleichzeitig ist zu sehen, wie ein Pseudo-Spieler etwas Geld setzt, unvorsichtigerweise über einen Witz des Spielers lacht, sich davon offenbar ablenken lässt und sich dann prompt für die falsche Schale entscheidet. Der Schlepper bringt natürlich seine Verzweiflung zum Ausdruck, kein Geld bei sich zu haben - hier könne man in wenigen Minuten ein Abendessen gewinnen. Beim nächsten Durchgang versucht der Hütchenspieler erneut, den Pseudo-Spieler zu verwirren, der passt aber besser auf, errät die richtige Schale und erhält anstandslos seinen Gewinn.

Das potentielle Opfer fängt an, in Gedanken mitzuspielen und stellt fest, dass er jedes mal genau sagen kann, wo die Erbse sich befindet. Er hat soeben einige Lektionen gelernt: Hier sollen Leute manipuliert werden (vom Hütchenspieler). Die meisten sind so naiv, dass sie sich manipulieren lassen. Ihm selbst könne das aber nicht passieren, er hat nämlich als intelligenter Mensch die Tricks des Hütchenspielers durchschaut und ist sowieso schlauer als die Opfer, die auf diese hereinfallen. In der Unterhaltung mit dem Schlepper hat unser Opfer in spe außerdem gelernt, dass diese Person ihn bewundert - ihm gelang es nämlich auf Anhieb immer, die Position der Erbse zu erkennen. Summa summarum kann man hier mühelos etwas Geld verdienen (und eine charmante junge Dame beeindrucken): *Welcher vernünftige Mensch würde sich so eine Gelegenheit entgehen lassen?* Damit haben die Hütchenspieler ganze Überzeugungsarbeit geleistet. Das Opfer glaubt, es gehe mit rechten Dingen zu und man könne leicht und schnell etwas Geld gewinnen.

Wie werden die Opfer zum Handeln gebracht?

Nun folgt Stufe zwei: Es wird gehandelt! Setzt das Opfer einen kleinen Betrag zu Testzwecken - die charmante junge Dame findet diese Idee übrigens Klasse - greift prompt einer der Pseudo-Spieler ein. Er setzt einen höheren Betrag auf dieselbe Schale. Das Opfer erhält zwar seinen Betrag zurück, aber keinen Gewinn. Die Begründung leuchtet ein: Es werde immer nur eine Wette angenommen, nämlich die höchste. *Sorry, aber es gebe nun mal Regeln und es soll ja alles offen, transparent und fair zugehen.* Und wieder hat das Opfer dazugelernt: *Ja, ich kann gewinnen und habe lediglich zu zaghaft gewettet.* Besagte charmante junge Dame drückt Mitleid und Bedauern über sein Pech aus.

Sie haben sicher erraten, wie es weitergeht: Der Einsatz wird erhöht und die Erbse liegt zum ersten mal nicht da, wo das Opfer sie vermutet. Das Geld ist weg. Die charmante junge Dame drückt ihre Verblüffung sowie tiefes Mitleid und Bedauern aus. Sie hätte auch auf dieselbe Schale wie das Opfer gewettet … sagt sie. Gelingt es an dieser Stelle des Schauspiels dem Opfer, seinen Verstand wieder einzuschalten, betrachtet es den verlorenen Einsatz als Lerngebühr für einen Zuwachs an Lebenserfahrung. Gelingt das nicht - und das ist meistens der Fall - dann wird der Versuch gestartet, sich das verlorene Geld in der nächsten Runde zurückzuholen. Das Motto: *Es kann ja schließlich nicht sein, dass man zwei mal hintereinander auf die bereits durchschauten Tricks hereinfällt! Es muss sich um eine unerklärliche Unachtsamkeit gehandelt haben - das kommt vor.* Und wer möchte schon vor einer charmanten jungen Dame wie ein Trottel dastehen?

Wir überlassen es dem Vorstellungsvermögen unserer Leser, sich das weitere Geschehen selbst auszumalen. Unabhängig von den

Details ist das Ergebnis klar: Es findet in kurzer Zeit ein beachtlicher Finanztransfer zum Team der Hütchenspieler statt. Und bitte nicht vergessen: Für den Fall der Fälle steht immer noch der Abräumer bereit.

Was können wir vom Vorgehen dieser wahren Profis lernen?

Unsere Hütchenspieler haben zwei Aufgaben mit Bravour gemeistert, die sich auch Verschwörungsgaunern stellen:

- Erstens: Wie manipuliere ich das Denkvermögen meiner Opfer und überzeuge sie von meiner Scheinrealität?

- Zweitens: Wie kriege ich meine Opfer dazu, Geld einzusetzen - also zu handeln? Oder: Wie helfe ich ihnen beim Überklettern diverser Hemmschwellen?

Hütchenspieler und andere Trickbetrüger bauen, wie eben gesehen, eine Scheinwelt für das Opfer auf und ziehen oder schubsen es ganz sanft aber konsequent in diese Scheinwelt hinein. Dabei spielen die Schlepper eine wichtige Rolle: Sie haben einen guten Blick für potentielle Opfer. Ihr wichtigster Verbündeter ist natürlich das Opfer selbst, das sich gewisse Vorteile von dieser Scheinwelt bzw. dem Eintauchen in sie verspricht. Innerhalb dieser Scheinwelt wird dann Schritt für Schritt die Überzeugung der Opfer gestärkt, die Scheinwelt sei real bzw. es gehe alles mit rechten Dingen zu. Danach wird auf Basis dieser gelungenen Überzeugungsarbeit Handlungsbereitschaft erzeugt und Handlungsdruck aufgebaut - bis es dann zu den von den Trickbetrügern erwünschten Handlungen kommt und das Opfer tut, was es tun soll.

Verschwörungskonstrukte weisen starke Parallelen dazu auf. Ihr Kern ist wie gesehen ein Feindbild und um dieses herum wird eine

Scheinwelt aufgebaut bzw. skizziert. Die dabei hilfreichen Tricks und Manipulationstaktiken haben wir ausführlich besprochen. Jetzt geht es um die Anschlussfrage: Warum handeln immer wieder so viele Leute auf Basis dieser Scheinwelt?

Etwas Theorie zum Thema *Handeln*

Unser Handeln wird durch das Zusammenspiel mehrerer Faktoren erklärt.[195] Zum einen spielen unsere **Überzeugungen**, unser Bild der Lage oder der Welt eine wichtige Rolle:

- Was weiß ich oder glaube ich zu wissen?

Zum anderen kommt es darauf an, was wir wollen, wonach wir streben oder vermeiden möchten:

- Welche Ziele habe ich? Was möchte ich erreichen? Was soll verhindert werden?

Das sind meine **Anliegen** - Hoffnungen, Ängste, Interessen oder eher die dunklen Seiten derselben Medaille, nämlich Hass, Gier oder Neid.

Was ich tue, wie ich handle, kann als Resultat des Zusammenspiels meiner Überzeugungen mit meinen Anliegen verstanden werden. Zur Veranschaulichung ein paar Beispiele:

---

[195] Ohne in die formalen Details der rationalen Handlungs- und Entscheidungstheorie einzusteigen, lehnt sich unsere Skizze natürlich an diese philosophische Disziplin an.

- Weiß ich um die Risiken einer Flugreise und kenne ich deren Ziel und Zweck, dann kann ich eine rationale Entscheidung treffen, ob der erwartete Nutzen das Risiko wert ist.

- Kenne ich die Gewinnchancen einer Lotterie und meinen Kontostand, dann kann ich auf Basis meiner Ziele und Wünsche rational entscheiden ob ich daran teilnehmen möchte und wie hoch mein Einsatz sein sollte.

- Kenne ich meine medizinische Diagnose und die Risiken einer bestimmten Therapie, dann kann ich auf Basis meiner Ziele und Wünsche rational entscheiden, ob ich mich dieser Therapie unterziehe.

Die Anliegen einer Person können allerdings unterschiedliche Handlungen nahelegen. Wünschen und Hoffnungen stehen oft Ängste und Befürchtungen gegenüber. Chancen werden an Risiken gemessen. Was wir als Handlung einer Person wahrnehmen, ist also oft das komplexe Ergebnis des Zusammenspiels zahlreicher Überzeugungen und Anliegen, die keinesfalls „aus einem Guss" sein müssen. Wir kennen das alle aus eigener Erfahrung: Wenn wir etwas tun, so heißt das nicht immer, dass wir mit uns „im Reinen" sind - eine gewisse Unsicherheit oder gar Zerrissenheit kommt bisweilen vor. Wir kennen auch Zeitgenossen, bei denen diese Unsicherheit oder innere Unschlüssigkeit der ganz normale Zustand ist: Es sind die Zauderer, die Haderer, die ewig Unentschlossenen, die Wankelmütigen ...

Diese kurze Betrachtung zeigt, wie vermessen es wäre, eine kurze und einfache Antwort dafür anzubieten, warum Vertreter von Verschwörungskonstrukten handeln. Wie im richtigen Leben ist wahrscheinlich jeder Fall speziell und von individuellen Faktoren beeinflusst und geprägt. Holzschnittartige Stereotype befriedigen vielleicht unser Bedürfnis nach einfachen Patent-Erklärungen. Unser Verständnis der Thematik verbessern sie jedenfalls nicht.

Typische Motivatoren

Unsere Lebenserfahrung und unsere Menschenkenntnis decken sich mit der rationalen Entscheidungs- und Handlungstheorie: Es braucht in aller Regel konkrete Anliegen als **Motivator,** um auf Basis unserer Überzeugungen ins Handeln zu kommen. Genau um diese Motivatoren geht es jetzt:

- Mit welchen typischen Motivatoren arbeiten die Vertreter von Verschwörungskonstrukten?

Der Schwerpunkt liegt natürlich wieder auf den Tricks und Manipulationstaktiken, mit denen wir zu eigentlich unvernünftigen Entscheidungen und Handlungen gebracht werden. Es geht um die Frage, wie unsere Anliegen so manipuliert werden können, dass wir etwas tun, das von außen betrachtet nicht als vernünftig oder rational verstanden werden kann. Wir alle kennen dieses Phänomen: Jeder hat sich im Nachhinein schon für etwas geschämt, was er getan hat oder sogar den Kopf über sich selbst geschüttelt: *Wie konnte ich nur so verrückt/unvernünftig/blauäugig/gemein sein?* Das ist ein wichtiger Punkt:

- Wer handelt läuft Gefahr, die rationale Irrationalität der „Meinungswelt“ seines Verschwörungskonstruktes zu durchbrechen. Salopp formuliert: Wer handelt geht das Risiko ein, dass die Realität zurückschlägt!

Ziel eines Manipulators ist es, dieses Risiko zu verschleiern. Es ist wichtig, diese Taktiken zu kennen und zu verstehen. Schließlich wollen wir zum Abschluss der Untersuchung konkrete Vorschläge ausarbeiten, wie wir gefährliche Verschwörungskonstrukte entschärfen können und welche Gegenmaßnahmen Erfolg versprechen.

Werfen wir zum Einstieg wieder einen Blick auf unser Team von Hütchenspielern und deren Taktiken, ihre Opfer zu einem Wetteinsatz zu bewegen. Wir haben schon erläutert, wie sie eine Scheinwelt für das potentielle Opfer aufbauen, in der es möglich und sogar ziemlich sicher ist, dass man Geld bei diesem Spiel gewinnen kann:

- Ich sehe mit eigenen Augen, wie der Hütchenspieler Geld an Passanten verliert.
- Ich kann eigentlich immer genau sagen, unter welcher Schale die Erbse sich gerade befindet.
- Eine charmante Dame schaut schon länger zu und bestärkt mich in meiner Interpretation des Geschehens.
- Ich hätte tatsächlich in meinem ersten Versuch gewonnen, wenn ein Mitspieler nicht einen höheren Betrag gesetzt hätte.

An diesem Punkt glauben viele an eine reale Gewinnmöglichkeit. Im Anschluss geht es dann darum, dass unser Wunschdenken so gestärkt wird, dass es die Stimme der Vernunft übertönt und tatsächlich zu einem Wetteinsatz führt. Zuerst der **Wunsch**, als Gewinner oder „Held“ vor der charmanten jungen Dame dazustehen. Dazu kommt die **Aussicht** auf einen Geldgewinn - nicht sehr groß, aber auch nicht zu verachten. Die Hütchenspieler wissen natürlich, dass man mit zu großen Wetteinsätzen wieder das Misstrauen der Opfer aktiviert. In mir nagt vielleicht auch der kleine **Ärger**, beim ersten Versuch nicht schnell genug gewesen zu sein - und das soll mir kein zweites Mal passieren. Eine weitere Manipulationstaktik bzw. Falle wird an dieser Stelle auch regelmäßig ins Spiel gebracht: Geht mein erster Einsatz „unerklärlicherweise“ verloren, dann erwacht sofort der **Wunsch**, den Verlust wettzumachen und mir das verlorene Geld wieder zurückzuholen - mit Zinsen![196] *Schließlich glaubt die charmante junge Dame sonst noch, ich wäre eine Flasche oder ein Weichei ...*

Also: Die Risikowahrnehmung wird mit Hilfe derartiger Taktiken Schritt für Schritt ausgeschaltet. Eigentlich gibt es genügend Warnhinweise in Form kritischer und naheliegender Fragen:

- Wie wahrscheinlich ist es, dass ein Hütchenspieler tatsächlich mit so einem simplen und offensichtlich verlustreichen Spiel ehrlich gegen Passanten wetten wird?

- Wie wahrscheinlich ist es, dass die anderen Spieler tatsächlich den Überblick verlieren und so oft verlieren?

Um Missverständnisse zu vermeiden: Es ist nicht immer der Wunsch zu gewinnen, die Gier, sehr schnell viel Geld „zu machen", den Trickbetrüger anfachen. Oft sind es auch edle Motive, die bei ihren Opfern am Werk sind und sie ins Verderben führen. Denken wir an die alte Oma, die ihrem „Enkel" aus der Patsche helfen möchte oder den Rentner, der der „Polizei" bei der Überführung eines betrügerischen Bankangestellten helfen möchte: Auch sie sind am Ende ihr Geld los - nicht nur der „Pokerexperte", der glaubt, das „betrunkene Landei" im Rahmen der Landwirtschaftsmesse in München um seinen Bargeldbestand erleichtern zu können. Trickbetrüger sind leider hervorragende Menschenkenner und skrupellos genug, um auch unsere edlen Motive gegen uns arbeiten zu lassen.

---

[196] Diese Motivation hat schon so manchen Investor an der Börse ins Verderben geführt.

Betrachten wir jetzt einige der Motivatoren, die immer wieder dazu führen, dass Menschen auf Basis unsinniger Verschwörungskonstrukte aktiv werden und ihre Überzeugungen in Handlungen umsetzen. Dafür gibt es gut zugängliches Anschauungsmaterial. Wir nutzen eine Dokumentation zum Sturm auf das Kapitol in Washington, die Verschwörungsgauner bei der Arbeit zeigt, u.a. Trump und seine Komplizen.[197]

Handeln aus Leidenschaft

Starke Leidenschaften können zu Dummheiten führen, die man noch lange bereut. Jeder von uns, der schon einmal unsterblich verliebt war, kann dazu mehr oder weniger unterhaltsame Beispiele beisteuern. Blinde Liebe setzt Handlungsschwellen wirkungsvoll herab. Dummerweise gilt das auch für eher destruktive Leidenschaften wie Hass und Rassismus, Neid oder Habgier: Ergibt sich eine relativ risikofreie Gelegenheit, dann bricht sich die Leidenschaft Bahn und es wird gehandelt. Kommt es ganz schlimm, dann blenden wir auch große und offensichtliche Risiken aus. Nicht ohne Grund hat der Philosoph Seneca eine eigene Abhandlung dem Zorn und dessen zerstörerischer Wirkung gewidmet.[198]

Im Umfeld von Verschwörungskonstrukten finden wir Anschauungsmaterial dafür in Hülle und Fülle. Im Internet und den sogenannten sozialen Medien wird aus der sicheren Deckung der Anonymität heraus gehetzt, diffamiert und *gehated*, dass sich die Balken biegen - einfach so. Weil es geht, weil es so einfach ist, weil es sich gut anfühlt, weil man endlich etwas tun kann gegen *die*

---

[197] Wir werden immer wieder auf konkrete Manipulationstaktiken in dieser Dokumentation von **arte** verweisen: *Der Sturm aufs Kapitol.* https://www.youtube.com/watch?v=ASiVUABt_i0.

[198] Auch im Konfliktmanagement sind diese Mechanismen bestens bekannt und beschrieben.

Feinde und weil man ohnehin nicht erwischt werden kann. Hass, Neid, Rassismus und deren Verwandtschaft feiern im Internet eine Dauerparty.

Gleiches dürfte für einige andere Handlungsformen gelten, die aus einer gewissen Anonymität heraus erfolgen, die den Einzelnen vermeintlich vor den Konsequenzen seines Tuns schützt: Hass- und Hetztiraden bei einer Demonstration, Gewalttaten wie Stein- oder Flaschenwürfe, in einer Masse in gesperrte Bereiche wie Kapitol oder Reichstag eindringen. **Anonymität und Masse senken Hemmschwellen**, sich von Leidenschaften bzw. griffigen Feindbildern leiten zu lassen.

Manipulatoren wissen darum und nutzen das. Sie wecken und stärken Handlungsbereitschaft in kleinen Schritten. Sie fangen z.B. bei einer Demo an, Hassparolen zu rufen und rechnen damit, dass im Schutz der Masse viele dabei mitmachen. Sie treten im Internet einen *Shitstorm* los und hoffen darauf, dass sich viele dem anschließen. Sie laden eine erfundene Horrormeldung oder eine andere Art von *Fake News* hoch und hoffen darauf, dass viele Gleichgesinnte bei deren Verbreitung helfen. Ohne diese kleinen „Anstöße", ohne diesen Schutz der Anonymität würden die meisten „Mitmacher" so ein Verhalten nicht an den Tag legen.

- Virusleugner X käme wohl nicht auf die Idee, Herrn Drosten an seinem Arbeitsplatz aufzusuchen, ihn ausführlich zu beschimpfen und zu beleidigen. Auf genau diese Idee des Beschimpfens und Beleidigens kommt X aber, wenn andere damit anfangen und das im Schutz der Anonymität des Internets ohne Risiko möglich ist - und setzt sie um.

- In dem bereits erwähnten Video über den Sturm auf das Kapitol schildert der Polizist Michael Fanone so anschaulich wie beklemmend, wie er den Hass eines anonymen Mobs empfunden und erlebt hat, dem er sich beim Sturm auf das Kapitol unter Lebensgefahr in den Weg gestellt hat.[199] Das war passiert: *Irgendwann wird Fanone in die Menge gezerrt. Er wird verprügelt, mit Stromstössen malträtiert und beinahe mit der eigenen Dienstwaffe umgebracht. Er erleidet einen Herzinfarkt, eine Hirnverletzung und ein tief sitzendes Trauma.*[200]

Wir halten es für sehr unwahrscheinlich, dass die Angreifer und Schläger sich so verhalten hätten, wenn sie nicht Teil einer anonymen Masse gewesen wären, die an diesem Tag Schritt für Schritt zum Sturm auf das Kapitol „geführt" wurde. Sie hätten ihre Leidenschaften dann wahrscheinlich unter Kontrolle gehabt. Unter Normalbedingungen käme kaum einer auf die Idee, Gewalt gegen andere Menschen auszuüben. Es waren keine Gewohnheitsverbrecher, die Fanone fast umbrachten.

Gruppendruck aufbauen

Sie erinnern sich an die charmante junge Dame, die den Kunden der Hütchenspieler aufrichtig dafür bewundert, weil er immer erkennt, unter welcher Schale sich die Erbse befindet? Und die ihn garantiert noch mehr bewundern wird, wenn er seine diesbezüglichen Fähigkeiten in Bargeld verwandelt? Und die ihn ja vielleicht sogar auf einen Kaffee begleiten wird, um den Gewinn gemeinsam zu feiern? Und die ihn aufrichtig bedauert, wenn das im ersten Versuch dummerweise nicht klappt? Und die ihn darin bestärkt, es noch einmal zu versuchen? Und vor der das Opfer jetzt weder als Versager noch als Feigling dastehen möchte - und deshalb Versuch Nummer 2 startet?

---

[199] Ab 31:15: https://www.youtube.com/watch?v=ASiVUABt_i0.

[200] **SRF,** 5. 11. 2022: *Michael Fanones Kampf für die Demokratie.* https://www.srf.ch/news/international/sturm-auf-das-kapitol-michael-fanones-kampf-fuer-die-demokratie.

Hier wird extrem geschickt und sehr schnell eine Art von Gruppendruck aufgebaut. Die vermeintliche Meinung der jungen Dame über das Opfer wird dessen Handlungsbereitschaft immer weiter aktivieren und die vorhandenen Hemmschwellen immer weiter herabsetzen. Bis zum „erfolgreichen“ Abschluss der finanziellen Transaktion.

Genau diese Mechanismen finden sich auch bei Verschwörungskonstrukten und deren Anhängern. Eventuelle Bedenken oder Hemmschwellen werden durch die Angst ausgeschaltet, vor den anderen dumm dazustehen, als Weichei, Feigling oder Maulheld. Oder durch den Wunsch, bei den anderen Eindruck zu machen, sich als verlässlicher Mitstreiter zu bewähren und ihre Anerkennung zu gewinnen - vielleicht sogar Bewunderung. Als Konfliktmanager habe ich, Andreas Edmüller, diesen Gruppendruck bis hin zum -zwang immer wieder erlebt. Ein Beispiel:

- Eine charmante junge Dame (immer dieselbe Leier) hatte Ärger mit ihrem Vorgesetzten; ein junger, neu gewählter und ehrgeiziger Betriebsrat hat sie unterstützt. Das Problem: Niemand wollte nachgeben und die Sache hatte sich weit über Gebühr und Wertigkeit zu einem massiven Konflikt ausgewachsen. In den Einzelgesprächen hatte ich schnell einen der entscheidenden Gründe dafür herausgefunden: Die Mitarbeiterin war dem Betriebsrat sehr dankbar für seine engagierte Unterstützung und wollte ihn nicht durch eine eigentlich vernünftige Deeskalation im Regen stehen lassen. Der Betriebsrat hatte seinerseits bereits viel in ihre Unterstützung investiert und wollte sie durch ein mögliches und eigentlich sinnvolles Deeskalieren nicht im Stich lassen. Der Vorgesetzte schließlich war neu in der Abteilung und hatte Angst, durch einen Rückzieher vor den neuen Kollegen und Mitarbeitern sein Gesicht zu verlieren und Autorität einzubüßen.

Das Fazit: Jeder der Beteiligten hatte angesichts der dynamischen Entwicklung des Konfliktes schon länger ein mulmiges Gefühl, traute sich aber nicht, selbst zurückzurudern. Als Konfliktmanager kennt man das: Ab einer gewissen Stufe haben die Beteiligten nicht mehr einen Konflikt, sondern der Konflikt hat die Beteiligten! Dieser Mechanismus erklärt auch, warum es immer wieder Lawinenunglücke gibt, bei denen ganze Gruppen sehr erfahrener Skitourengeher wirklich dumme (und fatale) Fehler machen:

- Jeder hat ein flaues Gefühl im Magen - man kennt sich ja aus und weiß oder spürt, dass man bereits im Risikobereich unterwegs ist. **Aber keiner traut sich**, es auszusprechen: Man will schließlich nicht ausgelacht werden oder als Feigling dastehen - oder als Sündenbock, wegen dessen Bedenken man auf die tolle Pulverabfahrt verzichtet hat, bei der man einer anderen Gruppe dann mit langem Gesicht zuschauen muss.

Dieser Gruppendruck wird von geschickten Manipulatoren in kleinen Schritten aufgebaut und gesteigert: Es beginnt mit dem Verteilen von Flugblättern, um sich z.B. bei einer Demo offen und durch Taten zu einer Gruppe, deren Ansichten und Zielen zu bekennen. Vielleicht wird man auch eingeladen, die eigene Meinung in einem kurzen Statement von der Rednerbühne aus kundzutun. Dann könnte passiver Widerstand gegen die Polizei an der Reihe sein: Man folgt deren Aufforderung nicht, die für aufgelöst erklärte Demo zu beenden. Wer mag sich da als erster aus der Gruppe lösen und die Demo verlassen? Weitere kleine Schritte könnten dann die „Umgestaltung" oder sogar Zerstörung der Plakatständer der politischen Feinde sein, eine kleine farbliche Auffrischung der Fassade ihres Bürgerbüros, die Aufnahme eines von der Polizei und dem Unrechtsstaat verfolgten Kameraden für eine Nacht …

Mit jeder dieser Aktionen erhöht sich im Grunde mein Wert für und mein Ansehen in der Gruppe. Und natürlich das Potential, für Gruppendruck anfällig zu werden: Ich habe immer mehr zu verlieren, wenn ich einen Rückzieher mache oder aussteige.

- Wir vermuten bei Betrachtung unseres „Lehrvideos“, dass zahlreiche Kapitolstürmer das ursprünglich gar nicht vorhatten. Sie waren häufig in kleinen Gruppen zur Demo für Trump angereist. Man sieht das an zahlreichen individuellen Plakaten und Transparenten, um die sie sich jeweils scharen. Rennt dann einer in der Gruppe los, machen die anderen oft mit. Rennt die Nachbargruppe los, dann will man nicht zurückbleiben. Dringen die ersten ins Kapitol ein, dann ist der Weg frei und man geht die nächsten Schritte - weil das die anderen auch tun ... Gruppendruck hat die meisten mitgerissen und ihre Hemmschwellen ausgetrickst.

Das eigene Selbstbild stärken und aufrechterhalten

Gruppendruck wirkt - aber oft üben wir auch unabhängig von einer Gruppe Druck auf uns selber aus, etwas zu tun. Für uns alle ist ein positives Selbstbild wichtig - wer hält sich schon gerne für einen Totalversager, Dummkopf, Verräter oder Schuft? Und wer wäre nicht gerne ein Held, ein Anführer der guten Sache, ein Vorbild?

- Im Inneren des Kapitols erklärt einer der Eindringlinge stolz vor laufender Kamera, er werde wahrscheinlich seinen Job als Pastor (!) verlieren. Das aber sei ihm egal. Er sorge sich nicht um seinen Ruf, sondern um seine Nation![201] Wir vermuten, der Herr

[201] Dieses Bekenntnis findet sich ab 18:30 in https://www.youtube.com/watch?v=ASiVUABt_i0.

hätte nichts dagegen, als christlicher Märtyrer bekannt zu werden.

Um ein positives Selbstbild aufrecht zu halten, glauben und tun Menschen oft erstaunliche Dinge. Das Motto:

- *Wenn ich meine Meinung jetzt ändere, dann heißt das ja, dass ich die letzten drei Jahre komplett daneben lag!* Oder: *Wenn ich das jetzt nicht mache, dann zeigt das doch, dass ich selber nicht an meine Überzeugungen glaube!*

Was heißt das genau? Je intensiver und länger ich mich für eine Sache einsetze, desto mehr wird sie zu einem Teil von mir, bestimmt das Bild, das ich von mir selbst habe, definiert immer mehr, wer ich bin. Anders ausgedrückt:

- Meine Selbstachtung hat sich immer mehr mit meinem Engagement für diese Sache verwoben.

Wer nach einer langen Phase des Engagements für und des Investierens in eine Sache ins Zweifeln gerät, wird dem nicht einfach auf rein rationaler Ebene begegnen. Je mehr bereits an Zeit, Energie und persönlicher Glaubwürdigkeit investiert wurde, desto schwieriger ist es, sich einzugestehen, dass man in eine Sackgasse gelaufen oder auf einem Holzweg unterwegs ist. Man ist schließlich wer man ist, weil man ein engagierter Vertreter der Sache ist. Und bevor man sich selbst einzugestehen bereit ist, dass man ernsthaft über eine Umkehr nachdenken sollte, versucht man diese Selbstzweifel durch engagiertes Handeln und Taten mit einer gewissen Signalwirkung wieder loszuwerden: Das Tun soll einem selber beweisen, dass man nach wie vor *auf Linie* ist und eben nicht alles umsonst oder ein Irrtum war.[202]

Dazu ein Ausschnitt aus einem Interview mit Stephanie Wittschier, einer ehemaligen „Verschwörungsgläubigen“. Sie beschreibt sehr klar und anschaulich, was eine Abkehr für das eigene Selbstbild bedeutet:

- *Irgendwann habe ich gemerkt: Mann, deine beste Freundin hatte total recht. Ich war geschockt. Das ist der Moment, in dem du realisierst, dass du dich die ganze Zeit komplett zum Affen gemacht und viel Zeit und Geld investiert hast. Das war schrecklich. Ich habe mich gefühlt wie ein kompletter Idiot und so geschämt. Am liebsten hätte ich mich in einem Loch verkrochen. In dem Moment dachte ich an meine Familie, an meine Schwester, meinen Mann. Und was ich ihnen für Sachen aufgetischt hatte.*[203]

Trainer von Deradikalisierungsprogrammen in Haftanstalten berichten immer wieder davon, wie schmerzhaft dieser Abkehrprozess ist: Auch ein extremistisches Weltbild ist identitätsstiftend. Deshalb tut es politisch motivierten Straftätern oft körperlich weh,

---

[202] Sehr interessant dazu das Interview mit dem „Aussteiger“ Gerald; seine Antwort auf Frage 7 thematisiert den Aspekt *Selbstbild*: **Galileo:** *Von Echsenmenschen bis Killer-Impfungen: 10 Fragen an einen Ex-Verschwörungstheoretiker.* https://www.youtube.com/watch?v=a3RitabV8oo.

[203] **Vice,** 16. 3. 2016: *Von Chemtrails zu Morddrohungen: eine Verschwörungstheorie-Aussteigerin erzählt.* https://www.vice.com/de/article/qvdx4v/von-chemtrails-zu-morddrohungen-eine-verschwoerungs-theorie-aussteigerin-erzaehlt. Frau Witschier hat sich Aufklärung zur Aufgabe gemacht. Hier ihre Website: https://dielockereschraube.de/.

sich davon zu lösen. Donald Trump Junior kennt diesen Mechanismus natürlich und weiß, wie man damit Menschen manipulieren kann. Kurz vor dem Sturm auf das Kapitol leistet er in einer Rede an die versammelte Menge Entscheidungshilfe:

- *You have an opportunity today: You can be a hero or you can be a zero!*[204]

Eigentlich eine klare Entscheidung - *Held oder Null?*

Dringlichkeit erzeugen

Eine beliebte und wirkungsvolle Manipulationstaktik zu Erzeugung von Handlungsbereitschaft und Abbau von Hemmschwellen ist der Aufbau von Dringlichkeit. Wer glaubt, keine oder nur noch wenig Zeit zu haben, um ein für ihn wichtiges Ziel zu erreichen oder großen Schaden abzuwenden, verschwendet keine Zeit und Energie mehr darauf, sich ein Bild der Gesamtlage zu machen und es kritisch und nüchtern zu prüfen:

- Er handelt - *weil es sonst zu spät ist!*

Es gibt viele verschiedene Wege, dieses Gefühl der Dringlichkeit zu erzeugen:

- Ein Verkäufer wird den potentiellen Kunden freundlicherweise darauf hinweisen, dass das verlockende Sonderangebot nur noch sehr begrenzte Zeit gelten wird oder der anvisierte Gegenstand fast schon ausverkauft ist.

---

[204] Ab 3:45 in https://www.youtube.com/watch?v=ASiVUABt_i0.

- Im Internet leistet das bei vielen Angeboten ein Timer, der dem potentiellen Kunden eindringlich vor Augen führt, dass jede Sekunde zählt.

- Der Hütchenspieler wird verkünden, dass soeben die drei letzten Runden eingeläutet wurden.

- Der angebliche Enkel wird seine Oma anflehen, ihm das Bargeld sofort auszuhändigen - die Schläger, die hinter ihm her seien, würden ihn gleich einholen.

- Und Heiratsschwindler haben schon viel Geld mit der Behauptung gemacht, sie bräuchten kurzfristig Geld, um einen Bankrott abzuwenden oder die einmalige Chance zu realisieren, sich eine gemeinsame Zukunft mit ihrem Opfer aufzubauen.

Im Grunde ist es immer wieder die Kombination aus einem starken Wunsch oder starker Angst mit der Überzeugung, es sei kaum noch Zeit, den Wunsch zu realisieren oder das abzuwenden, wovor man Angst hat.

Verschwörungsgauner kennen diesen Trick natürlich auch:

- Die Nazi-Propaganda zur Dolchstoßlegende und zur jüdischen Weltverschwörung arbeitete immer wieder ganz gezielt mit dem Verweis auf die nahende Katastrophe, den unmittelbar bevorstehenden Zusammenbruch, die man nur durch entschlossenes und zeitnahes Handeln vermeiden könne. Durch Handeln ein Signal zu geben - eine klassische Variante der Dringlichkeitstaktik: *Wacht auf - es ist fünf vor Zwölf!*

Auch beim Sturm auf das Kapitol kam diese Manipulationstaktik zum Zug. Ein Pastor der Moon-Sekte erklärt seinen Gläubigen, warum genau jetzt die Zeit für Taten gekommen sei:

- Wenn Amerika von Linksradikalen und chinesischen Kommunisten übernommen werde, dann sei das das Ende: *The world will be no more!*[205]

Also: *Auf geht's Leute, es pressiert!*

Handeln aus Autoritätsgläubigkeit

Zum Abschluss ein weiterer Klassiker: Das Handeln aus Autoritätsgläubigkeit bzw. auf Befehl. Die Geschichte der Menschheit ist voll von Beispielen, in denen Menschen etwas getan haben, weil es ihnen *von oben* befohlen wurde. Dieses *Oben* kann ein Befehlshaber aus Fleisch und Blut sein, dem man angeblich Gehorsam schulde. Es kann sich kurioserweise aber bestens belegt auch um Phantasiewesen wie Götter oder Geister handeln, auf deren angeblichen oder eingebildeten Befehl hin gehandelt wird. Dabei kommen zwei Aspekte zusammen:

- Erstens: Die Überzeugung, man müsse der jeweiligen Autorität unbedingt gehorchen.

- Zweitens: Der Wunsch sich dieser Autorität zu unterwerfen, ein guter Untertan, Vasall, Jünger, Anhänger oder Gläubiger zu sein.

---

[205] Ab Minute 9:30 in https://www.youtube.com/watch?v=ASiVUABt_i0. Zur Moon-Sekte: https://de.wikipedia.org/wiki/Vereinigungskirche.

Dabei hilft im Bereich von Verschwörungskonstrukten erneut unser alter Bekannter: Das Feindbild. Wer *im Krieg* ist, braucht schnelle und straffe Koordination der Kräfte. Dafür ist eine klare Hierarchie mit starker Autorität wichtig. Der Gehorsam gegenüber dieser steigert natürlich meine Anerkennung und meinen Status in der Gruppe - und wird vielleicht durch Aufstieg in der Hierarchie und Teilhabe an der Autorität belohnt. Es ist der altbekannte Mechanismus aus Streben nach einem Gut und der anschließenden Angst, es wieder zu verlieren, der solche Systeme stabilisieren hilft.

Ein zweiter Aspekt ist der der Selbstaufgabe, der Flucht aus der Verantwortung in ein „bequemes" Gerüst aus Befehl und blindem Gehorsam. Leider ist dieses Lebensmodell tatsächlich für viele Zeitgenossen nach wie vor eine akzeptable Option der Lebensgestaltung. Der Liberalismus hat noch viel zu tun.[206]

Eine dritte attraktive und motivierende Facette liegt darin, das Risiko der eigenen Handlung für sich selbst zu minimieren: *Ich bin ja nicht Schuld, sondern habe lediglich einen Befehl befolgt!* Dieses Verstecken hinter anderen ist erstens eine Form der Risikominimierung und zweitens schlicht und einfach Feigheit.

Vor dem Sturm auf das Kapitol wird die Menge von ihrem Anführer Donald Trump klar und deutlich aufgefordert, für ihn zu kämpfen:

[206] Zwei Klassiker widmen sich so klar wie anschaulich diesem dunklen Thema. Erich Fromm: **Escape From Freedom.** New York, 1941. Eric Hoffer: **The True Believer.** New York 1951.

- *We will never give up, we will never concede ... We fight, we fight like hell ... and if you don`t fight like hell, you will not have a country anymore.*[207]

Unser Fazit: Wir haben einige klassische Manipulationstaktiken kennengelernt, mit deren Hilfe Menschen zum Handeln auf Basis von Verschwörungskonstrukten gebracht werden. Es handelt sich immer um eine Kombination aus Stärkung bestimmter Leidenschaften und Abbau bzw. Umgehung vorhandener Hemmschwellen. Die Beispiele und Erklärungen haben wir bewusst alltagsnah gestaltet: Es ist uns wichtig zu zeigen, dass wir - und sicher auch unsere Leser - alles schon oft miterlebt haben, aus eigener Erfahrung kennen und diese Taktiken tatsächlich gut funktionieren. Um die wirklich harten Fälle geht es dann in den Kapiteln 11 und 12: Welche Rolle spielen Verschwörungskonstrukte im Extremismus?

Zusammenfassung Kapitel 9

Eine Sache ist es, an ein Verschwörungskonstrukt und dessen Feinbild zu **glauben**. Eine andere Sache ist es, auf dieser Basis zu **handeln**. Dafür müssen bestimmte Hemmschwellen überwunden werden. Genau um diese Frage geht es:

- Wie schaffen es Verschwörungsgauner und -spinner, diese Hemmschwellen bei sich und bei anderen zu überwinden?

---

[207] Ab 4:30 ist in unserem Lehrfilm zu sehen, wie Trump seine Anhänger in den Kampf für ihn und seine Wahnideen, pardon, die edle Sache, schickt: https://www.youtube.com/watch?v=ASiVUABt_i0 Natürlich hat er dann besseres zu tun, als mitzumarschieren - obwohl er der Menge genau das versichert hat!

Starke Leidenschaften führen oft zu Handlungen, die man bei nüchterner Betrachtung vermutlich hätte bleiben lassen und die man im Nachhinein bereut.

- Von **Trickbetrügern** kann man sehr gut lernen, wie Hemmschwellen abgebaut und überwunden werden, die uns normalerweise vor den eigenen Leidenschaften schützen.

Unser Handeln wird durch das Zusammenspiel mehrerer Faktoren erklärt. Zum einen spielen unsere **Überzeugungen**, unser Bild der Lage oder der Welt eine wichtige Rolle:

- Was weiß ich oder glaube ich zu wissen?

Zum anderen kommt es darauf an, was wir wollen, wonach wir streben oder vermeiden möchten:

- Welche Ziele habe ich? Was möchte ich erreichen? Was soll verhindert werden?

Das sind meine **Anliegen** - Hoffnungen, Ängste, Interessen oder eher die dunklen Seiten derselben Medaille, nämlich Hass, Gier oder Neid.

- Was ich tue, wie ich handle, kann als Resultat des **Zusammenspiels** meiner Überzeugungen mit meinen Anliegen verstanden werden.

Verschwörungsgauner nutzen folgende Manipulationstaktiken, um die Hemmschwelle ihrer Zielpersonen zu überwinden:

Handeln aus Leidenschaft: Leidenschaften werden geweckt und geschürt, Hemmschwellen abgesenkt, z.B. durch den Schutz der Anonymität oder einer Masse.

Gruppendruck aufbauen: Je klarer sich jemand durch seine Handlungen zu einer Gruppe und deren Sache bekennt, desto mehr steht für ihn auf dem Spiel, wenn er gewisse Handlungen nicht mitmacht oder sich verweigert.

Das eigene Selbstbild stärken und aufrecht halten: Die Hemmschwelle für irrationale Handlungen kann auch durch einen Appell an das eigene Selbstbild abgesenkt und überwunden werden: *Du musst das machen, um Dir selbst treu zu bleiben ...*

Dringlichkeit erzeugen: Zeitdruck motiviert zum Handeln und dazu, Bedenken hintan zu stellen, denn: *Es eilt und das Handlungsfenster schließt sich schnell!*

Handeln aus Autoritätsgläubigkeit: Anordnungen und Befehle einer Autorität senken die Hemmschwelle für Handlungen, die man aus eigenem Antrieb oft nicht durchführen würde.

Vertiefende Literatur zu Kapitel 9

Wie mehrfach erwähnt: Es ist für das Verständnis von Verschwörungskonstrukten sehr förderlich, sich mit verwandten Themen zu beschäftigen. In diese Richtung zielen unsere Literaturempfehlungen für dieses Kapitel.

R. Paul Wilson: **The Art of the Con. How to think like a real hustler and avoid being scammed.** Guilford, Connecticut und Helena, Montana, 2014.
Das Buch beschreibt am Beispiel zahlreicher realer Betrugsmaschen, wie und warum es Trickbetrügern immer wieder gelingt, unser rationales Vermögen auszutricksen. Dem exzellenten Zauberkünstler und Falschspielexperten Wilson und seinem Team kann man in der Fernsehserie der BBC *The Real Hustle* (11 Staffeln) dabei zusehen, wie sie diese Betrügereien vor laufender (und natürlich versteckter) Kamera immer wieder mit Erfolg durchziehen.

W.T. Brannon: **„Yellow Kid“ Weill. The Autobiography of America‘s Master Swindler.** Chicago, 1948. (Neu aufgelegt in London, 1974: **The Con Game and „Yellow Kid“ Weill.**)
Diese Lebensgeschichte eines herausragenden Trickbetrügers ist so lehrreich wie unterhaltsam. Vermutlich hätte Yellow Kid heute einen Kanal auf youtube und würde Verschwörungskonstrukte verbreiten. Die wären allerdings extrem raffiniert.

Heinz M. Goldmann: **Wie man Kunden gewinnt. Das Leitbuch erfolgreicher Verkaufspraxis.** Düsseldorf, 1990. Auch im Verkauf geht es darum, den Wunsch nach etwas zu verstärken und die Hemmschwellen abzubauen, die den eigenen Kontostand schützen.

Kapitel 10
Wie sollte man mit Anhängern von Verschwörungskonstrukten diskutieren?

Wo stehen wir jetzt? Die Kapitel 7 bis 9 haben sich ausführlich mit den Fragen beschäftigt, warum so viele Menschen immer wieder schlechte Theorien annehmen und beibehalten, auf bekannte Manipulationstaktiken und Denkfehler hereinfallen, sogar auf deren Basis handeln und bisweilen sogar ihr Leben an Verschwörungskonstrukten ausrichten. Wir sind zu dem Schluss gekommen, dass es keine einfache „Patenterklärung" gibt, die für alle Fälle gilt. Menschen unterscheiden sich und das gilt auch für ihren Weg in die Irrationalität und die Erklärungen für den Verbleib darin. Es gibt aber bestimmte Erklärungsmuster bzw. -bausteine, die dabei helfen, unsere Fragen in jeweils individueller Kombination und Ausprägung plausibel zu beantworten.

Ein überraschendes Ergebnis unserer Untersuchungen ist, dass der bloße Vorwurf der Irrationalität an die Adresse der Anhänger von Verschwörungskonstrukten zu einfach gestrickt ist. Das Phänomen der *rationalen und selektiven Irrationalität* ist komplexer und ermöglicht viel plausiblere Erklärungen. Das wirft natürlich die Frage auf, wie man dieser Form der Irrationalität begegnen kann: Mit guten Argumenten alleine wird es nicht klappen.

Damit wären wir beim Thema dieses Kapitels: Dem vernünftigen Miteinander. Wir widmen uns ausführlich und sehr praxisbezogen der Frage, wie man Gespräche mit Menschen führt, die fest an ein unhaltbares Verschwörungskonstrukt glauben und die man mit Argumenten oder vernünftigen Worten „eigentlich" nicht mehr erreicht. Warum ist das wichtig? **Weil diese Menschen einem wichtig sind!** Enge Verwandte, Freunde oder Bekannte mag und schätzt man ja in aller Regel. Diese Beziehungen sind ein wichtiger

Teil unseres Lebens und so frustriert oder abgebrüht dürften die wenigsten sein, sie einfach mit einem Schulterzucken abzuschreiben. Umso mehr schmerzt es, wenn die eigenen Versuche, das Verhältnis zu verbessern ins Gegenteil münden:

- *Wir können einfach nicht mehr miteinander reden und es wird sogar immer schlimmer ...*

Das haben wir während der letzten Jahre so oder ähnlich immer wieder gehört. Die Problematik ist also leider alles andere als realitätsfern. Viele von uns haben Verwandte, Freunde oder Bekannte, die z.B. fest daran glauben, dass es das Coronavirus nicht gibt, wir bei der Impfung einen Chip von Bill Gates eingepflanzt bekommen, man bei Kindern auf die Masernimpfung verzichten sollte und mit zum Teil missionarischem Eifer diese Überzeugungen in die Welt hinaustragen oder -twittern. Gespräche fruchten in aller Regel nicht, sondern verhärten die Fronten weiter. Die Folge: Familien zerstreiten sich, Freundschaften zerbrechen, Bekannte vermeiden den Kontakt.[208]

Für derartige Situationen bieten wir konkrete und praxiserprobte Strategien, Tipps und Hinweise an, die wirklich weiterhelfen. Im Mittelpunkt steht **das gute Gespräch**. Wir gehen davon aus, dass dieses frei von Zeitdruck ist, man sein Gegenüber eigentlich gut kennt und es keine Zuschauer gibt. Wir gehen dabei in zwei Schritten vor:

---

[208] In diesem kurzen und sehr lehrreichen Video auf **youtube** geht es um jemand, der den Ausstieg aus der Welt der Verschwörungskonstrukte geschafft hat. Es beleuchtet u.a. klar und prägnant die Frage, welche Gesprächsstrategien aus seiner Sicht hilfreich bzw. eine Unterstützung waren: **Galileo:** *Von Echsenmenschen bis Killer-Impfungen: 10 Fragen an einen Ex-Verschwörungstheoretiker.* https://www.youtube.com/watch?v=a3RitabV8oo&t=1s.

- **Schritt 1:** Welche typischen Fehler sind in diesen Situationen immer wieder zu beobachten - und wie vermeidet man sie? Je kniffliger das Gespräch, umso wichtiger ist es, grobe Fehler gar nicht erst zu machen. Diese führen schnell zu einer Verhärtung der Fronten, zu „Abwehrfeuer“ und eigener Unsicherheit.

- **Schritt 2:** Wie packe ich solche Gespräche konkret an? Wir gehen auf Verhaltens- und Herangehensweisen ein, die in schwierigen Gesprächen helfen, wieder „zusammenzukommen“.

Patentrezepte mit 100% Erfolgsgarantie haben wir natürlich keine - aber sehr viel persönliche und professionelle Erfahrung mit derartigen Situationen.

Typische Fehler

Immer wieder scheitern schwierige Gespräche an schlechter Vorbereitung, unklarer und planloser Gesprächsführung sowie unrealistischen Erwartungen. Im Folgenden skizzieren wir klassische Fehler. Damit möchten wir im Detail herausarbeiten und erklären, welche Verhaltensweisen man im Fall der Fälle bleiben lassen sollte. Das ist wichtig, weil wir sonst immer wieder in diese *Gesprächsfallen* tappen.[209]

[209] Ja, diese Fehler sind Ihren Autoren aus eigener Erfahrung bestens bekannt - wir haben sie alle selber gemacht. Und wir hoffen, daraus gelernt zu haben.

Das Ziel ist unklar

Stellt man vor einem schwierigen Gespräch als Coach oder Berater die Frage, was eigentlich erreicht werden soll, dann kriegt man sehr häufig Antworten wie diese zu hören:

- *Ich möchte meine Freundin von der Falschheit ihrer Verschwörungstheorie überzeugen.*

- *Ich möchte meinem Onkel klarmachen, dass er sich in eine Scheinwelt eingekapselt hat.*

- *Ich möchte die Wahrheit gegen diese dumme Verschwörungstheorie verteidigen.*

- *Ich möchte die Diskussion gewinnen.*

Diese Antworten sind selten das Ergebnis längeren Nachdenkens. Sie drücken in aller Regel unreflektierte Selbstverständlichkeiten aus, mit denen man in solche Gespräche geht. Das Motto: *Überzeugen natürlich - was denn sonst?*

Das Problem: Diese Antworten sind sehr **unklar** - viel zu unklar, um auf ihrer Basis ein sinnvolles Vorgehen für das anstehende Gespräch zu entwickeln.

- Was heißt es z.B. genau, *die Diskussion zu gewinnen*? Ist damit ein Punktsieg in meinen Augen oder eine ausdrückliche Kapitulationserklärung des Gegenübers gemeint? Zählt mein Eindruck zum Ausgang des Gesprächs oder sollte das Urteil vorher benannter Zuhörer entscheiden? Welche Aspekte des Themas sind für diese Beurteilung ausschlaggebend - alle oder nur eine bestimmte Teilmenge?

Ebenfalls unklar sind die anderen Beispielziele:

- Woran erkenne ich eigentlich, dass ich meinen Gesprächspartner *überzeugt* oder ihm *etwas klargemacht* habe? Dass er nichts mehr sagt? Geht es dabei um alle Aspekte des Themas oder reichen mir bestimmte „Teilsiege“? An welchen Schlüsselthemen setze ich denn mit meiner Überzeugungsarbeit an?

- Was heißt denn *verteidigen* genau? Sollte ich allem widersprechen - oder nur den wichtigsten Aspekten? Sollte ich jede Kleinigkeit der richtigen Theorie verteidigen oder mich auf die entscheidenden Aspekte konzentrieren - und welche sind das eigentlich? Woran erkenne ich nach dem Gespräch, dass die Verteidigung erfolgreich war? Zählt mein Baucheindruck, eine Abstimmung im Publikum (falls vorhanden) oder die Rückmeldung meiner Freunde unter den Zuhörern oder die des Gesprächspartners?

Bei der Auswertung misslungener Gespräche oder Diskussionen ergibt sich sehr oft das entsprechende Bild: Das Gespräch blieb unfruchtbar, wurde schnell konfrontativ und führte im Ergebnis zu einer Verhärtung oder Verschlimmerung, weil das ursprüngliche (untaugliche) Ziel viel zu vage war, um konkret darauf hinzuarbeiten und man ohne Ziel und Plan dann sehr schnell ins Schwimmen kam.

Also: Im Vorfeld eines Gesprächs mit einem Anhänger eines Verschwörungskonstruktes sollte ich ein klares Ziel für mich formulieren:

- Was genau möchte ich im Gespräch erreichen?
- Welche Themen sind dafür die wichtigsten?

- Wie stelle ich nach dem Gespräch fest, ob ich mein Ziel erreicht habe oder nicht?

Später werden wir anhand konkreter Beispiele näher darauf eingehen, welche Zielformulierungen sinnvoll sind - an dieser Stelle geht es nur um die Grundidee.

Das Ziel ist unrealistisch

Wir machen immer wieder die Erfahrung, dass Ziele nicht nur unklar, sondern auch **unrealistisch** sind. Man kann das auch so ausdrücken: Die Erwartungen an schwierige Gespräche sind im Vorfeld oft viel zu hoch. Das veranschaulichen folgende Beispiele:

- Kann ich im Rahmen einer Vorlesung zur Medizinethik einen Gegner der Masernimpfung vor 100 Zuhörern in zwei Minuten davon überzeugen, dass Impfen doch sinnvoll ist?

- Kann ich in einer der bekannten Talkshows im Fernsehen in Ruhe eine komplexe wissenschaftliche Position entfalten und erklären?

- Kann ich meinen Onkel, der felsenfest an den Wahlbetrug durch Biden bei den US-Wahlen glaubt, bei einer Tasse Kaffee von der Legitimität der Wahl überzeugen?

Im Grunde weiß jeder, wie die Antwort in allen drei Fällen lautet: *Nein, das ist aussichtslos!* Obwohl zwei Minuten sehr lang sein können, ist z.B. nur in den seltensten Fällen zu erwarten, dass ich einen Studenten, der mich auf Basis eines Verschwörungskonstruktes oder einer esoterischen Konzeption verbal angreift, in diesem Zeitrahmen überzeugen kann. Andere Zielsetzungen sind da wesentlich realistischer:

- Wenn ein Student während der Vorlesung die Diskussion auf ein Verschwörungskonstrukt lenken möchte, dann arbeite ich seine Frage schnell, konsequent und klar heraus, lade ihn zu einer Diskussion unter vier Augen nach der Veranstaltung ein - und mache mit der Vorlesung weiter.

Mit so einer Zielsetzung weiß ich im Fall der Fälle, was ich zu tun habe. Und was an der Universität nicht ganz unwichtig ist: Ich behalte unaufdringlich und ruhig das Heft in meiner Vorlesung in der Hand.

Uns allen dürfte klar sein, dass es in den üblichen Talkshows nicht darum geht, Argumente zu klären, in Ruhe abzuwägen, um so das Diskussionsthema einer belastbaren Lösung näherzubringen. Diese Idee scheitert schon daran, dass die Teilnehmer in aller Regel gar nicht bereit sind, von ihren jeweiligen Positionen auch nur einen Millimeter weit abzuweichen und auf die anderen inhaltlich zuzugehen. Man sollte auch nicht davon ausgehen, dass der Moderator neutral sein und sich professionell verhalten wird.[210] Meistens geht es den Teilnehmern darum, die eigene Position zu verteidigen und die anderen schlecht aussehen zu lassen - und das mit so ziemlich allen Manipulationstaktiken, die wir in den Kapiteln 3 bis 6 skizziert haben. Eine realistische und faire Zielsetzung für derartige Kampfkommunikation könnte so aussehen:

- Ich nutze meine Redezeit, um die zwei zentralen Argumente für meine Position klar und anschaulich zu erklären. Dabei sind die Zuschauer zu Hause meine eigentlichen Adressaten, nicht die

[210] Im Abschnitt *Medienerfahrungen* schildert Professor Dieter Köhler seine einschlägigen Erlebnisse: Dieter Köhler und Frank Lübberding: **Wie Wissenschaft Krisen schafft.** Münster, 2021.

anderen Teilnehmer der Runde. Ich werte persönliche Angriffe gegen mich grundsätzlich als Fragen nach mehr Information zu meinen zentralen Argumenten und beantworte sie klar und sachlich.

Eine realistische Zielsetzung für das Gespräch mit dem Wahlbetrugs-Onkel liefern wir später.

Also: Eine Zielformulierung sollte nicht nur klar, sondern auch realistisch sein. Ist sie der konkreten Situation angemessen, dann wird meine Vorbereitung auf das Gespräch zu umsetzbaren Schritten führen. Die Frage, warum ein Ziel klar und realistisch sein sollte, lässt sich auch so beantworten: *Wer nicht weiß, was er will, der wird es nur sehr selten bekommen!*

Es wird psychologisiert

Unsere Kapitel 7 bis 9 sind auch eine Warnung vor der Falle des Psychologisierens. Was heißt das? Sehr oft glauben wir zu wissen, warum jemand eine unhaltbare Meinung oder These vertritt:

- Leute glauben an Verschwörungstheorien, weil sie sich gesellschaftlich ausgegrenzt fühlen oder weil sie es *denen da oben* endlich einmal zeigen möchten oder weil sie wissenschaftliche Zusammenhänge nicht verstehen oder weil sie es ablehnen, vom Staat oder der Presse gegängelt zu werden oder weil sie die Demokratie ablehnen oder weil sie glauben, im Leben zu kurz zu kommen …

Die öffentliche Debatte zu Verschwörungstheorien ist voll von derartigen Patenterklärungen, die eine Vielzahl unterschiedlicher Menschen alle über einen Kamm scheren - oder das zumindest versuchen. Aus folgenden Gründen sollte man sich vor einem schwierigen Gespräch konsequent und bewusst von derartigem „Wissen“ freimachen:

- Niemand hat es gern, im Gespräch erklärt zu bekommen, aufgrund welcher Frustrationen, sozialer Gegebenheiten, Komplexe oder Denkfehler er an einem Irrtum festhält. Damit werden Privat- und Intimsphäre verletzt.

- Diese Patenterklärungen wirken sehr oft wie ein *Zuhörfilter*: Man sucht im Gespräch nach bestätigenden Äußerungen und nimmt viele andere Dinge durch diese Fokussierung auf die eigene Patenterklärung nicht mehr zur Kenntnis.

- Diese Patenterklärungen neigen dazu, Eigenleben im Gespräch zu entwickeln: Auf einmal geht es nicht mehr nur darum, den Gesprächspartner von der Falschheit seines Verschwörungskonstruktes zu überzeugen - man will ihm auch klarmachen, wie und warum er an derart abenteuerlichen Ansichten festhält. Und ihn vielleicht auch *heilen* … Schließlich weiß man nach Lektüre eines Interviews mit einem bekannten Psychologieprofessor ganz genau, woran es liegen muss! Man verfolgt also plötzlich sogar zwei unklare und unrealistische Ziele - und das kann nicht gutgehen!

- Schließlich sind diese Patenterklärungen in der Regel viel zu einfach gestrickt und falsch. Was ihrer Popularität leider nicht schadet …

Also: Machen Sie sich vor einem Gespräch bewusst von der Überzeugung frei, Sie wüssten, warum Ihr Gegenüber so verbissen an seinen Ansichten festhält und müssten ihm das klarmachen. Anders ausgedrückt: Gehen Sie so offen und neugierig wie möglich in dieses Gespräch.

Das Überzeugungs-Modell ist untauglich

Der vierte typische Fehler in Überzeugungsgesprächen ist mit unserem intuitiven Standardmodell des Überzeugens eng verbunden. Was heißt das?

- ***Überzeugen*** *heißt, etwas tun, damit das Gegenüber seine Meinung ändert.*

- ***Überzeugen*** *heißt, mit Hilfe von Argumenten die Weltsicht des Gegenübers zu verändern.*

- ***Überzeugen*** *heißt, das Gegenüber mit Argumenten dazu zu bringen, eine Aussage als wahr zu akzeptieren.*

Diese und ähnliche Antworten erhalten wir immer wieder auf unsere Frage, wie man andere überzeugt. In bestimmten Kontexten ist das gar nicht verkehrt: Das Ideal akademischer oder wissenschaftlicher Diskussion ist es, durch klare und nüchterne Argumentation die beste These oder Theorie zu erkennen, sich über den konstruktiven Kampf der Argumente der Wahrheit anzunähern. Im Prinzip ein sehr schönes und effektives Modell - in der Praxis aber oft zum Scheitern verurteilt.

Gerade in emotional heiklen Situationen - und um die geht es hier - führt dieses Vorgehen sehr schnell zu einer Art von Kampfkommunikation:

- Der Versuch, eine Meinungsänderung herbeizuführen wird gerne und schnell als eine Art Angriff aufgefasst.

Gegen Angriffe wehrt man sich aber und verteidigt die eigene Position mit Gegenargumenten. Diese wiederum erzielen Trefferwirkung auf der anderen Seite. Das Resultat: Die Intensität des nächsten Versuchs, den anderen zur richtigen Überzeugung zu bringen wird erhöht … Und wir wissen, wie das oft ausgeht. Hier ein Beispiel:

- **A:** *Es stimmt einfach nicht, dass das Virus eine Erfindung der Regierung ist - hast Du die Bilder von Patienten und Personal auf Intensivstationen nicht gesehen?*

- **B:** *Warum glaubst Du denn eigentlich den Lügenmedien überhaupt noch was? Die haben uns doch bei der Flüchtlingskrise und bei der Ausländerkriminalität komplett zum Narren gehalten. Beide Male wird das Ausmaß vertuscht! Und jetzt erzählen sie uns das Märchen über das Virus! Die Bilder sind wahrscheinlich alle gefälscht!*

- **A:** *Also erstens hast Du wohl eine falsche Vorstellung von der angeblich so hohen Ausländerkriminalität und zweitens: Wie kommt es denn, dass so gut wie alle Experten von der Existenz des Virus ausgehen?*

- **B:** *Niedlich - da glaubt tatsächlich noch einer die ganzen Märchen um die gefälschten Kriminalstatistiken. Ich schick Dir mal einen Link zu ein paar Videos auf youtube - da werden Dir schnell ein paar Lichter aufgehen. Und außerdem ist allgemein bekannt, dass Deine „Experten" von der Regierung bezahlt werden. Die sind doch alle Professoren und kriegen eh schon ihr Gehalt vom Staat!*

Wir können an dieser Stelle abbrechen und den Rest dem Vorstellungsvermögen und der Alltagserfahrung unserer Leser anvertrauen. Die Wahrscheinlichkeit, dass dieser Überzeugungsversuch erfolgreich sein wird, tendiert gegen Null: Neben dem ständigen Eröffnen von Nebenkriegsschauplätzen (Verzettelung!) hat bereits durch mehrfache rhetorische Absicherung der jeweils eigenen Position eine Verhärtung der Fronten stattgefunden. Das Ergebnis: Dynamische Konfrontation und Kampfkommunikation statt gemeinsamer Wahrheitssuche und Kooperation.

Wir haben bereits mehrfach skizziert und erläutert, warum wir alle dazu tendieren, unsere Überzeugungen erst einmal zu verteidigen. Daran scheitert das auf den ersten Blick so plausible Überzeugungsmodell:

- Das **Trägheitsprinzip** wird missachtet: Eine Änderung am Überzeugungsbestand bedeutet sehr oft Arbeit, Mühe und emotionale Beunruhigung. Was geht in Ihnen vor, wenn sie plötzlich Ihre Meinung über die politische Partei ändern sollen, für die sie zwei Monate lang Straßenwahlkampf gemacht haben oder schon auf fünf Demos waren?

- Die Verknüpfung vieler Meinungen mit dem **Selbstbild** wird missachtet: Viele meiner Überzeugungen bestimmen, „wer und was ich bin“. Deshalb ist eine Änderung im Überzeugungsbestand oft ein Angriff auf das Selbstbild! Bekannte Beispiele finden wir im Rahmen religiöser Diskussionen: Selbst wenn im Rahmen einer Diskussion ein konkreter Gottesbeweisversuch als fehlerhaft erkannt wird - wie viele Gläubige werden deshalb zu Atheisten?

- Die Verknüpfung vieler Meinungen mit der **Gruppenzugehörigkeit** wird missachtet: Viele meiner Überzeugungen bestimmen und sichern, dass ich zu einer bestimmten Gruppe gehöre. Gruppenzugehörigkeit ist für viele Menschen sehr wichtig: Schutz, Anerkennung, Respekt, Selbstwertgefühl hängen eng damit zusammen. Was passiert z.B. mit einem rechtsextremen Antisemiten, der plötzlich seine Meinung ändert und seinen Kameraden eröffnet, dass er übers Wochenende mal nachgedacht habe und Juden eigentlich ganz nette Menschen sind?

- Sich überzeugen lassen wird leicht als **Zeichen der Schwäche** interpretiert. Das Motto: *Wer seine Meinung zu schnell und zu oft ändert, ist ein Windbeutel und unzuverlässig!* Diese Faustregel und deren Wirkkraft ist uns allen bekannt: Wie viele Politiker kennen Sie, die offen zugeben, dass sie sich geirrt haben oder heute offen ihre Meinung ändern, weil sie gestern was dazugelernt haben?

- ***Wie Du mir, so ich Dir!*** Oder, etwas ausführlicher: *Wenn Du behauptest, meine Argumente sind Quatsch und meine Belege falsch, dann zeige ich Dir, dass Deine Argumente Quatsch und Deine Belege falsch sind!* Typische Beispiele liefern Diskussionen zwischen Geschwistern zu jedem beliebigen Thema.

Also: Gerade in emotional aufgeladenen Situationen ist das Risiko sehr hoch, mit dem oben skizzierten klassischen Überzeugungsmodell zu scheitern. Paradoxerweise führt der Einsatz rationaler Argumente sogar oft zu einer Verhärtung!

Wie geht es besser?

Jetzt ist klar, welche Fehler man in Gesprächen mit überzeugten Anhängern von Verschwörungskonstrukten vermeiden sollte.

Aber wie geht es besser? Bevor man sich auf einen höchstwahrscheinlich sehr fordernden Austausch einlässt, sollte man sich die folgende Frage ehrlich beantworten:

- Ich werde vermutlich in mehreren Gesprächsrunden viel Zeit und Geduld investieren müssen: **Bin ich dazu bereit?**

Wir haben ja schon ausführlich erläutert, dass und warum ein simpler Faktencheck und ein Zeitaufwand von 30 Minuten nicht ausreichen werden: Die verschwörungsrelevanten Überzeugungen sind bestens durch Phänomene wie Wunschdenken, ein emotional stark verankertes Feindbild oder Angst vor Ausschluss aus einer Gemeinschaft Gleichgesinnter vor Rationalitätsbefall geschützt: Stichwort *rationale Irrationalität.* Deshalb sollte man ehrlich zu sich selber sein und eine klare Entscheidung treffen, ob mir die betreffende Person einen angemessen intensiven „Rückholversuch“ wert ist.

Diese Grundsatzentscheidung verhindert, sich selbst unter Druck zu setzen, ungeduldig zu werden, wenn man im Rahmen des Gesprächs merken sollte, dass man nicht schnell weiterkommt. Sie hilft dabei, sich klarzumachen, auf was man sich einlässt. Es wird immer wieder Phasen des Stillstands oder sogar des Rückschritts geben - und im Normalfall sind mehrere längere Gespräche sinnvoll und nötig:

- **Meinungsänderung braucht Zeit und Geduld** - gerade im Bereich des Irrationalen.

Wie gestaltet man das Gespräch?

Haben Sie die Entscheidung getroffen, die Sache anzupacken, dann sollten Sie sich eine **realistische Strategie** überlegen. Das klassische Überzeugungsmodell liefert diese wie gesehen nicht: Argumentativer Druck erzeugt Gegendruck.

Eine bewährte Alternativstrategie verzichtet auf Argumente und setzt geduldig aber gezielt **Fragen** ein, um das Gegenüber ins Grübeln zu bringen. Konkret: Sie führen das Gespräch in erster Linie, um Ihr Gegenüber, seine Sicht der Dinge, seine Meinungen und Argumente in aller Ruhe kennenzulernen. Das ist ein klares und realistisches Ziel. Dazu konzentrieren Sie sich auf zwei Hauptaktivitäten: Sie stellen kluge Fragen und hören aufmerksam und vorurteilsfrei zu. Und dann stellen Sie weitere Fragen und hören weiter zu.

- *Was sagt Ihnen der Name **Sokrates**?*

Wir nehmen stark an, Sie haben gerade über die Antwort und Sokrates nachgedacht. Damit haben Sie erlebt, worauf es uns ankommt: **Fragen regen zum Nachdenken an!** Der menschliche „Antwortreflex" wird durch Fragen aktiviert. Warum ist dieser Ansatz sinnvoll?

- Fragen aus ehrlicher und ungespielter Neugier werden eher selten als Angriff oder Bedrohung eingestuft. Sie sind eine Einladung zum Dialog auf Augenhöhe. Die Antwort auf eine kluge Frage wird nicht als Verteidigungshandlung verstanden, sondern als Zug in einem gemeinsamen Spiel. Wer fragt, der deeskaliert und baut auf Kooperation statt auf Konfrontation.

- Wenn Sie jemandem Zeit und Raum geben, seine Ansichten ausführlich darzulegen, dann vermeiden Sie eine konfrontative Grundhaltung und haben eine beachtliche Chance, ein gutes Gespräch führen zu können: Es geht um Verstehen, Zuhören, Nachvollziehen - nicht um Überzeugen.

- Außerdem signalisieren Sie damit, dass Ihnen Ihr Gesprächspartner wichtig ist: Sie nehmen sich Zeit für ihn, wollen ihn und seine Gedankenwelt besser (oder wieder) kennenlernen - diese Sprache verstehen wir alle oder zumindest die meisten von uns.

- Schließlich besteht eine nicht unerhebliche Wahrscheinlichkeit, dass Ihr Gesprächspartner sich früher oder später revanchieren wird und auch Ihnen Fragen stellt und Ihnen zuhört. Eine Faustregel guter Gesprächsführung und des gesunden Menschenverstandes lautet: *Wie ich dir, so du mir!* Wenn Sie sozusagen „auf Einladung“ Ihre eigenen Überlegungen vorbringen, dann haben Sie das Eis gebrochen. Sie haben es dann nicht mehr mit Konfrontation und Abwehr, sondern mit Kooperation und offenen Ohren zu tun. Und mehr können Sie nicht erreichen: Für seine Meinungsbildung ist jeder von uns in letzter Analyse selbst verantwortlich.

Wo bleibt aber jetzt das eigentliche Vorhaben, nämlich die betreffende Person wieder in die Realität zurückzuführen? Denken Sie an den eigenen Fall:

- Wie oft hat jemand Sie erfolgreich überzeugt? Wie oft hat jemand es geschafft, dass Sie Ihre Meinung zu einer wichtigen Sache geändert haben?

Vermutlich hat das gedauert und die meiste Zeit haben Sie dabei mit sich selbst in Gedanken diskutiert. Sie haben einen Prozess durchlaufen, an dessen Ende Sie sich entschlossen haben, bestimmte Ansichten abzulegen und neue Meinungen anzunehmen. Konkret: Sie haben Überlegungen und Argumente angenommen, auf die Sie selbst gekommen sind - oder die man ihnen auf sanfte

Art und Weise angeboten hat: Sie haben sich im Grunde **selbst** überzeugt! Genau darauf baut unser Ansatz:

- Sie unterstützen Ihr Gegenüber dabei, **sich selbst** zu überzeugen!

Ihre Fragen in Kombination mit aufmerksamem Zuhören sind Anregungen für Ihren Gesprächspartner, in Ruhe die eigene Position abzuklopfen und zu erkunden. Die Hoffnung: Dieses Abklopfen fördert Unstimmigkeiten, Fehleinschätzungen und Lücken zu Tage. Das wird natürlich nicht immer funktionieren, aber ein aussichtsreicheres Vorgehen ist uns nicht bekannt.

Konkrete Schritte

Planen Sie für das Gespräch **ausreichend Zeit** ein, sorgen Sie dafür, dass es unter vier Augen stattfindet. Zuschauer blockieren Offenheit und provozieren Positionsverteidigung. Denken Sie daran: Vor Publikum will jeder von uns eine gute Figur machen.

Dann sollten Sie für sich ein **klares und realistisches Ziel** formulieren. Das hilft enorm dabei, sich nicht selbst unter Druck zu setzen, Fortschritte tatsächlich zu erkennen und auch den Punkt nicht zu verpassen, ab dem es sinnlos wäre, noch weiterzumachen. Wie könnte so ein Ziel aussehen? Statt grauer Theorie ein paar anschauliche Beispiele zur Anregung:

- Heute nehme ich mir viel Zeit, um herauszufinden, was genau A glaubt und welche Argumente er dafür hat. Ich stelle in erster und zweiter Linie Fragen, höre in Ruhe zu und verzichte auf Überzeugungsattacken meinerseits. Für mich ist das Gespräch zu Ende, wenn A sagt, dass er jetzt alles Wichtige losgeworden ist.

- Heute möchte ich herausfinden, warum A daran glaubt, dass es das Virus gar nicht gibt und aus welchen Quellen seine Argumente stammen. Dann frage ich nach, warum er diese Quellen für zuverlässig hält. Am Ende des Gesprächs fasse ich in Ruhe zusammen, wie ich ihn verstanden habe und frage ihn, wie es jetzt weitergehen soll.

Im nächsten Schritt der Vorbereitung überlegen Sie sich **kluge Fragen**, um das Ziel zu erreichen:

- Welche Fragen sollte ich A stellen, um mein Ziel zu erreichen?[211]

Dabei haben wir mit folgender **Stufenstrategie** sehr gute Erfahrungen gemacht:

- Im ersten Schritt fragen Sie einfach danach, was A glaubt, welche Thesen er vertritt. *Wie sieht die Welt aus As Sicht aus?*

- Im zweiten Schritt interessieren Sie sich dafür, welche Gründe und Argumente A hat, um seine Sicht der Dinge zu stützen. *Welche Argumente hat er für seine Sicht?*

- Im dritten Schritt lohnt es sich nachzufragen, auf welche Argumente A am meisten Wert legt, welche er für die stärksten hält. *Welche Argumente oder Gründe sind für A die wichtigsten?*

- Im vierten Frageschritt geht es darum, warum A diese wichtigsten Gründe akzeptiert, aus welchen Quellen sie stammen und

[211] Eine sehr gute und bewährte Hilfe dabei ist die Checkliste mit kritischen Fragen zur Überprüfung einer Verschwörungstheorie aus Band 1.

warum er auf sie vertraut. *Warum hält A diese Gründe für belastbar?*

Falls Sie es geschafft haben, Ihre Gesprächsführung an diesen vier Leitfragen auszurichten und die Lage ruhig und friedlich ist, dann könnten Sie zum Abschluss noch die nächste Frage aufwerfen:

- Im fünften Frageschritt erkundigen Sie sich, welche Gründe A dazu bringen könnten, seine Meinung zu ändern, bestimmte Argumente aufzugeben, neu über seine Position nachzudenken. *Was müsste passieren, damit A seine Meinung ernsthaft auf den Prüfstand stellt?*

Wenn alles klappt und Ihr Gesprächs**partner** versteht, dass er Ihnen wichtig ist, sollte das Eis gebrochen oder zumindest am Auftauen sein. Im Idealfall wird er zurückfragen, wie Sie die Sache mit dem Virus, der Impfung oder der Wahl sehen - vielleicht auch, was Sie von seinen Argumenten halten. Aber, Vorsicht: Das sollten Sie **nicht** mit einer Einladung verwechseln, ihn jetzt - endlich - mit Ihren Argumenten zu bombardieren! Das wäre ein Rückfall in das als untauglich erkannte Überzeugungsmodell. Es könnte leicht der Eindruck entstehen, Sie hätten ihn in eine Falle gelockt und nur darauf gewartet, bis er weich wird.

Man kann sich ja auch für das gute Gespräch zum Thema *Virus* bedanken, klarmachen, dass man über das Gehörte in Ruhe nachdenken möchte und das Gespräch ausklingen lassen - mit Smalltalk über ein unbelastetes Thema und der Verabredung zum nächsten Gespräch ... Zudem könnte man seine Freude darüber ausdrücken, dass man sich endlich einmal wieder in Ruhe ausgetauscht hat.

Die Vorbereitung auf das nächste Gespräch hängt natürlich vom konkreten Verlauf des ersten Gesprächs ab:

- Wie sieht ein klares und realistisches Ziel für das Folgegespräch aus?

- Welche Fragen sollte ich A stellen, um mein Ziel zu erreichen?

Also: Grundsätzlich empfehlen wir, bei einer kooperativen Gesprächsführung zu bleiben und die meiste Zeit im Neugier-, Austausch- und somit Fragemodus zu verbringen. Verlieren Sie nie Ihr oberstes Ziel aus den Augen: Es geht darum, zu A wieder Vertrauen aufzubauen. Ohne diese gemeinsame Basis werden auch Ihre besten inhaltlichen Argumente wirkungslos bleiben.

Warum funktioniert dieses Modell?

Dieses Modell der Gesprächsführung basiert auf den Erkenntnissen der Kapitel 7 und 8: Es geht nicht in erster Linie darum, mit rationalen Argumenten einen Meinungswechsel herbeizuführen oder gar zu erzwingen. Das kann und wird, wie gesehen, nur im Ausnahmefall funktionieren.

Es geht vielmehr darum, dem Gesprächspartner eine Brücke zu bauen, um seinen Kokon der rationalen Irrationalität gefahrlos und mit Nutzen für ihn verlassen zu können!

- Das Baumaterial dieser Brücke sind Glaubwürdigkeit und Vertrauen.

- Der Motivator, um die Brücke zu betreten und zu überqueren ist die Aussicht, mit Menschen, die einem wichtig sind, wieder „zusammenzukommen".

Beispiel: Chemtrails

Unseren Ansatz möchten wir zum Abschluss des Kapitels an einem konkreten Beispiel veranschaulichen. Es geht um die Chemtrail-Theorie. Was sind Chemtrails? Wir alle kennen die von Flugzeugen erzeugten Streifen am Himmel. Chemtrails sind (angeblich) eine mehr oder weniger große Teilmenge davon. Sie entstehen, so die Theorie, weil aus den Flugzeugen Chemikalien versprüht werden. Über Hintermänner und Zielsetzung dieser Sprühaktionen gibt es unterschiedliche Ansichten bei den Vertretern dieser Hypothese. Es gibt also nicht nur eine Chemtrail-Theorie, sondern verschiedene Varianten des Themas.

Eine besagt, Chemtrails seien Indizien oder gar Beweis für ein geheimes Programm des Geo-Engineering zur Beeinflussung des Klimas. Die versprühten Substanzen sollen z.B. die Sonneneinstrahlung abschwächen und so dabei helfen, die Erderwärmung einzudämmen oder abzumildern. Bei der historisch ersten Variante, die um 1997 entstand, ging es allerdings darum, dass bestimmte *Eliten* eine *Neue Weltordnung* etablieren und über das Versprühen schädlicher Chemikalien die Weltbevölkerung reduzieren wollten.[212]

Schritt 1: ***Worum geht es denn bei diesen Chemtrails?***

Zusätzlich zu dieser oder einer ähnlichen Eröffnungsfrage können Sie zahlreiche Verständnis- oder Präzisierungsfragen stellen. Damit bestärken Sie Ihren Gesprächspartner in seinen Ausführungen

---

[212] In Band 1 haben wir die Chemtrail-Theorie ausführlich besprochen und analysiert.

und signalisieren Interesse. Diese Fragen sollten weder einen kritischen noch aggressiven Unterton haben. Hier eine Liste zur Auswahl:

- Was sind denn das für Chemikalien?
- Von wem und wo werden sie hergestellt?
- Weißt Du, wie sie wirken?
- Wie hoch muss denn die Konzentration sein, wenn die Chemikalien in so großer Höhe versprüht werden, damit sie bei uns unten überhaupt noch wirksam sind?
- Wie kann man sich denn gegen diese Chemikalien schützen?
- Wer steckt denn dahinter - und was genau ist das Ziel?
- Versprühen die auf allen Kontinenten oder nur über Europa oder bestimmten Ländern?
- Wo kommt denn das Geld dafür her?
- Warum machen die Fluggesellschaften und die Besatzungen bei so etwas mit?

Falls Ihr Gegenüber die eine oder andere Frage nicht beantworten kann - und das ist zu erwarten - haken Sie **nicht** nach, stellen Sie eine andere Frage und hoffen Sie darauf, dass er nach dem Gespräch etwas ins Grübeln kommen wird.

Schritt 2: ***Welche Gründe sprechen für die Chemtrail-Theorie?***

Auch zu diesem Teilthema kann man Verständnis-, Vertiefungs- und Präzisierungsfragen stellen:

- Was spricht denn alles für die Chemtrailtheorie?
- Wurde denn schon mal ein Flugzeug beim Beladen oder Betanken mit den Chemikalien gefilmt?

- Welche Zeugen oder Whistleblower gibt es denn? Bei so vielen Beteiligten - da hat doch sicher schon mal jemand geplaudert oder ausgepackt?
- Gibt es Untersuchungsergebnisse von Ärzten oder Laboren zum Nachweis der Chemikalien?
- Da hat doch sicher schon mal jemand einen Wetterballon mit Messvorrichtung hochgeschickt, um die Chemikalien nachzuweisen - was kam denn dabei heraus?
- Wenn die Regierung das mit geheimen Geldern finanziert - warum haben denn die Oppositionsparteien oder der Bundesrechnungshof das noch nicht herausgefunden und in die Öffentlichkeit getragen?

Auch hier ist wichtig, mit den eigenen Fragen dem Gedankengang des Gegenübers zu folgen, mit den eigenen Fragen seinen Erzählfluss zu bestärken und Konfrontation zu vermeiden. Es reicht, eine Lücke gefunden zu haben - Sie müssen nicht darauf hinweisen oder sogar noch darauf herumreiten.

Schritt 3: ***Welche Argumente oder Gründe sind für A die wichtigsten?***

Mit diesem Schritt lenken Sie das Gespräch bzw. die Aufmerksamkeit auf die wirklich entscheidenden Punkte - und laden erneut mit Hilfe kluger Fragen Ihren Gesprächspartner zum Nachdenken ein.

- Welche Argumente geben denn für Dich den Ausschlag?

Je nach Antwort sollten Sie auch hierfür Ihr Interesse und Ihre Neugier mit Fragen ausdrücken.

Schritt 4: ***Aus welchen Quellen kommen Deine Informationen?***

Nachdem Sie ausgiebig analysiert haben, was genau Ihr Gesprächspartner in Bezug auf Chemtrails glaubt und warum, möchten Sie im nächsten Schritt wissen, aus welchen Quellen sein Wissen stammt und wie verlässlich diese sind:

- Wie bist Du denn an all diese Informationen gekommen?
- Aus welcher Quelle oder von wem stammen sie denn?
- Wie hast Du denn geprüft, ob sie zuverlässig sind und stimmen?
- Welche anderen Informationen stammen denn aus diesen Quellen - und stimmen die ebenfalls?
- Es gibt doch sicher auch gegenteilige Informationen - welche sind Dir bekannt?
- Warum berücksichtigst Du diese nicht?
- Warum hältst Du sie nicht für glaubwürdig?

Schritt 5: ***Was könnte Deine Überzeugung ins Wanken bringen?***

Diesen Schritt kann und sollte man unter bestimmten Umständen weglassen. Vielleicht merken Sie ja schon vorher, dass Ihr Gegenüber ins Grübeln oder Zweifeln kommt oder ihm diverse Lücken in seinen Ausführungen selber auffallen. Dann können Sie das Gespräch nach Schritt 4 ausklingen lassen. Es geht ja nicht darum, ihn in die Zwickmühle zu bringen oder unter Druck zu setzen. Wirkt er aber sehr selbstsicher und robust und lässt die Gesprächsatmosphäre es zu, dann sollten Sie die Sprache auf mögliche Gegenargumente bringen:

- Du steckst so im Thema drin - da sind Dir doch sicher schon mal offene Fragen oder zweifelhafte Punkte aufgefallen: Welche denn?

- Auch wenn alles im Prinzip so stimmt, wie Du es darstellst: Was würde denn Deine Meinung verändern?
- Was sind denn aus Deiner Sicht die besten Argumente gegen die Chemtrail-Theorie – und wie würdest Du sie entkräften?

Zusammenfassung Kapitel 10

Wir widmen uns in diesem Kapitel ausführlich und sehr praxisbezogen der Frage, wie man Gespräche mit Menschen führt, die fest an ein unhaltbares Verschwörungskonstrukt glauben und die man mit Argumenten oder vernünftigen Worten „eigentlich" nicht mehr erreicht.

Wir gehen dabei in zwei Schritten vor:

- **Schritt 1:** Welche typischen Fehler sind in diesen Situationen immer wieder zu beobachten - und wie vermeidet man sie? Je kniffliger das Gespräch, umso wichtiger ist es, grobe Fehler gar nicht erst zu machen. Diese führen schnell zu einer Verhärtung der Fronten, zu „Abwehrfeuer" und eigener Unsicherheit.
- **Schritt 2:** Wie packe ich solche Gespräche konkret an? Wir gehen auf Verhaltens- und Herangehensweisen ein, die in schwierigen Gesprächen helfen, wieder „zusammenzukommen".

Typische Fehler

- Unklares Ziel
- Unrealistisches Ziel
- Psychologisieren
- Untaugliches Überzeugungs-Modell

Wie geht es besser?

Die Grundidee: Eine goldene Brücke aus Vertrauen und Glaubwürdigkeit bauen!

Zuerst die Grundsatzentscheidung: Bin ich überhaupt bereit, genügend Zeit, Nerven und Energie in das Gespräch bzw. meine Beziehung zum Gesprächspartner zu investieren?

Dann die Strategie: Sie führen das Gespräch in erster Linie, um Ihr Gegenüber, seine Sicht der Dinge, seine Meinungen und Argumente in aller Ruhe kennenzulernen. Dazu konzentrieren Sie sich auf zwei Hauptaktivitäten:

- Sie stellen kluge Fragen und hören aufmerksam zu.
- Dann stellen Sie weitere Fragen und hören weiter sehr aufmerksam zu.

Setzen Sie die Strategie um: Zuerst formulieren Sie ein klares und realistisches Ziel. Dann überlegen Sie sich, mit welchen klugen Fragen Sie dieses Ziel erreichen können.

Wir haben mit dieser **Stufenstrategie** sehr gute Erfahrungen gemacht:

- Wie sieht die Welt aus As Sicht aus?
- Welche Argumente hat er für seine Sicht?
- Welche Argumente oder Gründe sind für A die wichtigsten?
- Warum hält A diese Gründe für belastbar?
- Was müsste passieren, damit A seine Meinung ernsthaft auf den Prüfstand stellt?

Grundsätzlich empfehlen wir, bei einer kooperativen Gesprächsführung zu bleiben und die meiste Zeit im Neugier-, Austausch- und somit **Fragemodus** zu verbringen. Verlieren Sie nie Ihr oberstes Ziel aus den Augen:

- Es geht darum, zu A wieder Vertrauen aufzubauen. Ohne diese gemeinsame Basis werden auch Ihre besten inhaltlichen Argumente wirkungslos bleiben.

Vertiefende Literatur zu Kapitel 10

Thomas Wilhelm & Andreas Edmüller: **Überzeugen. Die besten Strategien.** Freiburg, Berlin, München, 2003. Wir beschreiben effektive Ansätze, wie man Menschen mit fairen Mitteln überzeugt.

Lyman K. Steil, Joanne Summerfield, George DeMare: **Listening: It Can Change Your Life : A Handbook for Scientists and Engineers.** New York, 1985. (Deutsche Übersetzung: **Aktives Zuhören. Eine Anleitung zur erfolgreichen Kommunikation.** Heidelberg, 1986.). Zuhören ist enorm wichtig. Dass und warum es ausgesprochen sinnvoll ist, Zuhören zu verstehen und zu üben, das zeigt dieses Büchlein.

Christian-Rainer Weisbach & Petra Sonne-Neubacher: **Professionelle Gesprächsführung: Ein praxisnahes Lese- und Übungsbuch.** München, 2022 (10. Auflage). Dieses exzellente und vor allem praxisorientierte Buch ist seit mehr als 30 Jahren auf dem Markt.

Kapitel 11
Extremismus: Was ist das eigentlich?

Der Mörder des Tankwarts in Idar-Oberstein, der ihn zum Tragen eines Mund-Nasen-Schutzes aufgefordert hatte, der rassistische Täter, der 2020 in Hanau zehn Menschen tötete und der Selbstverwalter aus Georgensgmünd, der einen SEK-Beamten erschoss, haben zwei Dinge gemeinsam:

- Verschwörungskonstrukte waren für sie handlungsleitend.
- Sie hatten extremistische Einstellungen.

Das ist nicht neu: Der Holocaust, der Völkermord in Ruanda und an den Armeniern, die stalinistischen „Säuberungen“ und Maos Kulturrevolution wurden angefacht durch die Verbindung einer extremistischen Ideologie mit Verschwörungstheorien bzw. -märchen. Das alles sind Fälle, in denen Verschwörungskonstrukte enormes Schadenspotential entfaltet haben: Sie wurden zu Waffen.

Klar ist, dass Verschwörungskonstrukte und Extremismus viel miteinander zu tun haben. Unklar ist, was genau. Nur sehr wenige Menschen überhaupt begehen bei uns extremistisch motivierte Straftaten und Morde. Die allermeisten Vertreter von Verschwörungskonstrukten sind und bleiben ein Leben lang gesetzestreu. Ihnen grundsätzlich Extremismus zu unterstellen ist völlig unbegründet, unfair und ein Angriff auf die Idee der offenen Gesellschaft. Der gängige Alarmismus in Medien und Popliteratur ist nicht nur in dieser Beziehung unangebracht. Wir sollten also genau hinschauen, nüchtern analysieren und uns von gängigen Klischees freimachen. Genau darum geht es uns in Kapitel 11 und 12.

Um die Verbindungen von Extremismus und Verschwörungskonstrukten besser zu verstehen, klären wir in diesem Kapitel den Begriff *Extremismus*. Wir entwickeln dazu eine professionelle Charakteristik seiner wichtigsten Einstellungsmerkmale. Dabei werden wir feststellen, dass es nicht triviale inhaltliche Überlappungen der beiden Phänomene gibt.

In Kapitel 12 geht es dann um das genaue Zusammenspiel von Verschwörungskonstrukten und Extremismus und warum das immer wieder fatale Folgen hat: Welche Verzahnungen treten auf, welche Rolle spielen Verschwörungskonstrukte im Extremismus und woher genau kommt ihr Schadenspotential in diesem Zusammenhang?

Was verstehen wir unter *Extremismus*?

Extremismus ist zu einem Kampfbegriff geworden. Kein Wunder, geht es doch um die Deutungshoheit über einen Begriff mit diffamierender Wirkung. Tatsächlich dominiert in der Öffentlichkeit das eingängige aber schiefe Bild des Extremismus als *äußerster gesellschaftlicher Rand* im Gegensatz zu einer *genormten oder normalen Mitte*. Auch Wikipedia sitzt dieser Fehldarstellung auf:

- *Als* ***Extremismus*** *bezeichnen Behörden in Deutschland ... politische Einstellungen und Bestrebungen, die sie den äußersten Rändern des politischen Spektrums jenseits der freiheitlich demokratischen Grundordnung zuordnen.*[213]

Dieses Bild ist aus unserer Sicht falsch: Es ist erstens rechtlich falsch, weil das Gesetz keine gesellschaftliche Mitte definiert. Es

213 **Wikipedia:** *Extremismus*. https://de.wikipedia.org/wiki/Extremismus.

ist zweitens gesellschaftlich falsch, weil extremistische Einstellungen nicht mit sozialer Verteilung übereinstimmen. Wir selbst nutzen eine **Minimal-Definition** von *Extremismus.* Gerichte und Verfassungsschutz orientieren sich an dieser negativen Definition:[214]

- *Extremismus* ist jede Handlung (juristisch nennt sich das *Bestrebung*), welche darauf abzielt, die individuellen Grundrechte mittelbar oder unmittelbar zu beseitigen.

Es geht also nicht um eine Abweichung von irgendeiner Mitte, sondern um **Handlungen** aufgrund von Einstellungen, die von unterschiedlichsten Personen der Gesellschaft vertreten werden - von einflussreichen Ärzten über subkulturell verankerte Neonazis bis hin zu virtuell aktiven Einzelpersonen.

Diese Definition ist weder abhängig vom politischen Koordinatensystem noch ist sie subjektiv wertend: Bezugsrahmen ist ausschließlich der Schutz der Grundrechte jedes Einzelnen - egal, zu welcher Gruppe er gehört. Natürlich können diese Bestrebungen unterschiedlich intensiv (von legalistisch bis gewalttätig) und unterschiedlich gefährlich sein (langfristig oder akut, für Menschenleben, für das friedliche Miteinander, für die Demokratie usw.).[215] Sie werden trotz gleichem Oberbegriff aber nicht gleichgesetzt. Auch der Begriff *Straftäter* bezeichnet Taschendiebe und Mörder - ohne sie gleichzustellen. Zur Verdeutlichung drei Beispiele:

---

[214] **Die Offene Gesellschaft,** 22. 2. 2021: *Was versteht der Verfassungsschutz unter „Extremismus"?* http://blog.projekt-philosophie.de/liberalismus/teil-5-versteht-der-verfassungsschutz-unter-extremismus/.

[215] Armin Pfahl-Traugher: *Das Zehn-Stufen-Modell der „Extremismusintensität"*. In: Armin Pfahl-Traughber (Hg.): **Jahrbuch für Extremismus- und Terrorismusforschung 2014.** Band 5, Heft 1, S. 7-36.

- **Extremistisch** ist nicht die vielleicht schwer auszuhaltende polemische Kritik an einer Religion, wohl aber die Forderung, die Ausübung der Religion einzuschränken - etwa keine Gebetshäuser mehr bauen zu dürfen. Das wäre ein Eingriff in die Religionsfreiheit.

- **Extremistisch** ist nicht, den Kapitalismus zu kritisieren, wohl aber die damit wesentlich verbundenen freien Entscheidungen verbieten zu wollen.

- **Extremistisch** ist nicht, bei der Partnerwahl einen bestimmten Phänotyp zu bevorzugen, wohl aber anderen diesen vorschreiben zu wollen. Das würde die Freiheit aller einschränken.

Unsere Negativdefinition erlaubt also nur eine Gemeinsamkeit: Die Ablehnung der offenen Gesellschaft und des philosophischen Liberalismus, also des Werterahmens der Aufklärung.

Um den Extremismus in seinen vielfältigen Spielarten inhaltlich zu erfassen, benötigen wir zusätzlich eine **Positivdefinition** mit Erkennungsmerkmalen. Tatsächlich weisen die unterschiedlichen Ausprägungen des Extremismus trotz aller Unterschiede zahlreiche gemeinsame Einstellungsmerkmale auf. Das gilt für das gesamte Spektrum vom legalistischen Linksextremismus über den religiösen Extremismus bis hin zum gewalttätigen Rechtsextremismus. Im Folgenden wollen wir drei für unser Thema wichtige Merkmale bzw. Kernüberzeugungen skizzieren:[216]

---

[216] In der Extremismusforschung gibt es differenziertere Unterscheidungen. Siehe: Armin Pfahl-Traughber: *Gemeinsamkeiten im Denken der Feinde einer offenen Gesellschaft. Strukturmerkmale extremistischer*

- Der Traum von einer identitären Gesellschaft.
- Die schwarz-weiße Welt.
- Die extremistische Weltformel.

Also: *Extremistisch* ist eine aktive Verwerfung der offenen Gesellschaft und des demokratischen Verfassungsstaates auf der Grundlage einer geschlossenen Gesellschaft, eines manichäischen Weltbildes und dem Aktivismus für ein religiöses diesseitiges Heil.[217]

Der Traum von einer identitären Gesellschaft

Extremisten sehen sich primär als Teil einer Gemeinschaft, die über dem Individuum steht. Das steht in deutlichem Widerspruch zum Grundgesetz: *Zum Wohl der Gemeinschaft* wollen sie Individualrechte aushöhlen oder ganz abschaffen.[218] Was heißt das genau?

Ideologien. In: Martin H.W. Möllers/Robert Chr. Van Ooyen (Hg.): **Jahrbuch öffentliche Sicherheit 2006/2007.** Frankfurt/M., 2007, S. 21-36. Uwe Backes: **Politischer Extremismus in demokratischen Verfassungsstaaten. Elemente einer normativen Rahmentheorie.** Wiesbaden, 1989, S. 103-111.

[217] *Religiös* bezieht sich hier nicht nur auf bekannte Religionen, sondern auf die Merkmale religiösen Glaubens.

[218] Gemäß Art. 1 GG (Menschenwürde) hat jede Person Anspruch auf Achtung. Extremisten versagen allen, die sie nicht zur Gemeinschaft zählen, diese elementare Rechtsgleichheit.

Die homogene Gemeinschaft

Ob *Volk* oder *umma* - die relevante Gemeinschaft wird als einheitlich, harmonisch, in sich geschlossen vorgestellt.[219] Damit kann politische, religiöse oder ethnische Homogenität bzw. Übereinstimmung gemeint sein. Die extremistische Idealvorstellung einer harmonischen Gemeinschaft untereinander solidarischer *Brüder und Schwestern, Kameraden* oder *Genossen* lässt jedoch ein Ausscheren nicht mehr zu. Da der Einzelne nur als Teil dieser kompakten Gemeinschaft seinen Wert hat, sind Unterordnung, Anpassung, Zwang und Konformismus nötig, um sie zu erhalten: Wer ausschert oder sich querstellt gefährdet das Ganze. Pluralismus in der Lebensgestaltung wäre gar nicht und Meinungsverschiedenheit nur noch bei unwesentlichen Fragen möglich.

Zum Leben in einer offenen Gesellschaft gehört aber gerade - so nervenaufreibend das sein mag - das Aushalten und Tolerieren von Meinungen und Lebensentwürfen, die man von ganzem Herzen ablehnt, vielleicht sogar verabscheut. Verbotsforderungen eröffnen und bahnen den Weg in eine geschlossene Gesellschaft. Deshalb ist nicht nur die faschistische uniform(iert)e Gesellschaft eine geschlossene, sondern auch die internationale aber religiös konformistische des Salafismus und selbst die scheinbar „bunte“ des Linksextremismus.

Hinter dieser identitären Gesellschaftskonzeption steckt sehr oft der Wunsch nach einer *heilen* Gesellschaft. Extremisten gehen dabei von der irrigen Grundannahme aus, eine gute Gesellschaft kenne keine Konflikte:

---

[219] *Umma* bezeichnet die islamische Gemeinschaft weltweit.

- Marxisten betrachten politische Konflikte als Symptome eines Systemfehlers und als Folge sozialer Ungleichheit. Also muss man soziale Gleichheit herstellen und sogar erzwingen, um Konflikte zu vermeiden.

Das klingt auf Anhieb nicht unbedingt gefährlich, es sei denn man erinnert sich daran mit welchen Opfern dieses Erzwingen in den früheren Ländern des real existierenden Sozialismus verbunden war.[220]

- Rechtsextremisten zufolge beruht politische Harmonie auf ethnischer Homogenität: Nur ein Volk mit einer gemeinsamen *Herkunft* (eine quasi-religiös aufgeladene Vorstellung) könne einen gemeinsamen und stimmigen *Volkswillen* haben. Dazu kommt noch die archaische Überzeugung, im Kampf gegen andere Völker zu stehen.

- Religionsextremismus schließlich geht von einer religiös homogenen Gemeinschaft aus; das soll zu politischer Einheit führen.

Was verbindet die homogene Gemeinschaft?

Wenn Rechtsextremisten vom *Volk* sprechen, meinen sie nicht den staatsrechtlichen Begriff der deutschen Verfassung, sondern eine Gruppe, die durch *Blut*, *Wesen, Herkunft*, gemeinsame Bräuche, Traditionen, Gefühle und Sprache irgendwie magisch verbunden

---

[220] Nicht nur dort - das zeigt J.R. Rummel: **Death by Government.** New Brunswick, 1994.

ist.[221] Ziel deutscher Neonazis ist „der umfassende Erhalt unseres Volkes in einer solidarischen Gemeinschaftsform“.[222]

Kniffliger wird es bei der *Neuen Rechten*:[223] Dort spricht man weder von *Rasse* noch werden prima facie andere Völker abgewertet. Mit ihrem Konzept einer *ethnokulturellen Identität* hegen sie dennoch die Vorstellung einer homogenen Bevölkerung, der eine bestimmte Kultur inhärent, also irgendwie angeboren sei.[224] Wer Kultur als anhaftend betrachtet, denkt im weiteren Sinne biologistisch, was aber gerne verschleiert wird:

- Für den neurechten Vordenker Renaud Camus sind Muslime und Juden im *vollen und tiefen Sinn* und *kulturell* keine Franzosen.

Linksextremisten dagegen fordern eine Gemeinschaft von Personen, die bedingungslos füreinander einstehen. Zu ihrem Verdruss

---

[221] Insbesondere die aus der Romantik herrührende nationalistische Vorstellung eines *organisch gewachsenen Volkskörpers* entfaltet nach wie vor große Wirkkraft in Deutschland.

[222] www.der-dritte-weg.info/index.php/menue/1/thema/69/id/7302/akat/1/infotext/Matthias_Fischer_im_Gespraech_mit_dem_Russischen_Zenter_Teil_1/Politik_Gesellschaft_und_Wirtschaft.html. Gesichtet am 10.05.2017.

[223] *Neue Rechte* ist die Selbstbezeichnung für eine uneinheitliche, nationalkonservative bis rechtsextremistische politische Strömung. Diese lehnt zwar den Nationalsozialismus ab, greift aber zugleich auf ältere, antidemokratische rechte Bewegungen und Denker zurück, die im Nationalsozialismus aufgegangen sind bzw. von diesem verdrängt wurden (z.B. die *Konservative Revolution*).

[224] Identitäre halten zwar das Konzept des Nationalstaats für obsolet, gleichwohl ist in ihrer Vorstellung die ethnokulturelle Identität an ein bestimmtes Territorium gebunden. Sie sprechen sowohl von *europäischer Identität*, als auch von *regionalen Identitäten* (Bayern, Schwaben, Franken, etc.).

wird diese Solidarität auf freiwilliger Basis nicht so gerne geübt, daher wollen sie sie staatlich verordnen. Wer nicht konform damit geht, wird als *Klassenfeind*, *Kapitalist* und *Wegbereiter des Faschismus* bekämpft - also sehr unsolidarisch behandelt.

Salafisten hegen die utopische Vorstellung einer weltumspannenden *umma*, einer brüderlichen und solidarischen Gemeinschaft aller Muslime, die durch einen Führer (Kalifen) angeleitet wird. Die Anhänger sogenannter *Buchreligionen* sehen sie als Untertanen zweiter Klasse. Sie werden als Schutzbefohlene (*dhimmi*) geduldet. Atheisten und Muslime, die eine andere Interpretation des Islams vertreten, bekämpfen sie als *vom Glauben Abgefallene*, als Apostaten (*murtadd*). Die Gemeinschaft der Salafisten erhebt sich selbst zum Maßstab des Islams, als *Gemeinschaft aller (wahren) Muslime*, *praktizierenden Muslime* oder *Muslime, die ihre Religion ernst nehmen*.

Die höherwertige Gemeinschaft

Extremisten überhöhen „ihre" Gemeinschaft religiös, mythisch oder esoterisch. Sie laden sie gegenüber dem Einzelnen mit einem höheren Sinn auf. In der Regel halten sie ihre Gemeinschaft auch für höherwertiger als den Rest der Menschheit. Dabei gibt es verschiedene Varianten: *Reiner*, *moralischer*, *von Gott auserwählt* oder *die Avantgarde*. Was heißt das konkret?

So wie Lenin die kommunistische Partei als *Avantgarde der Arbeiterklasse* begriff und ihr einen Führungsanspruch gegenüber dem restlichen Proletariat zuschrieb, so wünschte sich Sayyid Qutb, der nach wie vor einflussreiche Vordenker des Jihadismus, eine Avantgarde für die weltweite Islamisierung:

- *Es ist notwendig, dass es einige Pioniere geben muss, die sich mit Entschlossenheit aufmachen und auf dem Pfad bleiben und durch den Ozean der Jahiliyya* [was man in etwa mit *Unglauben* übersetzen kann] *schreiten, der die ganze Welt umfasst.*[225]

Auch er gesteht der Avantgarde einen Führungsanspruch zu:

- *Folglich, wo immer eine islamische Gemeinschaft existiert, die ein konkretes Beispiel für das von Allah bestimmte System des Lebens ist, hat sie ein von Allah gegebenes Recht, vorwärts zu schreiten und die Kontrolle der politischen Autorität zu übernehmen, so dass sie das göttliche System auf Erden errichten kann, während sie die Glaubensfragen dem individuellen Gewissen überlässt.*[226]

Rechtsextremisten begründen ihre Höherwertigkeit nicht über die Religion, sondern auf Basis rassistischer Kriterien. Eine *Vermischung* mit *minderwertigen* Völkern würde das Volk *verunreinigen* und deshalb *schwächen* und letztendlich *ausmerzen.* Weniger bekannt: Für die Neurechten sind Menschen qua Herkunft und Geburt schlicht besser für die jeweils *eigene* (und damit unabänderliche) Gemeinschaft geeignet. Dazu kommt sehr oft noch eine mythische Verbindung zu einem bestimmten Stück Land. Das ist natürlich historischer und wissenschaftlicher Humbug, aber auch in diesem Soziotop wird Glaubensstärke als wichtige Tugend betrachtet.

Nicht nur die Gemeinschaft selbst, auch ihr Zusammenhalt, der soziale Kitt wird überhöht: Das Beschwören *geheiligter Kameradschaft*, *unantastbarer Brüderlichkeit* und *zwingender Solidarität* übt eine unheilvolle Funktion im Radikalisierungsverlauf aus.

---

[225] Sayyid Qutb: **Meilensteine.** Erstmals auf Arabisch 1964 erschienen, S.17. **Wikipedia:** https://de.wikipedia.org/wiki/Sayyid_Qutb.
[226] Ebenda, S. 94.

Die bedrohte Gemeinschaft

Extremisten bekämpfen die derzeitige Gesellschaftsform und aktuelle Entwicklungen, weil sie sich und ihre ideale Gemeinschaft dadurch existentiell bedroht sehen. Es gibt **externe** Bedrohungen, durch den *Feind*, und **interne** Bedrohungen, etwa durch *Verräter*, *Zweifler* und *Abweichler*. Weltuntergangsszenarien schweißen die extremistischen Szenen zusammen und motivieren zu Aktivismus. Die Fixierung auf negative Nachrichten und düstere Zukunftsaussichten halten das Bedrohungspotential aufrecht, auch um die Aktivisten weiter bei der Stange zu halten. Selbst nicht gewaltorientierte Extremisten ebnen mit so einem Bedrohungsszenario das Fundament für die Umdeutung von Gewalt zu Notwehr.

Der neurechte Vordenker Renaud Camus etwa fürchtet den Identitäts- und Kulturverlust (*déculturation*) Frankreichs:

- Die französischen Regierungen seien dabei, das Volk aufzulösen und durch ein anderes zu ersetzen (Verschwörungskonstrukt!). Weil die Politiker (er bezeichnet sie als *remplacistes*, also *Ersetzer*) die Bürger zu austauschbarer Ware deklassieren und *degenerieren, vernichten sie deren inhärente Kultur*. Nicht nur die Kultur, sondern auch das *dazugehörige Volk* werde verschwinden.[227]

Das ist nicht weit entfernt von der Befürchtung einer *Ausrottung der eigenen Rasse* durch Vermischung mit anderen. So gibt es Parallelen zwischen den *Stoppt-den-großen-Austausch*-Kampagnen

---

[227] Renaud Camus: **La Grande Déculturation**. Chez l`auteur, 2008; Renaud Camus: **Le Grand Remplacement.** Chez l`auteur, 2010.

der Identitären Bewegung und den *Volkstod*-Narrativen der neonazistischen Partei Der Dritte Weg.[228] Dazu kommt ein esoterisch anmutender Kollektivismus:

- *Ein Volk stirbt, wenn es etwa durch Vermischung die ihm innewohnenden Bindungskräfte verliert, wenn man im Nachbarn nicht mehr einen Deutschen, sondern eine beliebige Person mit einem beliebigen Namen und beliebiger Herkunft erkennt, mit dem einen, bis auf die Nachbarschaft, nichts verbindet, Ein Volk* (sic) *stirbt, wenn es als kollektive Identität nicht mehr existiert.*[229]

Die größte Bedrohung sehen Rechtsextremisten in der Individualisierung und der damit einhergehenden *Auflösung* des Volkes. Daher verteufeln sie den Individualismus:

- *Die atomisierte Primitiv- und Konsumgesellschaft ist das gewollte Produkt des Kapitalismus. Um ihr parasitäres Völkerausraubungssystem aufrecht zu halten, brauchen sie einen egalisierten und entwurzelten Massenmensch, der sich nur auf sein persönliches Dasein beschränkt. Der einstige Kulturmensch wird zum selbstsüchtigen Arbeits- und Fressautomaten*

---

[228] Die Angst vor dem *Großen Austausch* hat sich wie ein Lauffeuer verbreitet: Nicht nur das Manifest des Attentäters von Christchurch trug dies im Titel, auch in Nordafrika gibt es mittlerweile Anhänger dieser Theorie. Es sind z.B. Tunesier, denen die Einwanderung aus den Ländern der Subsahara ein Dorn im Auge ist.

[229] https://der-dritte-weg.info/2017/11/27/leseprobe-national-revolutionaer-sozialistisch-teil-1/. Gesichtet am 28.04.2018.

umgepolt. Ziel ist der manipulationsfähige und stumpf vor sich hintrottende Konsumsklave.[230]

Islamisten wähnen sich in einem Krieg, in dem die *westlichen imperialistischen Staaten* die Auslöschung des Islams, muslimischer Identität und Kultur planen. Zentral ist dabei der Opferdiskurs, sowie die Identifikation mit den *Unterdrückten*. Während die externe Bedrohung die *umma* zusammenschweißt, erscheint die interne Bedrohung, die Individualisierung und Liberalisierung, welche *fitna* (Zwist, Spaltung) auslöst, noch gefährlicher:

- *Unzweifelhaft wird der Abfall vom Islam mit dem Tod bestraft.*[231]

Dies liege daran, dass Apostasie als Hochverrat und Bedrohung der inneren Sicherheit durch Verletzung der Grundfestung der Rechtsordnung angesehen werde. Dies führe direkt zur Untergrabung des *freiheitlichen Systems* (sic!).[232] Der Autor rechtfertigt die Bestrafung, deren Ursprung in einer historisch nachvollziehbaren, aber darum nicht weniger grausamen Stammestradition zu suchen ist, mit einer neuen Begründung:

---

[230] Facebook-Seite der *Europäischen Aktion*, Post vom 20. Oktober 2016. Auch Marxisten argumentieren oft so, z.B. Herbert Marcuse: **Der eindimensionale Mensch. Studien zur Ideologie der fortgeschrittenen Industriegesellschaft.** Deutsche Übersetzung Neuwied, 1967. (Boston, Mass., 1964.)

[231] Jasmin Pacic: **Islamisches Strafrecht – Untersuchungen zur Rechtslehre und zur Rolle der Politik im Strafsystem der Scharia.** Wien 2008, S. 77. Fairerweise ist anzumerken, dass sich der Autor in einem persönlichen Brief von diesem Frühwerk in gewisser Weise distanziert hat. Da das Gedankengut aber unter Islamisten sehr populär und verbreitet ist, nutzen wir es zur Veranschaulichung.

[232] Ebenda, S. 181.

- *Interessant ist hierbei vor allem, dass die Strafe für Apostasie nicht nur nicht als Menschenrechtsverstoß gesehen wird, sondern gerade der* ***Absicherung des Menschenrechts auf Religionsfreiheit*** *dient. Denn der Apostat wendet sich von der islamischen Gemeinschaft ab und schreckt Nichtmuslime von der Annahme des Islams ab, weil er bei ihnen den Verdacht erweckt, dass etwas mit der Religion nicht stimmt. Apostaten schaden der Religion weit mehr als Andersgläubige, die Vorwürfe erheben, weil auf Außenstehende die Lüge eines Apostaten mehr Wirkung hat, schließlich war dieser Teil der Religionsgemeinschaft.*[233]

Der Autor scheint von seiner Religion nicht sonderlich überzeugt zu sein. Sonst könnte er doch individuelle Entscheidungen akzeptieren, schlimmstenfalls als Irrungen und Wirrungen Einzelner abtun. Wenn schon eine individuelle stille Abkehr als Schaden gewertet wird, was ist dann erst mit dem Verfassen kritischer Artikel, der verbalen Äußerung von Unmut, einer abfälligen Bemerkung? Und wann und wo fängt man an, *dem Islam zu schaden*?

Auch Linksextremisten fehlt das Vertrauen in ihre Mitmenschen: Der Einzelne ist nicht nur gefährdet, sondern selbst eine Gefahr für die Gemeinschaft! Deshalb darf und muss Solidarität erzwungen werden: Der Kapitalismus und der damit verbundene Individualismus unterminieren nämlich die Solidarität des Volkes. Linksextremisten lehnen den Liberalismus und somit den Individualismus als *Steigbügelhalter des Faschismus* ab. Der innere Feind wird folgendermaßen konkretisiert und für Ausgrenzung und Schlimmeres freigegeben:

- *Die Grenzen verlaufen nicht zwischen den Völkern, sondern zwischen oben und unten! Wir stehen ein, für eine solidarische*

[233] Ebenda, S. 181f.

und gerechte Gesellschaft, frei von Ausbeutung, Krise und Krieg. Kampf dem Imperialismus, in Deutschland und auf der ganzen Welt![234]

Es ist willkürlich, wer hier dazugehört und wer nicht. *Oben* kann man sehr flexibel auslegen: Wohlhabende, Regierende, Angepasste, Einflussreiche … Sie erinnern sich daran, dass vage Feindbilder in Verschwörungskonstrukten sehr beliebt und effektiv sind?

Unser Fazit: Extremisten streben nach einer Gemeinschaft, die politisch bzw. religiös homogen, sozial kollektivistisch und konformistisch ist. Das Individuum erhält seinen Wert erst durch die Zugehörigkeit zu dieser Gemeinschaft. Extremisten halten ihre Gemeinschaft zum einen für höherwertig, zum anderen für existenziell bedroht. Das wiederum legt den Grundstein für die Uminterpretation oder Rechtfertigung von Gewalt als Notwehr.

Die schwarz-weiße Welt

Extremisten teilen die Welt in *Gut* und *Böse* ein, denken in kompromisslosen Gegensatzpaaren, in stereotypen Freund-Feind-Schemata. Ihr stark abgrenzendes Konzept der Gemeinschaft führt zwangsläufig zu einem *Wir* und einem *die Anderen*. Das *Wir* wird dabei idealisiert, *die Anderen* zum dämonischen Feind stilisiert.

Es ist darum nicht überraschend, wenn Extremisten sich so gut wie immer in ihre Gemeinschaften zurückziehen und den Kontakt zu Andersdenkenden minimieren. Zwar sind die meisten von uns auch lieber mit Menschen befreundet, die unsere Meinungen im

---

[234] news.dkp.suhail.uberspace.de/tag/sdaj/. Eintrag vom 16. 3. 2017. Gesichtet am 13. 05. 2017.

Großen und Ganzen teilen. Aber Extremisten treiben es auf die Spitze. So trennte sich der Jihadist Eric Breininger von seiner Verlobten, die ihm zuliebe sogar konvertiert war, weil sie den Glauben nicht ganz so streng wie er sah:

- *Ihr Herz war versiegelt und sie wollte einfach nicht glauben.*[235]

In extremistischen Gemeinschaften geschieht das nicht nur eigeninitiativ. Wer sich den Regeln und Geboten der Gemeinschaft nicht unterwirft, wird rigoros ausgeschlossen. Sozialer Druck verhindert, dass andere sich noch länger mit ihm abgeben.

Gut kämpft gegen Böse

Sayyid Qutb, der bereits erwähnte Vordenker des Jihadismus, zementierte für den Islam einen gesellschaftlichen Dualismus:

- *Der Islam kennt nur zwei Arten von Gesellschaften, die islamische und die der Jahiliyya.*[236]

Nach diesem Schema ist nicht nur die religiöse, sondern auch die gesellschaftliche Segregation im Salafismus ideologisch untermauert. Hier wird das Konzept des *al-wala wal-bara* bemüht, der *Loyalität mit Glaubensbrüdern und der Lossagung von Ungläubigen*. Es handelt sich um ein ursprünglich aus dem saudischen Wahhabismus stammendes Sozialgebot:

---

[235] Judith Faessler: *Biographisches Porträt: Eric Breininger.* In: Uwe Backes/Alexander Gallus/Eckhard Jesse (Hg.): **Extremismus & Demokratie.** 27. Jahrgang 2015, S. 189.

[236] Sayyid Qutb: **Meilensteine.** Erstmals auf Arabisch 1964 erschienen, S. 120. Wörtlich bedeutet *Jahiliya Unwissenheit* oder *Ignoranz*. Ursprünglich wurde damit von den Muslimen die vorislamische arabische Gesellschaft bezeichnet.

- Loyalität, Freundschaft und Beziehungen solle man nur gegenüber *wahren Muslimen* pflegen. Von allen anderen, sowie Ungläubigen solle man sich *lossagen*, also fernhalten. Jihadisten entwickelten das Konzept hin zu einer aktivistischen Version: Das *Lossagen* wird zur Feindschaft gesteigert.[237]

Diesen Aktivismus hat der Islamische Staat (IS) verwirklicht. Seine Terroranschläge deutete er als Momente eines Glaubenskampfes, in dem er nicht nur Andersgläubige bekämpfte, sondern auch die Muslime neu sortierte. Im englischsprachigen IS-Magazin *Dabiq* stellte ein Artikel mit dem Titel *From Hypocrisy to Apostasy. The Extinction of the Grayzone* klar:[238]

- Mit *Grauzone* sind alle Muslime gemeint, die nicht auf Seiten des IS stehen. Der IS wünscht eine klare Trennung zwischen Muslimen (in ihrem Sinn) und allen anderen. Eine Zwischenüberschrift lautete: *Two camps with no third in between.*

Um die Weltgemeinschaft so scharf in zwei Gruppen zu teilen, setzt der IS auch auf Terrorakte:

- Nach jedem Anschlag stünden Muslime unter Generalverdacht (was der IS als Vorteil wertet) und müssten sich bekennen: Entweder zum Westen - womit sie sich für den IS automatisch als Verräter und Apostaten zu erkennen geben. Oder zum IS - was

---

[237] Joas Wagemakers: *Salafistische Strömungen und ihre Sicht auf al-wala' wa-l bara'(Loyalität und Lossagung).* In: Behnam Said/Hazim Fouad (Hgg): **Salafismus. Auf der Suche nach dem wahren Islam.** Bonn, 2014, S. 55-79.

[238] https://clarionproject.org/docs/islamic-state-dabiq-magazine-issue-7-from-hypocrisy-to-apostasy.pdf.

sie zu Feinden ihrer westlichen Heimatländer macht, woraufhin sie die *hijra* (Auswanderung in ein islamisches Land) vollziehen müssten. Ein Dazwischen werde nicht geduldet. Die Möglichkeit, Muslim *und* gegen den IS zu sein, wird hier von vornherein ausgeschlossen. Die *Grauzone* sei auszulöschen.[239]

In einem fast identischen Duktus beschwört ein Autor der neonazistischen Partei III. Weg diese Notwendigkeit zum aktiven Bekenntnis:

- … *doch wird der Tag kommen, an dem Du Dich entscheiden musst. Es gibt zwischen den Antagonisten eines deutschen Sozialismus* [Anm.: gemeint ist hiermit die Ideologie des III. Wegs selbst] *und eines multikulturellen Kapitalismus keine Grauzone, die Entscheidung wird einmal für eine der beiden Seiten fallen und die Auswirkungen wird jeder auch noch so Abseitsstehende spüren. Warum also nicht bereits heute die Entscheidung treffen und Dich in unsere Reihen eingliedern?*[240]

Besonders akribisch gingen die historischen Nationalsozialisten bezüglich der Auslöschung der vermeintlich rassischen Grauzone vor. Sie verlangten Ariernachweise bis zurück in die Großelterngeneration. Damit verbunden waren auch politische Unterwerfung und gesellschaftliche Gleichschaltung. Uniformierte Aufmärsche mit entsprechenden Parolen stimmten darauf ein. Die Bevölkerung sollte damit gezielt und konsequent auf den unausweichlichen *Rassenkampf* vorbereitet werden.

---

[239] Hier haben wir es wieder einmal mit dem Denkfehler der falschen Alternative zu tun.

[240] https://der-dritte-weg.info/2018/04/17/1-mqi-2018-den-widerstand-auf-die-strasse-tragen-ein-wort-an-alle-stillen-leser/. Gesichtet am 17. April 2018.

Heutige Linksextremisten teilen die Welt in Unterdrücker und Unterdrückte ein. Der klassische Linksextremismus ist geprägt durch den Dualismus *guter Proletarier* und *böser Kapitalist*. Aber es gelang selbst dem Vordenker Karl Marx nicht, diesen theoretischen Dualismus auf die Realität zu übertragen. Denn lange nicht alle Arbeiter waren Kommunisten. Viele kämpften gar auf der faschistischen Gegenseite. Es ist in aller Regel unmöglich, die Wirklichkeit in den Dualismus aus *Schwarz* und *Weiß* zu pressen. Daher erfand Marx noch eine weitere Kategorie, den *Lumpenproletarier*. Dieser verweigerte sich der (kommunistischen) Wahrheit und hatte sich für die falsche Seite im Klassenkampf entschieden.

Moral in der schwarz-weißen Welt

Unverständlich erscheint auf den ersten Blick der Widerspruch zwischen gepredigten Geboten und vertretener Moral einerseits und der vollkommenen Missachtung dieser Regeln andererseits. Dabei handelt es sich nicht um bewusste Täuschung, um eine Strategie oder um *Verstellung*, wie selbsternannte Islamexperten das so oft über den Islamismus behaupten. Es geht einfach um die Auflösung des Dilemmas zwischen interner Moral und externem Feindbild: Moralische Regeln gelten nur **innerhalb** der Gemeinschaft. Das kennen wir auch von Piraten oder der Mafia.

Ein beeindruckendes Zeugnis für diesen Widerspruch zwischen interner Moral und extern gültigen Regeln liefert der ehemalige Imam der berüchtigten jihadistischen Hamburger al-Quds Moschee, Mohammed al-Fazazi.[241]

---

[241] Es handelt sich um die Moschee, in der wahrscheinlich die Drahtzieher der Attentate vom 11. September 2001 radikalisiert wurden. Im Publikum der zitierten Lektion saß vermutlich auch Mohammed Atta. Die Moschee wurde 2009 umbenannt und nach Bekanntwerden erneuter jihadistischer Aktivitäten 2010 geschlossen.

- In seinen dokumentierten Lektionen betont er zunächst ein Verbot oder ein Gebot (*Lügen sind verboten* oder *Gott mag keine Diebe*), dann nennt er unterschiedliche Umstände, in denen Ausnahmen gestattet seien, z.B. Notwehr.

Dabei spannt er geschickt einen Bogen zu seinem eigenen Weltbild und seiner Sicht auf die Dinge, etwa:

- *Die heutigen Muslime sind eine unterdrückte und verfolgte Minderheit.* Oder: D*ie gesamte islamische Welt ist nach wie vor kolonisiert vom Westen*.

Er suggeriert damit eine Ausnahme- und Notwehrsituation, in der man gar nicht anders könne, als Gebote und Verbote zu übertreten:

- *Ist es erlaubt zu reisen, mit der Absicht, die Pilgerfahrt zu unternehmen und dieses mit einem gefälschten Reisepass? Wie ihr wisst, sind falsche Zeugenaussagen verboten. Was die Fälschung von Reisepässen unter bestimmten oder besonderen Umständen betrifft, ist das etwas Neues* [„Neuerungen" sind im Salafismus verboten und verpönt. Fazazi deutet damit an, dass er wie die Reichsbürger Pässe ohnehin nicht anerkennt]. *Wenn ihr diesen Fragen in den fiqh-Büchern, nachgeht, dann findet ihr keine Antwort. ... In keinem fiqh-Buch werdet ihr den Begriff gefälschter Reisepass finden. Dort werdet ihr lediglich den Begriff falsche Zeugenaussage finden. Wehe vor der falschen Zeugenaussage! Wehe vor der falschen Zeugenaussage! Gott hat die Anrufung des Menschen nicht nötig. Gott ist nicht verpflichtet, einem Menschen Essen und Trinken zu geben, der lügt oder mit falschen Zeugenaussagen arbeitet, wie es in den hadith, beschrieben ist.*[242] *Wenn einer nicht von falschen Aussagen Abstand nimmt und damit nicht aufhört, so braucht Gott nicht für sein Essen und Trinken zu sorgen oder wie es Gott, gepriesen sei er, gesagt hat* ... (Das) *ist eine der gefährlichsten Arten der Lüge, aber ich habe euch gesagt, diese neuen Erscheinungen erfordern eine ernsthafte Zusammenkunft qualifizierter Rechtsgelehrter ..., die diese neuen Erscheinungen von allen Seiten untersuchen. Was aber soll ich sagen, wenn ein islamischer Rechtsgelehrter vor der Unterdrückung, vor den Schlägen oder vor der Ermordung durch die Regierung mit einem gefälschten Reisepass aus seinem eigenen Land geflohen ist? Demjenigen, dem nur die List geblieben ist, einen falschen Reisepass zu benutzen, dem kann ich nicht sagen, dass dies verboten ist. Das ist die eine Sache. Aber wenn einer sein ganzes Leben mit dem Fälschen von Papieren verbringt, also ich weiß nicht, das sind neue Erscheinungen und ich sage nur, Gott weiß es besser, Gott ist der Wissende.*[243]

Fazazi rechtfertigt Passfälschungen, indem er zu den bekannten Geboten und Verboten Ausnahmesituationen formuliert und mithilfe einiger gedanklicher Kniffe (Pässe als unerlaubte Neuerung, aber notwendiges Übel) die Straftat des Passfälschens moralisch legitimiert. Die Verantwortung will er jedoch nicht selbst übernehmen, sondern tritt sie praktischerweise an Gott ab. Auf diese Weise löst er den Konflikt zwischen dem internen Moralkodex und dem

---

[242] *Hadith*: Eine „Überlieferung" von Taten und Aussprüchen des Propheten und seiner Gefährten, die in verschiedenen Sammlungen nach bestimmten Überprüfbarkeitskriterien im 9. Jh. schriftlich zusammengetragen wurden.

[243] Übersetzung aus dem Dokumentarfilm *Hamburger Lektionen* von Romuald Karmakar aus dem Jahre 2006. **Filmedition Suhrkamp**, 2009.

unmoralischen Verhalten gegenüber Außenstehenden - und „rechtfertigt“ damit Straftaten. Mit denselben Tricks „legitimiert“ er Diebstahl und selbst die Tötung von Kindern.

Wenngleich nicht jede Schwarzweißmalerei extremistisch ist - wir schätzen sie in Kindermärchen und Fiktion - so sollte die Aufteilung der Welt im politischen Bereich in *Wir* - *Ihr*, *Gut* - *Böse*, etc. ein Alarmzeichen sein. Wir begegnen ihr immer wieder: Die dualistische Rhetorik des amerikanischen Präsidenten George W. Bush zur *Achse des Bösen* nach den Anschlägen des 11. September 2001 - *Wer nicht für uns ist, ist gegen uns!* - war religiös unterlegt und bezweckte, die US-Amerikaner auf einen Krieg einzuschwören.[244] Damit bestätigte er den jihadistischen Gegnern ihr Weltbild. Insofern war seine Rhetorik eine willkommene und wirksame Propaganda auch für die Gegenseite.[245]

Monokausale Erklärungen

Alles Unangenehme und Schlechte auf der Welt oder in der Gesellschaft führen Extremisten in der Regel auf eine Hauptursache, auf das Wirken, die Machenschaften, die Verschwörung des *Feindes* zurück. In seiner programmatischen Schrift *Mein Kampf* verteufelt Hitler alles, was er ablehnt, als *jüdisch.* So kommt es zu folgenden Absurditäten:

---

[244] Damit reiht er sich als amerikanischer Präsident in eine alte Tradition ein. Richard Hofstadter: *The Paranoid Style in American Politics.* In: **Harper´s Magazine.** November 1964, https://harpers.org/archive/1964/11/the-paranoid-style-in-american-politics. Gesichtet November 2017. Mark Fenster: **Conspiracy Theories: Secrecy and Power in American Culture.** Minneapolis und London, 2008, revidierte Ausgabe (zuerst 1999 erschienen).

[245] Philippe Buc untersucht christliche Formen der Legitimierung von Gewalt: **Heiliger Krieg. Gewalt im Namen des Christentums.** Mainz, 2015.

- *Und weiter hat unsere rechte Seite ja ganz vergessen, dass die Demokratie grundsätzlich nichts Deutsches, sondern etwas Jüdisches ist.* Oder: *Was war denn dieser ganze Liberalismus, was unsere Presse, was die Börse, was das Freimaurertum ... Judeninstrumente.*

Auch andere extremistische Weltbilder sind in ihren Deutungen wunderbar einfach: Für Linksextremisten ist der *aggressive Neoliberalismus* (eines ihrer Synonyme für *Kapitalismus*) an allen gesellschaftlichen Fehlentwicklungen und Missständen Schuld. Faschismus? Rechtspopulismus? Kriminalität? Eine notwendige Folge unseres *kapitalistischen*, wahlweise *neoliberalen* Systems. Die Lösung? Das System abschaffen. Was denn auch sonst?

Andere geben *dem Islam* an allen Problemen in Deutschland die Schuld. Werde dieser Quell allen Übels ausgemerzt, gebe es folglich auch keine Probleme mehr mit Kriminalität und Vergewaltigungen. Wirtschaftliche, soziale, gesellschaftliche oder individuelle Ursachen für Kriminalität, sowie ein Großteil der Täter werden einfach ausgeblendet.

Monokausale Erklärungen sind so „erfolgreich und einleuchtend“, weil sie uns im Alltag regelmäßig begegnen und nicht immer völlig falsch sind. Wer ausschließlich nach Bestätigung sucht, findet sie. Ja, es gibt sicher einige *böse Kapitalisten* oder eine Minderheit *krimineller Ausländer*, auch *neoliberale Unsympathen* oder *reiche Juden*.[246] Aber so wird die Realität holzschnittartig bis zur extremen Entstellung vereinfacht. Und wenn es nicht gefährlich ist,

[246] Der Philosoph im Autorenteam legt Wert auf die Feststellung, dass er ein guter Kapitalist und sympathischer Neoliberaler ist.

dann zumindest nichtssagend: *Alles ist von der Wirtschaft gesteuert* ist nicht ganz falsch, aber genauso vereinfachend wie alles menschliche Handeln auf den Sexual- oder den Überlebenstrieb zurückzuführen.

Unser Fazit: Kennzeichnend für extremistische Weltbilder ist ein strenger Dualismus, auf dessen Grundlage das Feindbild steht und der die Trennung zwischen intern geltenden Regeln und externem „Kriegszustand" bedingt: *Wir* gegen die *anderen*!

Die extremistische Weltformel

Extremisten wähnen sich im Besitz einer Weltformel:

- Zentrale ideologische Aussagen gelten allgemein und für alle Zeiten.

Darin ähneln extremistische Ideologien den Religionen. Im Gegensatz zum wissenschaftlichen Erkenntnisanspruch ist die Wahrheit der Extremisten weder anfechtbar noch durch neue Einsichten revidierbar. Mit ihrer Wahrheit können sie nicht nur die Welt erklären und alle Missstände auf Ursachen zurückführen, sondern auch die Heilmittel bereitstellen. Mit der Verwirklichung ihrer Gesellschaftskonzeption glauben sie, dauerhaft alle Probleme beseitigen zu können.

Es ist eigentlich ganz einfach …

Der dialektische Materialismus ist für Linksextremisten eine solche Welterklärungs- und Heilsformel. Schon die Monokausalität sollte stutzig machen - aber natürlich auch die äußerst ungenaue und mehrdeutige Formulierung der Formel selbst. Das ist kein Zufall. Extremisten nutzen in ihren Kernbotschaften immer wieder vage Begriffe:

- In der Islam-Auslegung der Salafisten beginnen alle Probleme mit der Abweichung vom *rechten Islam* und mit *bid'a* (das sind unerlaubte Neuerungen). Alle gesellschaftlichen und politischen Fragen werden unter einige wenige theologische Prinzipien subsumiert, z.B. das *tauhid*-Prinzip, den strikten Monotheismus.

- Rechtsextremisten finden ihre Weltformel in ethnischer Zugehörigkeit: Alle Probleme rührten von *Degenerationserscheinungen* durch *Vermischung* mit anderen Ethnien her. Unweigerlich folgt in radikaleren Varianten ein Bezug auf den sozialdarwinistischen Kampf der Völker mit Vernichtung der Schwächeren, also das völkische *Highlander-Prinzip: Nur ein Volk kann übrigbleiben.*

In gemäßigteren Varianten kann ein Volk nur in einer ethnisch getrennten Welt überleben. Deutsche Rechtsextremisten fühlen sich vom *Volkstod* oder einem *Bevölkerungsaustausch* bedroht, der perfiderweise durch die Regierungen vorangetrieben werde. In diesem Weltbild ist der Tod eine angemessene Bestrafung für eine Regierung, die einen derartigen Verrat an ihrem Volk begeht.

Auch aus erkenntnistheoretischer Perspektive ist das Extremistendasein erfreulich unkompliziert. Extremisten wähnen sehr oft, das wahre Wesen der Dinge in aller Klarheit zu erkennen. Sie wüssten genau, woran die Gesellschaft kranke und wie ihr zu helfen sei. Dementsprechend ganzheitlich oder totalitär sind dann auch ihre Heilmethoden. Aus ihrem vermeintlich höheren und absolut sicheren Wissen leiten sie den Anspruch ab, die Gesellschaft zu leiten und zu steuern. Allen anderen ist dies verwehrt, weil sie wahlweise verblendet sind, nicht die richtige Ethnie oder Gesinnung haben.

Historisch verbürgt ist die Haltung russischer Revolutionäre, die den Arbeitern die Fähigkeit absprachen, die für sie richtigen Entscheidungen zu treffen. Die Abschaffung des Privateigentums oder zumindest der komplexe Weg dahin waren wohl doch nicht so leicht vermittelbar.[247] Wichtige Entscheidungen mussten den unaufgeklärten Arbeitern folglich abgenommen werden. Ungefragt wurden sie in die mehr oder weniger gutgemeinte Obhut der Avantgarde genommen. Hinter der Fürsorge steckte natürlich keine echte Solidarität, sondern Verachtung und Geringschätzung für die vermeintlichen Schützlinge und die Verfolgung eigener politischer Ziele und Interessen.

In dieser Hinsicht orientiert sich der schon erwähnte Sayyid Qutb an den atheistischen russischen Revolutionären. Auch in seiner Vorstellung soll eine Avantgarde, allerdings eine religiöse, die Verwirklichung einer islamischen Gesellschaft anstoßen, vorantreiben und so die Wiederherstellung des *wahren Islam* und damit Gottes Auftrag erfüllen:

- Gott sei der einzig legitime Herrscher und Gesetzgeber über die Menschen und eine islamische Gesellschaft die einzige, in der Freiheit möglich sei, indem man sich den Gesetzen des Islams unterwerfe. Was Gott will, wisse die islamische Avantgarde besser als alle anderen Menschen.

Die exklusive und unbezweifelbare Kenntnis des Willens Gottes ist ein typisches Merkmal aller religiösen Extremisten. In seiner Selbstwahrnehmung war auch der Islamische Staat eine kleine

[247] Wobei gerade die russischen Proletarier als ehemalige Leibeigene ohnehin kein Privateigentum kannten, sich aber durch die Enteignung von Grund bedroht sahen, auf dem sie als Leibeigene zumindest ein Existenzrecht hatten.

Elite wahrer Gläubiger, auf deren Schultern das Schicksal der ganzen Welt ruhte.[248]

Rechtsextremisten berufen sich ebenfalls auf Expertenwissen. Bei ihnen geht es um den für alle anderen ebenso orakelhaften wie schwer zu sondierenden *Volkswillen.* Manchmal zusätzlich noch um den Willen Gottes - doppelt genäht hält auch hier besser. Bei einem einheitlichen und homogenen Volk könne es selbstverständlich nur einen Willen geben - welchen die Rechtsextremisten genau kennen, richtig interpretieren und getreu umsetzen. Alles mit dem Ziel der Wiederherstellung der *rassischen Reinheit.* Wozu das in der Vergangenheit geführt hat, brauchen wir hier nicht auszuführen.

Das utopische Heilsversprechen

Extremisten glauben in aller Regel auch genau zu wissen, wohin die Gesellschaft sich entwickeln wird. Deren geschichtlicher Entwicklung wohne angeblich ein Sinn und Zweck inne. Die jeweilige Ideologie dient ihnen dabei als Wegweiser in die ideale Zukunft. Gesellschaftliche und politische Ereignisse lassen sich als Kampf um den richtigen Weg oder als Fehlentwicklungen deuten - je nachdem.

Wie lässt dieser Traum sich beschreiben? Es gibt vergangenheits- und zukunftsorientierte Utopien:

[248] Im Unterschied dazu sieht der gemäßigte Gläubige ein, dass es mannigfaltige Interpretationsmöglichkeiten gibt und mit den jeweiligen heiligen Schriften keine Interpretationskriterien mitgeliefert wurden.

- Islamisten und Rechtsextremisten streben die vermeintliche Wiedererrichtung einer idealen vergangenen, noch nicht „degenerierten“ Gesellschaft an.

- Dagegen siedeln Linksextremisten ihre Utopie meistens in der Zukunft an: Die ideale, klassenlose Gesellschaft hat es auch aus ihrer Sicht bisher noch nicht gegeben. Oder sie suchen sie in einer stark idealisierten Sicht auf *zivilisatorisch noch nicht verseuchte* Stammesgesellschaften und Sozialstrukturen.

Die Inhalte und Rahmenbedingungen bleiben bis heute in ihren Schriften sehr vage - wie so vieles. Marx widmet seiner idealen Gesellschaft nur einen kleinen Absatz:

- *... während in der kommunistischen Gesellschaft, wo Jeder nicht einen ausschließlichen Kreis der Tätigkeit hat, sondern sich in jedem beliebigen Zweige ausbilden kann, die Gesellschaft die allgemeine Produktion regelt und mit eben dadurch möglich macht, heute dies, morgen jenes zu tun, morgens zu jagen, nachmittags zu fischen, abends Viehzucht zu treiben, nach dem Essen zu kritisieren, ohne je Jäger, Fischer, Hirt oder Kritiker zu werden.*[249]

Selbst sozialrevolutionäre und terroristische Aktivisten weichen der Frage nach ihrer idealen Gesellschaft immer wieder aus - obwohl sie äußerst entschlossen für diese kämpfen. So antwortete Abimael Guzman, der Führer des peruanischen maoistischen *Leuchtenden Pfades*:

---

[249] Karl Marx und Friedrich Engels: **Werke, Bd. 3: Die deutsche Ideologie.** Berlin, 1969.

- *Wir haben diese Frage noch nicht hinreichend untersucht, weil sie Probleme betrifft, die sich in der Zukunft stellen werden.*[250]

Und das Sekretariatsmitglied der kolumbianischen FARC Paul Reyes antwortete:

- *Ich gebe zu, diesen Aspekt müssen wir noch definieren. Wir haben jedoch schon in gewissem Umfang darüber nachgedacht.*[251]

Islamisten bezeichnen die muslimische Urgemeinde Medinas im 7. Jahrhundert als das *goldene Zeitalter*. Danach hätten *fitna* (Zwist) und *bid'a* (unerlaubte Neuerung) die Einheit getrübt und die Gemeinschaft gespalten. Diese Ursünde führte zu *shirk* (Beigesellung zu Gott, also Polytheismus und somit Verrat am reinen Monotheismus) und zu einer *Verunreinigung* der Religion. Darin liegt für sie der Niedergang der islamischen Welt begründet. Zwar liegen sie damit historisch falsch, aber so genau nimmt es kein Extremist.[252]

Der Journalist Peter Arnett stellte Osama bin Laden im Jahr 1997 die Frage, welche Gesellschaft entstehen würde, wenn die Islamische Bewegung Arabien übernähme. Bin Laden, der zu jeder Tages- und Nachtzeit die Fehler und Verbrechen der USA detailreich und wortgewaltig schildern konnte, blieb in seiner Antwort überraschend vage und unverbindlich:

---

[250] Louise Richardson: **Was Terroristen wollen. Die Ursachen von Gewalt und wie wir sie bekämpfen können.** Frankfurt am Main, 2007.
[251] Ebenda.
[252] Für Historiker beginnt das goldene Zeitalter der islamischen Welt im 10. Jh. und endet mit dem Mongolensturm im 13. Jh. Zivilisatorische Innovation und materieller Wohlstand sind hierfür die Kriterien.

- *Wir sind zuversichtlich, dass mit der Erlaubnis Gottes, er sei gelobt und gepriesen, die Muslime auf der arabischen Halbinsel siegreich sein werden und die Religion Gottes, er sei gelobt und gepriesen, auf dieser Halbinsel Bestand haben wird ...*[253]

Rechtsextremisten haben auch ein ideales Zeitalter - über das Wann steht eine Einigung aber noch aus. Es liegt u.a. wahlweise im Mittelalter, schon vorher bei den alten Germanen oder viel später im Nationalsozialismus. Heutige Rechtsextremisten hegen oft eine Traumvorstellung, die wir so ähnlich aus der phantastischen Literatur kennen: Sie ist vergleichbar mit Mittelerde, der von Tolkien entworfenen Welt im Roman *Hobbit* und in der Trilogie *Herr der Ringe.* Wie ist das zu verstehen? Mittelerde wird bewohnt von optisch eindeutig voneinander unterschiedenen und unterscheidbaren Arten: Zwergen, Elfen, Menschen und Hobbits. Es liegt ihnen fern, sich zu vermischen. Bedroht wird diese Idylle des Guten durch das Böse: Dafür müssen die animalischen Orks und ein paar durchgedrehte Zauberer herhalten. Letztere wollen die Weltherrschaft und sprechen den anderen Arten die Existenzberechtigung bzw. etwas anderes als Sklavenstatus ab. Deshalb müssen sie ihrerseits eliminiert oder stark geschwächt werden. Als ich, Judith Faessler, vor Jahren einmal gefragt wurde, was am Faschismus überhaupt attraktiv für junge Leute sein könne, fielen mir als Analogie spontan die Verfilmungen der Tolkien-Trilogie ein. Fantasy-Welten zu mögen, ich mag sie auch, macht natürlich niemanden zum Faschisten. Einige davon errichten zu wollen aber schon.[254]

---

[253] Louise Richardson: **Was Terroristen wollen. Die Ursachen von Gewalt und wie wir sie bekämpfen können.** Frankfurt am Main 2007. S. 124. Im Vergleich dazu sind unsere Spitzenpolitiker die reinsten Präzisionsmonster.

[254] Die Bücher Tolkiens sind natürlich keine Grundlagentexte des Faschismus und wir wollen niemandem die Freude an der Lektüre oder den Filmen nehmen! Zumal einer Ihrer Autoren selbst Zauberer ist.

Auch im Islamismus spuken ähnliche Vorstellungen herum:

- *Hinzu kamen die Phantasiewelten des Koran, die Propheten, die Dämonen, die Welt der Toten. Noch heute habe ich ein Faible für diese phantastischen Welten, so wie sie etwa in ‚Game of Thrones' oder im ‚Hobbit' entworfen werden.*[255]

Über den jihadistischen Mentor Usama bin Ladins, Abdullah Azzam, wird berichtet:

- *Er inspiriert sie* [die amerikanischen Muslime] *mit seinen Geschichten von der Schlacht, die in einen magischen Realismus abdrehen - Geschichten von Mudschaheddin, deren Körper unempfindlich sind gegen sowjetische Kugeln, die von reitenden Engeln in die Schlacht begleitet und von Heerscharen von Vögeln vor herabfallenden Bomben geschützt werden.*[256]

Die irrationale Welt der Jihadisten dokumentieren makabre Szenen in ihren Propagandafilmen: Die Nahaufnahmen austrocknender Leichen und die damit einhergehende Sichtbarkeit der Zähne sollen beweisen, dass sie mit einem Lächeln gestorben seien. Die natürliche Erschlaffung der erstarrten Leiche nach mehreren Tagen wird als wunderbares Ausbleiben der Totenstarre gedeutet und der angebliche Moschusduft der Leichen jihadistischer Kämpfer als besondere Auszeichnung Gottes. Das bekannteste Symbol aus der Zauberwelt des Jihadismus dürfte das verbreitete Bild der grünen

---

[255] Ahmad Mansour: **Generation Allah.** Frankfurt am Main, 2022, S. 62.

[256] Zak Ebrahim, mit Jeff Giles: **Der Sohn des Terroristen. Die Geschichte einer Entscheidung.** Frankfurt am Main, 2016, S. 39f.

Vögel sein, in die sich die Seelen der Märtyrer angeblich verwandeln.

Wer das befremdlich findet und meint, deutsche Jugendliche seien gefeit vor übernatürlichen Märchen, der sei durch Berichte junger Jihadisten eines Besseren belehrt. Biographische Berichte wie *Mein Weg nach Jannah* lassen tiefe Einblicke in die irrationale und phantastische Welt des Jihadismus zu, in der es neben Gott und Teufel noch viele weitere übernatürliche Wesen wie Jinns gibt. Auch Zauberrituale und -formeln spielen eine wichtige Rolle. Sie rahmen den gesamten Alltag ein - etwa mit welchem Fuß das Badezimmer betreten, welche Bewegung zuerst getan werden soll ... Das suggeriert nicht nur ein Gefühl von Eingeweihtsein und gibt Sicherheit, sondern droht auch Unglück bei Nichtbefolgen an. [257]

Also: Die extremistische Utopie erfährt so gut wie nie eine konkrete und genaue Ausgestaltung. Sie erscheint vielmehr in strahlendes Licht gehüllt, von dem ein starkes Leuchten ausgeht - das aber einen genauen Blick nicht ermöglicht. Ist die Utopie erst errichtet, so die Vorstellung, gibt es keine nennenswerten Feinde und Konflikte mehr. Hier kommt die einheitliche Gemeinschaft wieder ins Spiel: Denn alle wären sich dann einig, dass sie in der einzig guten Gesellschaftsform leben. In allen extremistischen Utopien würde sich eine Polizei erübrigen, so die Überzeugung, denn niemand hätte mehr einen Grund, unehrlich zu sein, zu stehlen, zu lügen oder kriminell zu werden. *Und wenn sie nicht gestorben sind* ...

---

[257] Judith Faessler: *Biographisches Porträt: Eric Breininger.* In: Uwe Backes/Alexander Gallus/Eckhard Jesse (Hg.): **Extremismus & Demokratie.** 27. Jahrgang 2015, S. 189.

Der Weg zum Heil

Dieser Weg ist wie im richtigen Leben so auch für Extremisten oft ein sehr steiniger und gewundener. Um zu ihrer Idealwelt zu gelangen, müssen z.B. Rechtsextremisten die *Volksfeinde* (ein sehr dehnbarer Begriff) bekämpfen, Linksextremisten den *revolutionären Zustand* aufrechterhalten, in dem die *Feinde der Revolution* (auch dehnbar) bestraft würden. Die *Diktatur des Proletariats* ist dieser *provisorische* (!) (Dauer-)Zustand, der sich bis zur Eliminierung aller konterrevolutionären Elemente hinzieht. Die Jihadisten wiederum wollen auch nicht untätig bleiben und sehen sich in der Pflicht, den kämpferischen Jihad durchzuführen - bis zur Vernichtung aller *Feinde des Islams,* der *muharibun* (genauso dehnbar).[258]

Extremisten halten die Durchsetzung ihres gesellschaftlichen Ideals mit allen Mitteln, auch eindeutig illegalen, für absolut gerechtfertigt und moralisch legitim. Ein Verzicht auf Gewalt ist häufig nur machttaktischer Natur und weniger der Einsicht in Humanismus, Verständnis für die conditio humana oder Menschenfreundlichkeit geschuldet.

Einige wollen die gesellschaftliche Basis ihrer Utopie durch *kulturelle Hegemonie* herstellen.[259] Ein Wandel oder Umsturz dürfe aus

---

[258] Genau genommen bedeutet es *Krieger* (hier *gegen den Islam*).

[259] Hier beziehen sich nicht nur Kommunisten, sondern auch Rechtsextremisten auf das Konzept der *kulturellen Hegemonie* von Antonio Gramsci. Zur Verbindung zwischen Gramsci und Neuer Rechter: Armin Pfahl-Traughber: **Konservative Revolution und Neue Rechte. Rechtsextremistische Intellektuelle gegen den demokratischen Verfassungsstaat.** Wiesbaden 1998. Claus Leggewie: *Kulturelle Hegemonie – Gramsci und die Folgen* In: **Leviathan**, Vol. 15 Nr. 2 (1987), S. 285-304.

ihrer Sicht auch mit Gewalt herbeigeführt werden, durch Sabotage, Sachbeschädigung und Zerstörung von Infrastruktur. Das soll zu Zermürbung und Destabilisierung führen. Die meisten Extremisten (und nicht nur sie) hegen die unrealistische aber für sie ungemein attraktive Vorstellung eines wohlwollend autoritären Staates für eine Übergangsphase, eine Phase der gesellschaftlichen Umerziehung. Die Umerzieher sind natürlich sie selbst.

Tatsächlich sind Utopien in der Verwirklichungsphase und danach durch Kriegszustand und Repression gekennzeichnet. Halten können sich entsprechende Regime nur durch permanente Bedrohung von außen und die brutale Ausschaltung aller internen Feinde. Funktioniert die Utopie nicht so wie in der Verheißung, muss man den Kontrast wegerklären. Die Propagandaabteilung des IS liefert dafür ein Beispiel:

- Aus eigener Sicht war der IS im Jahr 2015 dabei, das Paradies auf Erden zu errichten. Millionen Flüchtende in die falsche Richtung störten allerdings dieses Bild. Statt im islamischen Paradies suchten sie Zuflucht im verhassten und verrotteten Westen. Dem musste eine Verunglimpfung der Flüchtlinge entgegengesetzt werden: Zuerst stellte die IS-Propaganda sie als vom Westen gesteuerte Verräter dar. Bei einigen Millionen Flüchtlingen ist das allerdings nicht wirklich glaubwürdig. Daher hat der IS versucht, die Flüchtlingsströme zu verunglimpfen, indem er gezielt Terroristen als Flüchtlinge getarnt eingeschleust hat.

Unser Fazit: Extremisten glauben, dass sie Zugang zu einem höheren Wissen haben, der alles erklärenden Weltformel. Sie allein erfassen diese und damit das wahre Wesen der Dinge. Daraus folgt, dass sie auch die Ideallösung für alle Problem kennen: Sie streben nicht nur eine politische Führungsrolle, sondern die ganzheitliche Kontrolle der Gesellschaft an. Im Gegensatz zu nicht-extremistischen gesellschaftlichen Idealen haben sie den Anspruch,

Gesellschaften nach der Vorstellung ihrer Utopie ganzheitlich zu formen und zu steuern. Sie sehen sich auch in der moralischen Pflicht dazu: *Wo gehobelt wird ...* Sie sind unerschütterlich davon überzeugt, dass kein anderes Gesellschaftsmodell möglich und richtig wäre. Ihre jeweilige Utopie ist ein Heilsversprechen, das vor dem Hintergrund einer düster und bedrohlich gezeichneten Realität besonders attraktiv und leuchtend erscheint.

Allerdings nur, weil keine Details genannt werden. Die Utopie bleibt in aller Regel so vage, dass jeder seinen persönlichen Traum ohne große inhaltliche Abstriche weiterträumen kann und sich irgendwie darin wiederfindet. Unser Verdacht: Vielleicht soll die auf den ersten Blick attraktive Utopie ja ein Kontrastprogramm zu Hass und Menschenverachtung bieten, um nicht nur destruktiv oder nihilistisch zu erscheinen?

Utopien sind allein schon aus einem Grund nicht umsetzbar: Sie gehen von einem völlig unrealistischen Menschenbild aus! Allen Utopien gemeinsam ist ein so irriges wie gefährliches Axiom:

- *Der Mensch ist perfekt, wenn er nur im perfekten System lebt, welches wiederum für alle Menschen gleich perfekt ist!*

Zusammenfassung Kapitel 11

In diesem Kapitel klären wir den Begriff *Extremismus* und entwickeln eine professionelle Charakteristik seiner wichtigsten Einstellungsmerkmale.

Wir nutzen eine **Minimal-Definition** von *Extremismus.* Gerichte und Verfassungsschutz orientieren sich an dieser negativen Definition:

- *Extremismus* ist jede Handlung (juristisch nennt sich das *Bestrebung*), welche darauf abzielt, die individuellen Grundrechte mittelbar oder unmittelbar zu beseitigen.

Um den Extremismus in seinen vielfältigen Spielarten inhaltlich zu erfassen, benötigen wir zusätzlich eine **Positivdefinition** mit Erkennungsmerkmalen. Wir stellen drei für unser Thema wichtige Merkmale bzw. Kernideen in den Mittelpunkt:

Der Traum von einer identitären Gesellschaft: Extremisten streben nach einer Gemeinschaft, die politisch homogen, sozial kollektivistisch und konformistisch ist. Das Individuum erhält seinen Wert erst durch die Zugehörigkeit zu dieser Gemeinschaft. Extremisten halten ihre Gemeinschaft zudem noch für existenziell bedroht. Das wiederum legt den Grundstein für eine Uminterpretation von Gewalt zur Notwehr.

Die schwarz-weiße Welt: Kennzeichnend für extremistische Weltbilder ist ein strenger Dualismus von Gut und Böse. Darauf beruht die strikte Trennung von intern geltenden Regeln und externem Kriegszustand - eine Moral für uns, eine andere für die Feinde. Statt komplexer Erklärungen des Weltgeschehens entsteht aus der Fokussierung auf einen einzigen Schuldigen, den *Feind*, eine extreme Vereinfachung und somit Verzerrung der Welt.

Die extremistische Weltformel: Zentrale ideologische Aussagen sollen allgemein und für alle Zeiten gelten. Im Gegensatz zum wissenschaftlichen Erkenntnisanspruch ist die Wahrheit der Extremisten aber weder anfechtbar noch durch neue Einsichten revidierbar. Mit ihrer Wahrheit können sie nicht nur die Welt erklären und alle Missstände auf eine oder sehr wenige Ursachen zurückführen, sondern auch die Heilmittel bereitstellen. Mit der Verwirklichung ihrer Gesellschaftskonzeption glauben sie, dauerhaft alle Probleme beseitigen zu können. Die Vorstellung dieser Idealgesellschaft bleibt aber so gut wie immer sehr allgemein und unbestimmt; auch der Weg in das vermeintliche Paradies auf Erden bleibt nebulös.

Vertiefende Literatur zu Kapitel 11

Eric Hoffer: **Der Fanatiker.** Hamburg, 1965. (Erstmals 1951 auf Englisch unter dem Titel **The True Believer** veröffentlicht.)
Hoffer bietet in diesem Klassiker einen leicht zu lesenden und sehr treffenden Einblick in alle wichtigen Aspekte der Ideologisierung und Radikalisierung. Seitdem haben sich die Begriffe geändert und ausdifferenziert, eine ganze Forschung und Fachbegriffe sind entstanden. Aber Hoffers Erkenntnisse sind nach wie vor aktuell.

George Orwell: **Über Nationalismus.** München, 2020. (Erstmals 1945 auf Englisch unter dem Titel **Notes on Nationalism** erschienen.)
Orwell beschreibt, und zwar schon sehr früh, den Extremismus unter dem Oberbegriff *Nationalismus*.

Michael Butter: **Nichts ist, wie es scheint.** Berlin 2018.
Butter liefert eine sehr lesenswerte und unterhaltsame Einführung in das Paralleluniversum zahlreicher Verschwörungskonstrukte, deren gängigste Muster und Erzählungen.

Catherine Nixey: **Heiliger Zorn. Wie die frühen Christen die Antike zerstörten.** München, 2019. (Erstmals 2017 auf Englisch unter dem Titel **The Darkening Age: The Christian Destruction of the Classical World** veröffentlicht.)
Der Inhalt des erzählerisch geschriebenen Buchs wirkt bisweilen wie verfremdete Nahaufnahmen heutiger, gewalttätiger, fanatisierter Bewegungen. Nixey kommt ohne Belehrungsversuche und Zeigefinger aus. Sie zeigt, dass es damals nicht um das Aufeinandertreffen zweier Religionen ging, sondern um das Aufeinandertreffen zweier Denkkulturen: einer rationalen und einer irrationalen.

Kapitel 12
Welche Rolle spielen Verschwörungskonstrukte im Extremismus?

Im letzten Kapitel haben wir ausführlich erläutert, was unter *Extremismus* zu verstehen ist. Das ist sehr wichtig, weil in vielen Darstellungen unscharfe oder ungeeignete Begriffsbestimmungen verwendet werden: Dadurch wird die Debatte verwässert, unsachlich und letzten Endes unergiebig. Man redet zwar viel über die Rolle von Verschwörungskonstrukten im Extremismus - sagt aber wenig.

In unserer Darstellung des Extremismus sind immer wieder einzelne Aspekte aufgetaucht, die wir schon aus der Analyse von Verschwörungskonstrukten kennen. In diesem Kapitel erklären wir, wie genau diese mit dem Extremismus zusammenhängen, welche Rolle sie dabei oft spielen. Das wiederum ist unverzichtbar, um ein realistisches Bild vom Gefahrenpotential diverser Verschwörungskonstrukte zu bekommen.

Einstieg in den Extremismus

Die Frage nach dem Einstieg in den Extremismus liegt nahe. Allerdings ist sie eine der schwierigsten, weil es sich dabei in aller Regel nicht um ein singuläres Ereignis handelt, sondern um einen **Prozess mit mehreren Phasen**. Dieser hat eine Vorgeschichte, einen Kontext und eine Entwicklung, die selten zielgerichtet und linear verläuft. Bei den besten Erklärungen handelt es sich oft um eine sehr individuelle Kombination aus ganz verschiedenen Ursachen: Familienverhältnisse, Entfremdungsgefühle, Marginalisierung, schulische oder berufliche Misserfolge, Schlüsselerlebnisse oder fehlende Perspektiven können dabei eine Rolle spielen.[260]

Auch wenn diese Faktoren stark mit der jeweiligen Persönlichkeit zusammenwirken, gibt es **keine** klar bestimmbare *extremistische Persönlichkeit*. Der Kontext spielt immer eine wichtige Rolle. Opfer einer Ideologisierung sind häufig Suchende. Sie leiden an Überforderung und Orientierungslosigkeit. Sie sehnen sich nach klaren Verhältnissen. Hier dürfte vielen Lesern schon klar sein: Das sind genau die „Leiden“, für deren Behandlung eine extremistische Ideologie „Heilmittel“ bereithält. Extremistische Ideologien fangen wie Netze genau die Menschen auf, die den Seiltanz des autonomen Lebens nicht beherrschen oder ihn zeitweise verlernt haben. Während der eine aus real erlebten Diskriminierungen gestärkt hervorgeht und gegen Hetzparolen immunisiert ist, zerbricht der andere an subjektiv empfundenen Benachteiligungen und wird anfällig für die Gedankenwelt und den Lockruf von Extremisten.

Manche Extremisten führen ihren Einstieg rückblickend auf ein **Erweckungserlebnis** zurück. Das halten wir allerdings für Mythenbildung und autobiographische Verklärung. Realistisch ist eher ein langsamer und verwickelter Prozess, dem meist ein persönlicher Leidensweg und biographische Brüche mit anschließender Neu-Orientierung vorausgehen. Mittlerweile hat die Forschung einige **Einstiegskriterien** identifiziert. Mit diesen kann man aber wenig anfangen. Sie sind nämlich so weit gefasst, dass sie auf einen guten Teil der Gesellschaft zutreffen. Manche sind sogar normaler Teil der pubertären Entwicklung.

---

[260] Bis heute gibt es dazu keine wirklich überzeugenden und umfassenden Theorien.

Also: Wir brauchen bessere Antworten als den Verweis auf eine typisch extremistische Persönlichkeit, ein angebliches Erweckungserlebnis oder (fast) eindeutige Einstiegskriterien.

Wie gehen wir vor? Unseren Ansatz kennen Sie mittlerweile: Wir verzichten bewusst auf vereinfachende Patenterklärungen. Wir konzentrieren uns auf typische Erklärmuster, auf häufig zu beobachtende Meilensteine auf dem Weg in den Extremismus. Auf diese kann man dann im Einzelfall zurückgreifen.

Phasen des persönlichen Umbruchs

Im Nachhinein betrachtet beginnt der Einstieg in den Extremismus häufig in kritischen Lebensphasen, etwa in der Pubertät oder nach Schicksalsschlägen. Jungen Menschen fehlt natürlich die Erfahrung im Umgang mit schwierigen Zeiten und Schicksalsschläge fordern uns alle oft bis an die Grenzen und darüber hinaus: Sie verunsichern, legen Schwächen offen und machen verwundbar. Menschen hadern mit Zufällen, sofern sie ihnen zum Nachteil gereichen. Sie missgönnen anderen oft ihr Glück, während sie meinen, selbst leer auszugehen. Wir tun uns schwer damit, Misserfolge auf eigene Fehler und Unzulänglichkeiten zurückzuführen …

Welche Rolle spielen Verschwörungskonstrukte dabei? Sie bieten, das kennen wir bereits, Strategien für den Umgang mit Krisen, Enttäuschungen und Verunsicherung. Sie erklären die Welt, geben zufälligem Pech einen Sinn und *erlösen* einem bei selbstverschuldetem Unglück von der Verantwortung. Schließlich ist man Opfer einer Verschwörung mit übermächtigen Verschwörern gemäß diesem Motto:

- *Kein Wunder, dass ich mein Ziel nicht erreicht habe; ich hatte nie eine Chance!*

Der Schritt in Richtung Extremismus fällt dann leicht. Wer bereits an ein Verschwörungskonstrukt und dessen Feindbild glaubt, bestimmte Denkmuster angenommen hat, ist prinzipiell offen für extremistische Ideologien und deren radikale „Lösungsansätze“:

- Wer glaubt, dass eine bestimmte Gruppe an seiner Misere die Schuld trägt, ist natürlich erst einmal aufgeschlossen für Ideen, wie man sich gegen diesen *Feind* zur Wehr setzen kann.

- Er ist ebenfalls aufgeschlossen für tiefere und umfassendere Erklärungen der Welt, die ihm seine missliche Lage noch besser verständlich machen - also auch für Ideologien mit Hang zum Extremismus.

- Er wird sich wahrscheinlich auch über den Kontakt mit Zeitgenossen freuen, die seine Einschätzung der *Feinde* teilen, ihm Verständnis entgegenbringen, Mut zusprechen - und bereit sind, etwas gegen *den gemeinsamen Feind* zu unternehmen.

Gleiches gilt für andere Denk- und Argumentationsmuster, die für Extremismus typisch sind, z.B. die Überhöhung der eigenen Gemeinschaft oder Gruppe:

- Wer im Rahmen eines Verschwörungsmärchens gelernt hat, Menschen zu entindividualisieren und als *feindliches Kollektiv* zu sehen und abzulehnen, dem fällt es leicht, sich selbst als Teil eines (Opfer-)Kollektivs zu betrachten und die im Extremismus typische Überhöhung dieser eigenen Gemeinschaft mitzumachen.

Also: Damit wäre ein erster Einstiegspfad in den Extremismus skizziert, der über Verschwörungskonstrukte führt. Extremistische

Ideologien knüpfen nahtlos an deren bereits akzeptierte Inhalte und Denkmuster an. Sie vertiefen, verschärfen und verhärten diese.

Musik und Rechtsextremismus

Immer wieder heißt es, *der Einstieg in den Rechtsextremismus geschehe oft über die Musik.* Das stimmt - es liegt aber nicht an den Klängen oder am Musikstil, sondern weit mehr an den verschwörungstheoretischen Inhalten.[261] Jugendliche kommen da nicht nur in Kontakt mit einer subkulturellen Szene und bereits anideologisierten Gleichaltrigen, sondern auch mit einer mythischen Welt. Um diese geht es in den Texten der einschlägigen Songs; sie bilden die Brücke zum Extremismus. Wie sieht das aus?

Im starken Kontrast zur nüchternen und ernüchternden Erklärung, sie seien einfach nicht besonders begabte Jugendliche in einer Sinnkrise und im Kampf gegen Hormone, locken bedeutungsschwangere Anspielungen im Liedtext mit Spannung und Abenteuer. Versprechen von Sinn und Tiefe tun ihr Übriges. Dass sie sich darüber aufgenommen fühlen und in einer vermeintlich höherwertigen Gemeinschaft akzeptiert werden und Freundschaften knüpfen, ist dem auch nicht abträglich. Die Musik öffnet dafür die Tür. Dazu ein konkretes Beispiel: Der Text des hoffentlich indizierten Rap-Liedes *Die Weisen von Zion* (2012) bietet eine typisch jugendaffine Mischung aus verschwörungstheoretischem Geraune und esoterischer Fantasy-Welt:

> *ich suche ... nach Odins Speer,*
> *den brachten uns're Urahnen vor Ionen her.*

---

[261] Natürlich ist bei Jugendlichen das Gemeinschaftsgefühl und das mit der Musik verbundene Lebensgefühl auch von Bedeutung. Aber im Gesamtpaket werden die Texte unterschätzt.

Denn ihre Heimatstadt versank einmal im großen Meer.
Sie waren hochgewachsen,
fast so wie Strommasten.
Weiß und blond mit blauen Augen,
sie schleuderten spitze Blitze.
Zeichneten die Nazca-Linien mit ihren Fingerspitzen
In den Sand, ritzten ihre Namen in die Buchenwipfel.
Alles nur Humbug und Spukgeschichten.
Oder könnt' auch nur ein Teil davon wahr sein?
Find die Beweise, zeig sie mir gleich, alles hat Eile, alles nur Schein.
Trug und Lug und Zauberei, Unfug und mal ehrlich.
Bei dem ganzen Hokus Pokus, wer weiß da schon noch was los is?
Egal wie's letztlich ist und egal wie's wirklich war.
Ob Laserschwert, ob Todesstern, ob Teufel, Gott und Jesus.
Was keiner hier bestreiten kann und keiner zu bezweifeln wagt:
Es steh'n ein paar ungelöste Fragen im Raum:
[Kehrreim] Frag die Weisen von Zion, sie antworten nicht.
Frag Familie Rothschild, sie tritt nicht ins Licht.
Frag dich selber, wo der Haken ist, welches Spiel gespielt wird,
welches Ziel fixiert wird.
Wer zieht den Nutzen daraus?[262]

[262] Das Rap-Lied stammt von dem NS-Rapper Makss Damage. 2011 wurde er vom Stalinisten und „glühenden Kommunisten“ zum „Nazi“ und Hitler-Verehrer. Das Lied wurde im Rahmen einer „Hausdurchsuchungs-EP" im Internet zum Download angeboten. Damit machte er sich über die Beschlagnahmung seiner Datenträger bei einer Hausdurchsuchung lustig.

Fantasy und Extremismus

Auch der Einstieg in andere extremistische Phänomenbereiche, z.B. in den Islamismus, beginnt häufig mit Verunsicherung, tiefer Unzufriedenheit mit der Realität und verschwörungstheoretischen Antworten darauf.[263] Gerade Übernatürliches macht einen Teil der Anziehungskraft der ideologischen Antwort aus:

- *Engel, Dämonen (mit allerlei überirdischen Gaben), Hölle, Himmel, betörende Schilderungen des Paradieses - diese Welt wirkt auf manche Jugendlichen faszinierend.*[264]

Das Faible für Fantasy dürfte weit verbreitet sein und ist natürlich weder Folge noch Ursache einer Radikalisierung. Aber: Ideologen nutzen die menschliche Schwäche für manichäische Märchenwelten und einfache Erklärungen, um insbesondere Jugendliche zu ködern. Dabei funktionieren Verschwörungsmärchen als Türöffner und helfen bei den ersten Schritten hinein in die extremistische Ideologie.

---

[263] Siehe zum Beispiel den Bericht über die salafistische Radikalisierung zweier deutscher Jugendlicher: **ZEIT Magazin:** *Der Junge, der in den Krieg ging.* www.zeit.de/zeit-magazin/2015/19/islamischer-staat-rueck-kehrer-rekrutierung/seite-2. Gesichtet Dezember 2015.

[264] **BPB,** 22.10.2014: Ahmad Mansour: *Salafistische Radikalisierung – und was man dagegen tun kann.* www.bpb.de/politik/extremismus/is-lamismus/193521/salafistische-radikalisierung-und-was-man-dagegen-tun-kann. Gesichtet am 10. 5. 2015.

Schwarzmalerei, Angstmacherei und Utopien

Neben Musik und Fantasy gibt es einen dritten Aspekt, der ein Andocken extremistischer Ideologien an Verschwörungskonstrukte leicht macht: Die Utopie als Antwort auf Schwarzmalerei und Angstmacherei. Was heißt das? Wie gesehen, skizzieren viele Verschwörungskonstrukte eine bedrohliche und beängstigende Welt. Auch im materiellen Wohlstand lässt sich die Wirklichkeit propagandistisch verfinstern. Reale Bedrohungen, mit denen die Menschen selbst in glücklichsten Zeiten leben müssen, werden grotesk vergrößert und positive Dinge ausgeblendet:

- *Wir erleben derzeit das Ende Deutschlands, wir stehen kurz vor einem Bürgerkrieg, es ist das Ende der bisherigen Welt ...*

Wer sich so durch Verschwörungskonstrukte beeinflussen lässt, ist in aller Regel auch anfällig für die sehr simplen Antworten der Ideologien auf diese dunkelschwarze Problemlage. Wer sich bedroht fühlt, sucht nach Auswegen und Lösungen - und die bieten Ideologien mit ihren auf den ersten Blick sehr attraktiven Utopien und Heilsversprechen. Diese strahlen umso heller, je düsterer, wirrer und unübersichtlicher die Wirklichkeit ist bzw. gezeichnet wird. Die Utopien vom *Dritten Reich,* der kommunistischen Idealgesellschaft oder des IS sind bekannte Beispiele und eindringliche Warnung zugleich.

Also: Verschwörungskonstrukte dienen oft als Einstieg in den Extremismus. Extremistische Ideologien knüpfen an deren bereits akzeptierte Inhalte und Denkmuster an und vertiefen, verschärfen und verhärten diese. Dabei spielen attraktive „Verpackungen“ eine wichtige Rolle: Musik, Fantasy oder eine utopische Idealwelt.

Radikalisierungsverstärker

Die Funktion von Verschwörungskonstrukten im Extremismus beschränkt sich nicht auf den Einstieg. Eine bereits ideologisierte Person kann durch sie noch weiter radikalisiert werden. Verschwörungskonstrukte bieten nämlich etwas, was der Ideologie im Allgemeinen fehlt und das wir schon aus Kapitel 9 kennen: Den Dringlichkeitsfaktor. Während z.B. die rechtsextremistische Ideologie grundsätzlich von einer *Degenerierung des Volkes durch Vermischung* ausgeht, sagt das zugehörige Verschwörungsmärchen:

- *Wir sind die letzte Generation, die den Untergang unserer Völker noch aufhalten kann.*[265]

- *In ihrer politischen Propaganda inszenieren sie sich als die ‚letzte Generation', die den ‚Großen Austausch' der Bevölkerung und damit auch der europäischen Kultur/Identität noch aufhalten und damit das Abendland vor dem Untergang bewahren könne.*[266]

Der typische *fünf-vor-zwölf-Moment* von Verschwörungskonstrukten verschärft also das in jeder Ideologie latent vorhandene Bedrohungselement.

---

[265] **DerStandard**, 11. 4. 2019: *Die Gefährlichkeit der Identitären: Gewalt der Worte.* https://www.derstandard.at/story/2000101112578/die-gefaehrlichkeit-der-identitaeren-gewalt-der-worte.

[266] Judith Goetz: *‚Der große Austausch' - Rechtsextreme Reproduktions- und Bevölkerungspolitik am Beispiel der ‚Identitären'.* In: **Budrich Journals, Femina Politica.** 2020/2, S. 40.

Verschwörungskonstrukte immunisieren Ideologien außerdem, wenn diese - wie so oft - an der Realität zu scheitern drohen. Die Realität wird nach bekanntem Muster umgedeutet:

- **Das Problem:** Die NATO griff in den Jugoslawienkriegen zugunsten der bosnischen Muslime ein. Das widersprach klar der von Islamisten gehegten Vorstellung eines radikal islamfeindlich gesinnten Westens.

Wie kann dieses Feindbild NATO beibehalten werden? Zunächst durch Ausblenden und Ignorieren aller gegenteiligen Informationen, was immer wieder erstaunlich gut funktioniert. Erst wenn man den Fakten nicht mehr aus dem Weg gehen kann, benötigt man Verschwörungstheorien als *deus ex machina*: Man postuliert eine Verschwörung hinter der Rettungsaktion der NATO! Im konkreten Fall greift das bereits ausführlich erläuterte Prinzip der negativen Unterstellung:

- **Die Lösung:** Das eigentliche Ziel der NATO sei nicht die Beendigung des Krieges, sondern die Kontrolle über die von Muslimen bewohnten Gebiete. Es gehe darum, die muslimische Gemeinschaft zu verwestlichen und so zu zerstören.

Aus einer Unterstützung durch die NATO wird so eine Bedrohung konstruiert. Damit schützen Ideologen nicht nur ihre Ideologie, sondern errichten zudem eine Drohkulisse, die im Extremfall als Notwehrsituation wahrgenommen wird. Womit dann auch Gewalttaten legitim wären ...

Mit welchem Zynismus Verschwörungsgauner dabei immer wieder vorgehen, soll ein Zitat des glühenden Antisemiten Horst Mahler illustrieren:

- *Sie* [Anm.: die Juden] *arbeiten bewußt an der Zersetzung der Volksgeister und erstreben die Herrschaft über die Völker. Deshalb sind auch die Protokolle der Weisen von Zion – auch wenn es sich dabei um eine Fälschung handelt – authentische Zeugnisse des jüdischen Geistes.*[267]

Mahler offenbart hier zweierlei: Tradierte antisemitische Fälschungen und Lügen sind ihm, erstens, als solche bewusst. Das hält ihn jedoch nicht davon ab, sie trotzdem für seine Propagandazwecke zu nutzen. Zweitens „gelingt" ihm die Rettung seiner Ideologie mit einem grotesken Winkelzug, den er nicht einmal zu verschleiern für nötig hält.

Schutz der extremistischen Ideologie

Verschwörungskonstrukte sind nicht nur Türöffner und Radikalisierungsverstärker. Sie erfüllen darüber hinaus eine doppelte Schutzfunktion für extremistische Ideologien:

- Intern helfen sie, Zweifel und Widersprüche zu beseitigen.

- Extern wird jede Kritik durch Verschwörungskonstrukte neutralisiert.

Intern dienen Verschwörungskonstrukte dazu, Widersprüche in der Ideologie aufzulösen, Störgefühle auszubügeln (kognitive Dissonanz), den Realitätscheck auszuhebeln, sperrige Daten und Belege wegzuerklären und Lücken in der Ideologie zu überbrücken. Dabei spielt ein vages Feindbild eine wichtige Rolle. Ein historisches Beispiel illustriert alle diese Faktoren auf einmal:

---

[267] **Jahresbericht des Bundesamtes für Verfassungsschutz**, 2005. https://verfassungsschutzberichte.de/berichte.

- Die Nationalsozialisten hatten kein Problem damit, Juden auf allen Seiten des Klassenkampfes und der Gesellschaft zu verorten: Von den raffgierigen Kapitalisten bis zu den kommunistischen Agitatoren. Die *jüdische Weltverschwörung* war allumfassend und allgegenwärtig.[268]

Man unterstellte den Juden damit, gezielt Zwietracht zu säen und Kriege anzufachen, immer mit dem Ziel dem deutschen Volk zu schaden und es zu zerstören. Nebenbei zeichneten die Nazis so die in Wirklichkeit sehr heterogene jüdische Minderheit von weniger als 1% der Bevölkerung als ein einheitlich agierendes und bedrohliches Kollektiv. Das Gespür für Widersprüche kann also mit Hilfe eines vagen Verschwörungskonstruktes ausgeschaltet werden. Vagheit kann aber auch hilfreich sein, um mehr Personen anzusprechen:

- Die Nationalsozialisten hatten kein Problem damit, mithilfe des alten Vorwurfs des Christusmordes gegen Juden zu agitieren und gleichzeitig dem Christentum die Schwächung der germanischen Rasse vorzuwerfen.

Die Nazis appellierten also mit Erfolg sowohl an alte (christlich begründete) antijüdische Ressentiments als auch an romantische (esoterisch begründete) antichristliche Gefühle. Wie passt das zusammen? Mit Hilfe von Verschwörungskonstrukten um vage Feindbilder, in denen Juden mit allen erdenklichen Tricks und Machenschaften versuchen, die *Arier* zu vernichten - mal in Form einer *artfremden* Religion, mal durch Tötung des jüdischen (!)

---

[268] Das sogenannte *Marx-Rothschild-Theorem*. Dazu Michael Butter: **Nichts ist, wie es scheint.** Berlin, 2018, S. 164.

Religionsgründers. So, und das war aus Sicht der Verschwörungsgauner in der NS-Elite sicher ein gewichtiger Punkt, erreicht man ganz einfach mehr Leute: Sowohl die christlich geprägten als auch die *germanischen Esoteriker*.

Kritik von außen wird neutralisiert, indem der Kritiker einfach in das Verschwörungskonstrukt integriert wird. Man muss ihn nicht einmal der Lüge bezichtigen, wenn es ausreicht, ihm verschwörerische Absichten zu unterstellen:

- Wenn im Iran Millionen Menschen gegen das Regime auf die Straße gehen, widerspricht das der offiziellen Ideologie, die Islamische Republik sei das gerechteste System der Welt. Also werden Demonstranten kurzerhand zu *Agenten des Westens* und dessen Dauerverschwörung erklärt.

- Als Millionen Syrer vor dem IS flohen, widersprach das der Propaganda vom einzig wahren und real existierenden Islam als attraktivster Gesellschaftsordnung. Also mussten die Fliehenden als *Verräter*, als *unechte Muslime* und, wenig überraschend, als *Agenten des Westens* gebrandmarkt werden, die eine Spaltung der *umma* herbeiführen wollten.

Rechtfertigung extremistischer Gewalttaten

Da der *Feind* in Verschwörungskonstrukten in aller Regel als übermächtig und aggressiv gezeichnet wird, befindet man sich mental schnell in einer vermeintlichen Notwehrsituation. Das wiederum führt leicht zu der bekannten Täter-Opfer-Umkehr.[269] Eine Notwehrlage aber rechtfertigt Verteidigung, auch mit Gewalt. Nach diesem Muster deuten Extremisten ihre Gewalttaten immer wieder mit Hilfe passender Verschwörungskonstrukte um:

- Der 11. September aus Sicht der Jihadisten? **Notwehr** gegen den amerikanischen Imperialismus und den eingebildeten westlichen Krieg gegen den Islam.

- Brennende Flüchtlingsheime aus Sicht der rechtsextremistischen Brandstifter? **Notwehr** gegen die angebliche *Flutung mit Fremden*, gegen den *Volkstod* oder den *Großen Austausch.*

- Brennende Autos und zerschlagene Scheiben? **Notwehr** gegen die Gentrifizierung und deren neoliberale Strippenzieher.

- Das Anzünden von 5G-Masten? **Notwehr** gegen die staatliche Verbreitung des Coronavirus und die damit einhergehende Zwangsimpfung zum Zweck des Chippens.

Das Verschwörungskonstrukt liefert also ein emotional geladenes und aggressives Feindbild, zeigt wer die Opfer dieser Feinde sind und liefert so die moralische Rechtfertigung für vermeintliche Notwehr- oder Nothilfeaktivitäten der Extremisten. Dabei funktioniert es oft wie „emotionale Scheuklappen". Was heißt das? Meine ersten Auswertungen von Terroristen-Festplatten vor vielen Jahren haben mich, Judith Faessler, zunächst überrascht, dann aber zu wichtigen Einsichten geführt:

---

[269] George Kent: *Blaming the Victim, Globally.* https://web.archive.org/web/20031228201338/http://www.un.org/Pubs/chronicle/2003/issue3/0303p59.asp. **Wikipedia:** *Täter-Opfer-Umkehr.* https://de.wikipedia.org/wiki/T%C3%A4ter-Opfer-Umkehr.

- Es waren kaum ideologische Schriften zu finden. Es gab aber unzählige Dateien, die das Leid der Muslime weltweit in detaillierten und emotionalisierenden Darstellungen zum Gegenstand hatten.

Dieses Leid gibt es, kein Zweifel. Aber das Besondere daran war:

- Das Leid von Nichtmuslimen sowie die Gewalt von Muslimen wurden konsequent ausgeblendet!

Das zeigt: Um zu terroristischen Gewalttaten zu aktivieren, ist die Überzeugung von Unrecht und Gewalt gegen die eigene Identifikationsgruppe wichtiger als Hasstiraden gegen den Feind! Diese *Tränendrüsen-Formate* aktivieren Selbstmitleid, welches wiederum Mitgefühl abschwächt oder ganz ausschaltet.[270] Tatsächlich finden wir in gewaltlegitimierenden Texten sehr oft im Rahmen eines Verschwörungskonstruktes das gesamte Arsenal an Selbstmitleid und Selbstviktimisierung in Kombination mit einer ausweglosen Notwehrsituation. Ein sehr anschauliches Beispiel ist die Schilderung eines rechtsterroristischen Anschlags in dem Standardwerk der rassistischen *White-Supremacy*-Bewegung, den Turner Diaries:

- *Gestern haben wir den ganzen und heute fast den ganzen Tag die Berichterstattung am Fernseher verfolgt, wie die Rettungsmannschaften dabei waren, die Toten und Verletzten aus dem Gebäude zu bringen. Es ist eine schwere Last der Verantwortung, die wir da zu tragen haben, denn die meisten der Opfer unseres Bombenanschlags waren auch nur Schachfiguren, von*

---

[270] Arno Gruen: **Der Kampf um die Demokratie: Der Extremismus, die Gewalt und der Terror.** Stuttgart, 2002.

denen die meisten dem System mit seiner kranken Philosophie und seinen rassenzerstörerischen Zielen auch nicht mehr angehörten als wir. Aber es gibt keinen anderen Weg das System zu zerstören, bevor es uns zerstört – wenn wir dieses Krebsgeschwür nicht aus unserem gesunden Fleisch herausschneiden – wird unsere ganze Rasse aussterben. Wir haben uns darüber schon vorher oft Gedanken gemacht, aber wir sind alle fest davon überzeugt, daß das was wir tun, gerechtfertigt ist, wenn wir auch bedauern, daß unsere eigenen Mitmenschen auf Grund unserer Aktionen so stark zu leiden haben. Aber alles kommt ja nur deswegen, weil die Amerikaner so viele Jahre hindurch nicht willens waren, unangenehme Entscheidungen zu treffen. Nur dadurch sind wir jetzt dazu gezwungen, Maßnahmen zu ergreifen, die in der Tat hart sind. Und ist das nicht der Schlüssel zu dem ganzen Problem? Die Verdorbenheit, die unsere Menschen durch die jüdisch-liberale-demokratische Gleichheitspest befallen hat, wird am deutlichsten in unserer Schwachköpfigkeit und der mangelnden Bereitschaft, die zwingenden Tatsachen anzuerkennen.[271]

Hier soll glasklar das Mitleid der Leser von den Opfern auf die Täter umgelenkt werden! Selbstmitleid verhindert die empathische Wahrnehmung des Leids, das man anderen zufügt und verschafft dem Täter auch auf der Gefühlsebene die Bestätigung, zu seinen Taten berechtigt zu sein. Das Motto:

- Verantwortlich sind *die Anderen, das System*, die einen zu dem Anschlag *zwingen*.

---

[271] Andrew MacDonald: **The Turner Diaries. A novel.** Der Roman ist seit 2006 durch die Bundesprüfstelle für jugendgefährdende Medien indiziert.

Und wenn das Leid der Betroffenen doch wahrgenommen wird, dann wird eine höhere Sache angeführt, durch die es in den Schatten gestellt und relativiert wird: Es sei alles eine Frage der Abwägung, wobei es um nichts weniger als um das eigene Überleben geht. In den Turner Diaries ist das *Notwehr gegen die Auslöschung der eigenen Rasse*.

Die scheinbare Solidarität mit den Unterdrückten kommt dabei einem gut verschleierten Selbstmitleid gleich. Dieselben, die sich so überaus empathisch gegenüber dem *Eigenen* zeigen, erweisen sich als seltsam gefühlskalt gegenüber anderen Menschen, insbesondere, wenn diese dem *Feind* zugerechnet werden:

- Berichte über die Rheinwiesenlager wühlen den Rechtsextremisten und selbst ernannten „Volkslehrer" Nerling bis zu Tränen auf, während er zynisch gegenüber dem Leid Fremder bleibt.[272]

- Ein Mantra von Jihadisten lautet: *Wenn eine Mutter in Somalia schreit, so schreit unsere Mutter. Wenn eine Schwester im Irak weint, so weint unsere Schwester. Wenn ein kleines Kind in Tschetschenien blutet, so blutet unser Kind.*[273]

Das Mitleid reicht allerdings nicht für ihre Opfer - wie schon damals bei der RAF. Nach der Ermordung Hanns Martin Schleyers ließ diese verlauten:

---

[272] https://volkslehrer.info/videoarchiv/y599f6993hit6qgi5d6e45uzs9kug. Gesichtet am 13. 9. 2019.
[273] Videos und Schriften im Besitz von Judith Faessler. Zum Teil nicht bzw. nicht mehr öffentlich verfügbar.

- *Wir haben nach 43 Tagen Hanns Martin Schleyers klägliche und korrupte Existenz beendet ... Für unseren Schmerz und unsere Wut über die Massaker in Mogadischu und Stammheim ist sein Tod bedeutungslos.*[274]

Also: Verschwörungskonstrukte können sehr gut eingesetzt werden, um Rechtfertigungen für extremistische Gewalttaten zu liefern. Sie erzeugen scheinbare Notwehrsituationen, lenken vom Leid der Opfer ab und machen diese sogar zu Tätern.

Brücke zum bürgerlichen Spektrum

Verschwörungskonstrukte haben, wie bereits erläutert, eine ganz wichtige Eigenschaft, die in ihrer Vagheit wurzelt: Sie sind interpretationsoffen und können daher auch an unterschiedliche, bisweilen konträre Ideologien anknüpfen. In manchen Fällen fungieren sie sogar als Klammer zwischen eigentlich Unvereinbarem! Das birgt enormes Schadenspotential, denn Verschwörungskonstrukte und ihr Bedrohungsszenario schieben gezielt eigentlich sinnvolle Bedenken in den Hintergrund:

- Wer an ein Verschwörungskonstrukt glaubt, hat weniger Berührungsängste mit Extremisten und weniger Hemmungen, um gemeinsam mit Extremisten zu handeln - selbst wenn deren Ideologie konträr zur eigenen Überzeugung ist.

Dieses erstaunliche Phänomen haben wir in Kapitel 2 bereits ausführlich analysiert: Im Rahmen der Querschwurbler-Demos marschierten z.B. politisch eher linksgerichtete Bürger gemeinsam mit Personen aus dem Spektrum, das als *rechtsaußen* bezeichnet wird.

---

[274] Stefan Aust: **Der Baader-Meinhof-Komplex.** München, 1998, S. 646.

Dabei ist uns folgender Punkt sehr wichtig: Diesen Bürgern kann und sollte man ohne exzellente Begründung keine extremistischen Überzeugungen unterstellen!

Die Erklärung für diese gemeinsamen Auftritte ist, wie gesehen, ein gemeinsames *Feindbild Aufklärung* bzw. einzelne seiner Facetten. Und ein griffiges Feindbild verbindet - auch über ideologische Grenzen hinweg. Diese Eigenheit von Verschwörungskonstrukten haben Ideologen natürlich schnell erkannt und nutzen sie geschickt, um ihre Durchschlagskraft zu erhöhen: Extremisten werden so in gewisser Weise „sozial eingemeindet", ihre Ansichten und ihr Weltbild ein Stück weit normalisiert. Extremisten sind gut darin, für sie nutzbare „Verschwörungsthemen" zu erkennen, die gesellschaftlich relevant sind. Das sind Themen mit Feindbildern und hohem Emotions- und Angstpotential, wie Impfen (Injizieren unbekannter Substanzen), Krankheiten, Ernährung (Vergiftung), Klima und Umwelt (Bedrohung der Lebensgrundlagen), Kinder (Missbrauch) usw.

Sie nutzen diese prima facie unverfänglichen Themen als trojanische Pferde für ihre Ideologie. Aktuell liegt es nahe, auf den Zug der Klimabewegung aufzuspringen.[275] Hier verbinden sie die Angst vor dem Klimawandel mit der Systemfrage, um die es ihnen eigentlich geht. Und da Menschen in bedrohlichen Situationen weniger besonnen reagieren, sind sie auch offener für drastische und eben auch extremistische Forderungen.

- Wem es gelingt, die verbreitete Angst vor Übergriffen auf Kinder in Hass auf den Staat zu kanalisieren, der dies angeblich zu verantworten habe, der hat schon Anhänger geködert.

---

[275] Kluge (!) Aktivisten erkennen solche Versuche und distanzieren sich konsequent davon.

- Islamisten ist es bei einer breiten Anhängerschaft gelungen, die Aufklärung als etwas Westliches, Imperialistisches und damit Feindliches zu diffamieren. Kurioserweise erhalten sie dabei auch noch Schützenhilfe von westlichen Postkolonialisten.

Klammer zu anderen Extremismen

Das immer wieder erstaunliche Miteinander verschiedener Extremismen mündet selten in die Querfrontträume eines Jürgen Elsässer, wohl aber in strategische, temporäre und themenbezogene Kooperationen: Islamisten und Rechtsextremisten, Islamisten und Linksextremisten, selbst Rechts- und Linksextremisten, religiöse mit nationalistischen Extremisten ... Meistens steckt ein gemeinsames Feindbild dahinter. Sehr häufig sind das *die Juden* oder Israel.[276]

Belegt sind regelmäßige Kontakte und Solidaritätsbekundungen der NPD zu Islamisten.[277] Öffentlich aufgefallen ist das erstmals bei einer Veranstaltung der islamistischen und in Deutschland seit Januar 2003 verbotenen Hizb ut-Tahrir (Partei der Befreiung) in der Berliner TU im Jahre 2002: Der damalige NPD-Chef Udo Voigt hatte dabei eine Rede gehalten.[278]

---

[276] Judith Faessler: *Islamismus und Rechtsextremismus: Wechselseitige Perzeptionen, Konfrontationen und Kooperationen.* In: **Totalitarismus und Demokratie 11** (2014). Heft 1, S. 73-94.

[277] **Spiegel,** 23. 8. 2006: *NPD-Kontakte zu Islamisten.* https://www.spiegel.de/politik/deutschland/terror-npd-kontakte-zu-islamisten-a-433256.html. Gesichtet im Januar 2022.

[278] **Tagesspiegel,** 29. 10. 2002: *Empörung über Islamisten-Treffen in der TU.* https://www.tagesspiegel.de/berlin/emporung-uber-islamisten-treffen-in-der-tu-941218.html.

Die Grundlage für diese Kooperationen findet man nicht in gemeinsamen letzten Zielen oder in einer geteilten Vision, sondern im gleichen Feindbild. In diesem Fall ist das die radikal antiamerikanische und antijüdische Ausrichtung beider Organisationen. So wertete die NPD das Verbot der Hizb ut-Tahrir als *symbolische Ergebenheitsgrüße an die USA und Israel.*[279] Besonders deutlich wurde das bei der sogenannten *Holocaustleugner-Konferenz* in Teheran im Jahr 2006, an der neben Islamisten auch deutsche Neonazis und selbst fünf Mitglieder der jüdischen (!) ultra-orthodoxen Neturei Karta aus den USA teilnahmen. Sie alle einte das *Feindbild Israel*, die Ablehnung seines Existenzrechts. Selbstverständlich nicht auf argumentativer Basis, sondern aus den jeweiligen Verschwörungskonstrukten heraus. Auch eine Reise in den Iran im Jahr 2012 dokumentiert die Kooperation deutscher Verschwörungstheoretiker und Rechtsextremisten mit schiitischen Islamisten.[280]

Derartige „Verschwörungs-Überlappungen" sind keine Seltenheit: Bekannt und offensichtlich ist die Überschneidung zwischen der Neuen Linken und der Neuen Rechten. Letztere orientiert sich z.B. ganz wesentlich und explizit an Schriften des marxistischen Philosophen und italienischen Kommunisten Antonio Gramsci. Es ist auch kein Zufall, dass ein maßgeblicher Vordenker der Neuen Rechten, Alain de Benoist, regelmäßig in TELOS, dem Theorieor-

---

[279] **Landesamt für Verfassungsschutz Hamburg,** 4. 4. 2003: *Rechtsextremisten unterhalten weiterhin Kontakte zu Mitgliedern von "Hizb ut-Tahrir".* https://www.hamburg.de/innenbehoerde/archiv/231958/rechtsextremisten-kontakte-hizb-ut-tahrir-artikel/.

[280] Judith Faessler: *Islamismus und Rechtsextremismus: Wechselseitige Perzeptionen, Konfrontationen und Kooperationen.* In: **Totalitarismus und Demokratie,** 11 (2014) 1, S. 92.

gan der US-amerikanischen Neuen Linken publiziert. Und genauso verbinden Verschwörungskonstrukte nicht nur die unterschiedlichen Lager, sondern werden auch vom einen zum anderen transferiert.

Politisch sehr verschieden und „bunt“ sind auch die zahlreichen Gruppierungen der Globalisierungs-, Kapitalismus- und Systemgegner. Gemeinsamkeit stiften auch hier Verschwörungskonstrukte:

- Im Januar 2003 inszenierten linke Globalisierungsgegner beim Davoser Weltwirtschaftsgipfel einen Tanz von *Kapitalistenschweinen* um das Goldene Kalb, unter ihnen eine Darstellung Donald Rumsfelds (damals Vereidigungsminister der USA) mit einem gelben Judenstern an der Brust.[281]

Auch der nicht seltene und für Außenstehende meist sehr überraschende Wechsel zwischen Ideologien (*Ideologie-Hopping*) beruht häufig auf dem gemeinsamen Feindbild eines Verschwörungskonstruktes:

- *‚MaKss Damage‘, der seit 2008 in der Hip Hop-Szene aktiv ist, verstand sich zunächst als „Stalinist“ und „glühender Kommunist“ und provozierte in linken Zusammenhängen mit sexistischen und antisemitischen Liedtexten. So rappte er 2010 im Lied ‚Arabisches Geld‘: ‚Ich leite Giftgas lyrisch in Siedlungen, die jüdisch sind‘. Medienwirksam wechselte ‚MaKss Damage‘ 2011 die Fronten: Gemeinsam mit dem NS-Rapper ‚King Bock‘ produzierte er das Lied ‚Die Faust geht zum Kopf‘, in dem er*

---

[281] Hanno Loewy: *Der Tanz ums „goldene Kalb“*. In: Hanno Loewy (Hg.): **Gerüchte über die Juden. Antisemitismus, Philosemitismus und aktuelle Verschwörungstheorien.** Essen 2005, S. 9.

seine antisemitischen Einstellungen unter dem Getöse von Gewehrschüssen vertonte.[282]

Also: Das verbindende und verknüpfende Element bei Kooperationen, Konversionen usw. über Ideologiegrenzen hinweg, sind immer wieder Verschwörungskonstrukte. Sie übernehmen die Funktion einer Klammer zwischen unterschiedlichen Extremismen. Welche Gefahr sich daraus ergeben kann, zeigen zahlreiche historische Beispiele: Allen voran die mit der *jüdischen Weltverschwörung* aufgeladene Dolchstoßlegende, ohne die nicht nur die Machtergreifung der NSDAP, sondern auch der Holocaust nicht zu rekonstruieren ist.

Zusammenfassung Kapitel 12

In diesem Kapitel erklären wir, wie Verschwörungskonstrukte mit dem Extremismus zusammenhängen, welche Rolle sie dabei oft spielen. Das ist unverzichtbar, um ein realistisches Bild ihres Gefahrenpotentials zu bekommen.

Einstieg in den Extremismus

- Wer bereits an ein Verschwörungskonstrukt und dessen Feindbild glaubt, bestimmte Denkmuster angenommen hat, ist prinzipiell offen für extremistische Ideologien und deren radikale „Lösungsansätze“. Diese knüpfen nahtlos an verschwörungstheoretische Inhalte und Denkmuster an.
- Sie vertiefen, verschärfen und verhärten diese. Dabei spielen attraktive „Verpackungen“ eine wichtige Rolle: Musik, Fantasy oder eine utopische Idealwelt.

---

[282] **Belltower.News,** 28. 8. 2017: Timo Büchner: *Über „MaKss Damage“ und seinen Antisemitismus.* https://www.belltower.news/ueber-makss-damage-und-seinen-antisemitismus-45238/.

Radikalisierungsverstärker

- Eine bereits ideologisierte Person kann durch Verschwörungskonstrukte noch weiter radikalisiert werden. Sie bieten nämlich etwas, was der Ideologie im Allgemeinen fehlt: Den Dringlichkeitsfaktor.
- Verschwörungskonstrukte immunisieren Ideologien, wenn diese - wie so oft - an der Realität zu scheitern drohen. Die Realität wird nach bekanntem Muster umgedeutet: *Es ist nicht so, wie es scheint ... in Wirklichkeit steckt eine perfide Verschwörung dahinter!*

Schutz der extremistischen Ideologie

Verschwörungskonstrukte erfüllen für Ideologien oft eine doppelte Schutzfunktion:

- Intern helfen sie, Zweifel und Widersprüche zu beseitigen.
- Extern wird jede Kritik durch Verschwörungskonstrukte neutralisiert.

Rechtfertigung extremistischer Gewalttaten

Verschwörungskonstrukte können sehr gut eingesetzt werden, um Rechtfertigungen für extremistische Gewalttaten zu liefern.

- Da der Feind in Verschwörungskonstrukten in aller Regel als übermächtig und aggressiv gezeichnet wird, befindet man sich mental schnell in einer vermeintlichen Notwehrsituation.
- Verschwörungskonstrukte lenken vom Leid der Opfer ab und machen diese sogar zu Tätern.

Brücke zum bürgerlichen Spektrum

- Wer an ein Verschwörungskonstrukt und dessen aggressives Feindbild glaubt, hat weniger Berührungsängste mit Extremisten und weniger Hemmungen, um gemeinsam mit Extremisten zu handeln - selbst wenn deren Ideologie konträr zur eigenen

Überzeugung ist: Man hat einen *gemeinsamen Feind* und das verbindet!

Klammer zu anderen Extremismen

- Das verbindende Element bei Kooperationen und Konversionen von Extremisten über Ideologiegrenzen hinweg sind immer wieder Verschwörungskonstrukte.
- Sie übernehmen die Funktion einer Klammer zwischen unterschiedlichen Extremismen und ermöglichen eigentlich „unmögliche" Koalitionen.

Vertiefende Literatur zu Kapitel 12

Louise Richardson: **Was Terroristen wollen. Die Ursachen von Gewalt und wie wir sie bekämpfen können.** Frankfurt am Main, 2007.
Eine lesenswerte Einführung in den Terrorismus.

Ahmad Mansour: **Generation Allah.** Frankfurt am Main, 2015.
Mansour beschreibt anschaulich und lebensnah anhand von Fallbeispielen die Radikalisierung Jugendlicher.

Stefan Aust: **Der Baader Meinhof Komplex.** München, 1998.
Eine journalistisch vorbildliche und ausführliche Innenansicht der RAF, ganz ohne Spekulation und übermäßige Interpretation. Obwohl es nicht explizit um Verschwörungstheorien geht, lernt man hier wie Feindbilder verschärft werden, Eigendynamik entwickeln und wie sich extremistische Weltbilder auf das Handeln auswirken.

Arno Gruen: **Wider den Terrorismus.** Hamburg, 2015.
Ohne psychologischen, soziologischen und sonstigen Fachjargon liefert Gruen sehr spannende Einblicke in die persönlichen Motive von Terroristen. Das kurze Buch bietet darüber hinaus zahlreiche

Anknüpfungspunkte an aktuelle Debatten, z.B. zur Identitätspolitik.

Kapitel 13
Und jetzt: Was tun?

Wir haben ausführlich analysiert, was Verschwörungskonstrukte gefährlich macht, welche Rolle ein aggressives Feindbild dabei spielt und mit welchen Manipulationsstrategien Verschwörungsgauner arbeiten, um schlechte Theorien als gute zu verkaufen. Wir haben die Fragen voneinander getrennt und beantwortet, warum so viele Menschen auf diese Tricks hereinfallen, an Verschwörungskonstrukte glauben und einige davon sogar auf deren Basis handeln. Danach haben wir erklärt, wie man selbst mit hartgesottenen Anhängern von Verschwörungskonstrukten ins Gespräch kommen kann, wenn man bereit ist, die dafür nötige Zeit und Energie aufzubringen. Schließlich ging es um die facettenreiche Rolle von Verschwörungskonstrukten im Extremismus - wir wollten ja auch klären, wie sie sogar zu sehr gefährlichen Waffen werden können. Anders ausgedrückt: Wie ihr Schadenspotential maximal geweckt und abgerufen werden kann.

Was noch bleibt ist die Frage, was wir auf gesellschaftlicher Ebene tun können, um dem Phänomen Verschwörungskonstrukt etwas entgegenzusetzen, Verschwörungsgaunern und -spinnern ihr Handwerk schwer zu machen. Oder:

- Wie können wir das Schadenspotential von Verschwörungskonstrukten eindämmen?

Dabei gilt es selbstverständlich, den normativen Rahmen des liberalen Rechtsstaates und der offenen Gesellschaft zu wahren - gerade sie sollen ja geschützt und gestärkt werden. Zensur, Verleumdung, Niederbrüllen und andere Formen der *Cancel Culture* kommen also nicht in Frage. Wir wollen ja nicht das Kind mit dem Bade ausschütten. Wir haben uns drei Vorschläge überlegt, die gleichermaßen realistisch, vielversprechend und sofort umsetzbar sind.

Die Diagnose: Worum geht es eigentlich?

Es war uns wichtig, Kapitel für Kapitel herauszuarbeiten, dass Verschwörungstheorien bzw. -konstrukte keine besonders eigentümlichen Phänomene sind, keine gesellschaftliche Erscheinung sui generis. Dieser Eindruck wird sehr oft zu erzeugen versucht. Tatsächlich ist er aber schlicht und einfach falsch. Genauso falsch wie der leider in vielen Medien und verwandter „Fachliteratur" übliche, so schrille wie banale Alarmismus oder die manipulative Gleichsetzung aller Verschwörungstheoretiker mit Spinnern oder Verfassungsfeinden.

Verschwörungskonstrukte sind vielmehr eine altbekannte Ausprägung menschlicher Irrationalität auf gesellschaftlicher Ebene. Davon gibt es viele: Homöopathie, das facettenreiche und weite Feld der Esoterik, Religion und Anthroposophie beruhen alle auf denselben Denkfallen, Fehlschlüssen, Scheinargumenten, Manipulationsstrategien und -taktiken. Und die gibt es, seit es Menschen gibt. Es handelt sich um Konstanten der *conditio humana.* Das haben wir Kapitel für Kapitel herausgearbeitet und mit vielen Beispielen belegt.[283] Und gerade weil wir mit Hilfe unserer Vernunft diese intellektuellen Fehlleistungen erkennen und benennen können, können wir uns dagegen wappnen und es besser machen.[284]

---

[283] Zur Erinnerung: Homers Erklärung für den Fall und die Zerstörung Trojas hat sehr viel mit einer Intrige bzw. Verschwörung der Göttinnen Hera und Athene zu tun. Sie waren sauer auf Paris, weil er Aphrodite den goldenen Apfel … usw.

[284] Steven Pinker zeigt überzeugend, dass wir damit tatsächlich auf einem guten Weg sind: **Enlightenment Now. The Case for Reason, Science, Humanism, and Progress.** New York, 2018.

Sind Verschwörungskonstrukte gefährlich? Die Frage ist zu allgemein und ungenau gestellt - wie auch die folgenden:

- Sind Religionen und Ideologien gefährlich?
- Ist Esoterik gefährlich?
- Ist Anthroposophie gefährlich?

Es stimmt - alle diese Erscheinungsformen unserer Irrationalität haben gewaltiges Schadenspotential. Gerade im Vergleich zu der Blut- und Verwüstungsspur, die Religionen und Ideologien durch die Menschheitsgeschichte ziehen, erscheinen die allermeisten Verschwörungskonstrukte eher wie harmloses Kasperltheater beim Kindergeburtstag.[285] Aber: Wir reden nicht ohne Grund von Schadens*potential.* Dieses wird erst dann gefährlich, wenn es jemand zu realisieren versucht, wenn es aktiviert wird.

Dieses Potential lässt sich in seinen einzelnen Facetten gut und genau beschreiben - darum geht es uns ja. Ob und wie es realisiert wird, hängt aber vom konkreten Einzelfall ab - und der kann in einem Buch wie dem unseren nicht erfasst werden. Auch hier greift die Parallele zur Religion: Niemand wird ernsthaft deren enormes Schadenspotential bestreiten wollen oder können. Daraus folgt aber nicht, dass jeder Gläubige oder jede Religion zu jeder Zeit und unter allen Umständen gefährlich ist. Also: Es kommt in dieser Frage auf den konkreten Einzelfall und die jeweiligen Rahmenbedingungen an. Das Schadenspotential ist da, muss aber realisiert werden. Und natürlich lässt es sich auch eingrenzen oder ganz blockieren.

---

[285] Karlheinz Deschner: **Kriminalgeschichte des Christentums.** 10 Bände. R.J. Rummel: **Death By Government.** New Brunswick, 1994.

Gerade für Religionen haben wir gelernt, ihr Schadenspotential einzudämmen, in den Griff zu bekommen, sie weitgehend zu entschärfen. Das Menschheitsprojekt Aufklärung hat uns gelehrt, wie das geht und die Rahmenbedingungen entwickelt: Das wissenschaftliche Weltbild, den liberalen Rechtsstaat mit seiner Garantie der Würde jeder Person und die Werte der säkularen Kernmoral.[286] Das Schadenspotential der Religionen kann im Rahmen dieser Parameter erfolgreich kontrolliert und weitgehend entschärft werden - bei gleichzeitiger Garantie der Glaubens- und Religionsfreiheit! Wer oder was sonst außer der Aufklärung hat das zu bieten?

Also: Wir haben ein sehr leistungsstarkes Erfolgsmodell im Kampf gegen die Irrationalität und ihre Gefahren. Und die Aufklärung ist es auch, die unsere konkreten Vorschläge inspiriert, wie wir uns als offene Gesellschaft zu Verschwörungskonstrukten stellen sollten.

Systematische Ausbildung im Fach RDEH

Rationales Denken, Entscheiden und Handeln - dafür steht ***RDEH***. Wir plädieren dafür, dieses Fach ab sofort an allen Schulen und in allen Klassen einzuführen! Das ginge tatsächlich sehr schnell: Die Inhalte sind vorhanden, die Literatur ist vorhanden und wenn sich in Politik und Gesellschaft im Deutschland des Jahres 2023 dafür kein Konsens finden lässt: Wofür denn dann eigentlich?

Worum geht es genau? Der Teilbereich **Rationales Denken** deckt das Handwerk und die Kunst des Argumentierens ab. Den Kern liefert die Logik, die uns lehrt, wie gültige Argumente aussehen. Außerdem wäre es wichtig, die Grundlagen der Statistik und

[286] Andreas Edmüller: **Die Legende von der christlichen Moral.** Marburg, 2015.

Wahrscheinlichkeitslehre, weitere sinnvolle Argumentformen wie induktive Argumente, Nutzenargumente oder Plausibilitätsargumente kennen, verstehen und anwenden zu lernen. Auch die dunkle Seite der Macht des Überzeugens sollte studiert und analysiert werden: Scheinargumente, Denkfallen und Manipulationstaktiken. Zahlreiche Beispiele finden sich in diesem Buch.

Ganz wichtig wären in unserem Zusammenhang natürlich auch die Grundlagen der Wissenschaftstheorie, also die Fragen, die in Band 1 im Mittelpunkt stehen: Was ist überhaupt eine Theorie? Woran erkenne ich Pseudotheorien? Wie entwickeln sich Theorien? Wie beurteilt man die Qualität von Theorien? Wann kann ich mich auf Daten und Belege verlassen - und wann nicht? Wie funktioniert eigentlich das Projekt Wissenschaft - und wie nicht?

Schließlich darf auch die normative Seite des Argumentierens und Begründens nicht fehlen: Die Moral- und Staatsphilosophie zeigt uns, wie man im Bereich von Regeln, Rechten, Pflichten, Gesetzen, Werten oder Tugenden vernünftig argumentieren kann und sollte - und wie nicht. Dieser Punkt ist enorm wichtig: Wer glaubt, Moral sei Ausdruck subjektiver Gefühle oder basiere auf Heiligen Schriften bzw. den Befehlen irgendwelcher Gottheiten, der irrt. Er irrt nicht nur, sondern entzieht sich der rationalen Diskussion mit seinen Mitmenschen über diese extrem wichtigen Fragen. Und damit der rationalen Konfliktlösung und Meinungsbildung!

Im Teilbereich **Rationales Entscheiden** geht es darum, wie man Theorien, Meinungen und Überzeugungen in vernünftige und gerechte Entscheidungen überführt. Rationales Denken ist unverzichtbar, um Erkenntnis von Irrtum zu unterscheiden. Rationales Entscheiden zeigt uns, wie wir diese Erkenntnisse für uns selbst, kleine Gruppen wie Familien oder Vereine und große wie den Staat in gute Entscheidungen überführen können. Es geht z.B. darum, zu erkennen mit welcher Art von Entscheidung bzw. welchen

Rahmenbedingungen man es zu tun hat: Entscheidung unter Nichtwissen, unter Risiko oder unter Wissen?[287] Welche rational begründbaren Entscheidungsprinzipien gelten jeweils für diese unterschiedlichen Rahmenbedingungen? Wie entscheide ich in Situationen, in denen ich hin- und hergerissen bin? Wie kommen wir in einer Gruppe zu einer tragfähigen und belastbaren Entscheidung, in der eine enorme Vielfalt an Wünschen, Absichten und Ansichten herrscht? Welche Methoden des Entscheidens sind in einem liberalen Rechtsstaat, einer offenen Gesellschaft, einer Demokratie angebracht - und welche nicht?

Erkennen und Entscheiden liefern das Fundament - aber letztlich kommt es auf unser Handeln an:

- *Es ist nicht genug zu wissen, man muss auch anwenden; es ist nicht genug zu wollen, man muss auch tun!*[288]

Rationales Handeln ist der dritte Baustein unseres Faches RDEH: Worauf ist zu achten, wenn Entscheidungen in Handlungen umgesetzt werden? Worauf kommt es wirklich an, damit man seine Erfolgschancen optimiert? Worauf ist beim Umsetzen der Entscheidungen einer einzelnen Person oder einer Gruppe zu achten? Welche Erfolgsfaktoren sind sicherzustellen? Welche Fallen lauern da auf uns? Was können und sollten wir tun, um den langfristigen Erfolg unseres Handelns sicherzustellen? Welche typischen Hindernisse sind auf dem Weg zum Ziel zu erwarten? Welche Ansätze

---

[287] Ein Anwendungsbeispiel: **Die Offene Gesellschaft**, 4. 7. 2022: *Aufklärung, Liberalismus und Corona.* http://blog.projekt-philosophie.de/liberalismus/aufklaerung-liberalismus-und-corona/.

[288] Goethe. Allerdings wäre anzumerken, dass er kein Freund der Aufklärung war.

gibt es, um diese Hindernisse möglichst zügig und elegant zu überwinden - oder ihnen vorzubeugen? Welche Ansätze funktionieren erfahrungsgemäß nicht - und warum?

Wenn es in unseren Schulen darum geht, Kinder und Jugendliche dabei zu unterstützen, mündige Bürger zu werden und zur Selbständigkeit zu erziehen, dann ist eines glasklar: **Diese Inhalte sind dafür unverzichtbar!** RDEH bildet im Grunde das theoretische Fundament unserer beiden Bände zu Verschwörungstheorien und wenn sie bis hierher gelesen haben, können Sie die nächste Frage leicht beantworten:

- *Was davon haben Sie in der Schule gelernt?*

Die Antwort kennen wir - und genau deshalb plädieren wir für die Einführung des Faches RDEH. Von einem Grundlagenkurs dieser Art würden übrigens auch alle Fakultäten an Fachhochschulen und Universitäten enorm profitieren: Wir staunen immer wieder, wie wenig selbst gestandene Wissenschaftler mit den theoretischen Grundlagen und den methodologischen Prinzipien des Projekts Wissenschaft vertraut sind.

Zur Abrundung eine Liste konkreter Vorteile, die ein Fach RDEH an unseren Schulen bringen würde:

- Alle anderen Fächer würden enorm von diesem Grundlagenfach profitieren.

- Konkrete Beispiele und Fallstudien für den Unterricht liefern unsere gesellschaftlichen Debatten in Hülle und Fülle: Es lässt sich also prima an Themen anknüpfen, die unsere Schüler tatsächlich interessieren und bewegen - soviel zur Motivationsfrage.

- In letzter Zeit ist immer wieder der Ruf nach einem Fach wie Medienkunde zu hören: RDEH wäre dafür die ideale Lösung. Das Material für die konkrete Arbeit im Unterricht liefern täglich neu die (un)sozialen Medien. Genau das brauchen wir doch: Vernünftigen und verantwortungsbewussten Umgang mit Facebook, Twitter & Co!

- Sie erinnern sich an das Phänomen der *rationalen Irrationalität*: Erwerb, Umsetzung oder Anwendung von Wissen und Können unterbleiben, weil es sich nicht lohnt oder prima facie zu mühsam ist. Wenn wir als Bürger die Disziplin RDEH von Kindesbeinen an erlernen und anwenden, wird diese spezielle Thematik weitgehend entschärft. Wer als Kind schwimmen lernt, der kann es, wird es immer wieder gerne tun - daher die ganzen Hallen- und Freibäder - und wird es selbstverständlich auch dann tun, wenn er ins Wasser fällt oder reingeschubst wird! Ähnlich ist es mit Radfahren und rationalem Denken, Entscheiden und Handeln: Wir tun es einfach, wenn wir es einmal gelernt haben und beherrschen.

- Bürger mit dieser Grundausbildung RDEH sind ein wichtiges und eigentlich unverzichtbares Element wirkungsvoller Machtkontrolle im liberalen Rechtsstaat. In diesem Sinne mündige Bürger sind weniger leicht hinters Licht zu führen, zu manipulieren oder mit Pseudolösungen abzuspeisen. Sie erkennen vermutlich auch besser, welche Kandidaten als Abgeordnete in verschiedenen Parlamenten geeignet sind - und welche nicht.

- Abschließend gestatten wir uns, ein bisschen zu träumen: Vielleicht können wir so auch mittelfristig die Tauglichkeit unserer Abgeordneten für ihre komplexen Aufgaben, die Qualität ihrer

Entscheidungen und indirekt auch die Stabilität unseres liberalen Rechtsstaates steigern? Und da wir schon beim Träumen sind: Kritische Nutzer der Medien und Journalisten, denen die Inhalte der Disziplin RDEH vertraut sind - könnte das nicht im Zusammenspiel zu deutlich besseren Medien und einem Rückgewinn an verspielter Glaubwürdigkeit führen? Dazu aber mehr im nächsten Abschnitt ...

Also: Wenn wir wirkungsvoll gegen die weit verbreitete Irrationalität in unserer Gesellschaft und speziell Verschwörungskonstrukte etwas tun wollen, dann sollten wir ganz einfach das Menschheitsprojekt Aufklärung ernst nehmen und nach Kräften stärken. RDEH als Rückgrat und Fundament unseres Bildungssystems wäre dazu ein sehr wirkungsvoller und leicht umsetzbarer Beitrag.

Journalismus und Leitmedien brauchen ein neues Selbstverständnis

- *Eine Studie der Universität Bielefeld ging der Frage nach, inwiefern Kinder und Jugendliche dem Informationsangebot der Medien trauen. Das Ergebnis ist alarmierend: 75,8 % der Jugendlichen misstrauen demnach Zeitungen, 71,6 % misstrauen Journalist*innen generell. Interessant: Das Misstrauen in die Medien ist bei Mädchen erheblich höher ausgeprägt als bei Jungen, bei Jugendlichen höher als bei Kindern.*[289]

Unabhängig von den genauen Zahlen: Die Grundtendenz halten wir für ausgesprochen beunruhigend. In Kapitel 7 haben wir her-

[289] **Mediendiskurs,** 19. 9. 2022: *Jugendliche misstrauen den Medien.* https://mediendiskurs.online/beitrag/jugendliche-misstrauen-den-medien-beitrag-1122/.

ausgearbeitet, warum glaubwürdige Instanzen der Informationsvermittlung und Meinungsbildung für eine offene Gesellschaft so wichtig sind:

- Bürger haben, erstens, sehr oft nicht die Möglichkeiten und Ressourcen für solide Eigenrecherche. Wir sind dafür auf professionell arbeitende und kompetente Leitmedien angewiesen, denen wir vertrauen können.

- Zweitens sind Medien und Journalisten ein zentrales Element wirkungsvoller Machtkontrolle. Sie sollten im Auftrag und in Vertretung der Bürger sicherstellen, dass die Ausübung politischer Macht kritisch begleitet, akribisch analysiert und jederzeit von den Entscheidungsträgern gut, transparent und nachvollziehbar begründet wird.

Umfragen für die Gesamtbevölkerung unterscheiden sich in ihren Ergebnissen zum Thema *Glaubwürdigkeit der Medien* erstaunlich stark.[290] Aber viele zeigen, dass für einen erschreckend hohen Prozentsatz der Bürger diese Glaubwürdigkeit nicht (mehr) gegeben ist. Das deckt sich leider mit der persönlichen Einschätzung der beiden Autoren. Wir sehen dafür zwei wesentliche Gründe:

---

[290] Dazu drei Beispiele: **Infratest dimap:** *Glaubwürdigkeit der Medien.* https://www.infratest-dimap.de/umfragen-analysen/bundesweit/umfragen/aktuell/glaubwuerdigkeit-der-medien/. **Statista,** 13. 12. 2022: https://de.statista.com/statistik/daten/studie/814312/umfrage/glaubwuerdigkeit-einzelner-medien-in-deutschland/. **ZDF,** 14.12.2022: https://www.zdf.de/zdfunternehmen/glaubwuerdigkeit-medien-fernsehnachrichten-104.html.

- Zum einen leiden die allermeisten Medien immer mehr unter Zeitdruck und materieller Ressourcenknappheit. Ihr traditionelles Geschäftsmodell funktioniert in Zeiten des Internet immer schlechter.

Das führt oft zu hastiger, oberflächlicher und schlampiger Recherche, Kompetenzlücken in den Redaktionen und zu immer mehr Journalisten, deren Wissen einfach nicht ausreicht, um ernsthaft komplexe und anspruchsvolle Themen wie z.B. Corona, Klima, Wirtschaft und Finanzen bearbeiten zu können. Das Resultat ist dann unter dem Strich viel zu oft inhaltlich ungenügend.

Das zweite Problem ist unserer Meinung nach des Pudels Kern: Es geht um das Selbstverständnis des Journalismus in einer offenen Gesellschaft. Dieses orientiert sich leider immer weniger an den beiden oben genannten Kernaufgaben einer freien Presse, sondern hat sich gewandelt:

- Sehr viele Medien und Journalisten sehen ihre Aufgabe zunehmend in der Erziehung des Volkes zur richtigen moralischen Gesinnung und in der Vermittlung der Regierungspolitik an das Volk.

Salopp, scharf aber treffend formuliert das der Arzt Thomas Hausen:

- *Die Frage ist in der Tat: Wie bringt man einen Berufsstand wieder dazu, sich an seine eigentlichen Pflichten zu erinnern? Früher waren die Journalisten die kritische Stimme des Volkes. Heute blasen sie nach, was ihnen selbsternannte „Exper-*

ten"/Politiker etc. vorblasen. Wir brauchen sie nicht als Multiplikatoren dieser Menschen, sondern als Revoluzzer der ehrlichen und kritischen Meinung.[291]

Wir hatten und haben diese Diskussion im Rahmen der Flüchtlingskrise, der Klimathematik und der Coronakrise. Sie ist mittlerweile auch in den Leitmedien selbst angekommen.[292] Und genau dort muss sie auch ernsthaft und eindringlich geführt, entschieden und in eine Reform journalistischen Selbstverständnisses umgesetzt werden:

- Wir brauchen die Medien wieder - sie waren es tatsächlich einmal - als (über)kritische Instanzen der Informationsvermittlung und Machtkontrolle. Sie gehören als Wachhund und Aufpasser an die Seite der Bürger, nicht als Gouvernante fürs Volk an die der Politik.

Alle anderen Themen der Debatte um unsere Medien hängen an dieser Frage nach ihrem Selbstverständnis, nach Glaubwürdigkeit und Vertrauen, besser, der Antwort darauf: Aufgaben, Status, Kontrolle und Finanzierung der öffentlich-rechtlichen Medien, Inhalte und Qualität der Ausbildung von Journalisten, Zusammenspiel mit „dem Internet", Umgang mit Skandalen und Inkompetenz, konkrete Zusammenarbeit mit der Politik …

---

[291] Persönliche Mitteilung an Andreas Edmüller, April 2023.

[292] **Spiegel,** 11. 3. 2023: *Wir Coronaversager.* https://www.spiegel.de/politik/deutschland/verbote-in-der-corona-pandemie-wir-corona-versager-kolumne-a-7bdd915e-d9db-4daf-8b09-21fbe49c533a. **NZZ,** 31. 3. 2023: *Flüchtlingskrise und Pandemie: Der Herdentrieb der Medien schadet ihrer Glaubwürdigkeit.* https://www.nzz.ch/meinung/der-andere-blick/corona-und-fluechtlingskrise-das-versagen-der-deutschen-medien-ld.1732546.

Natürlich haben wir eine klare Meinung dazu, was zu tun ist und wie dieser *turnaround* im Selbstverständnis erfolgreich bewältigt werden kann. Dazu ließe sich ein weiteres Buch schreiben, vermutlich sogar zwei. Darum geht es uns hier aber gar nicht. Denn: Diese Übung im rationalen Denken, Entscheiden und Handeln können wir als Bürger zwar von außen anstoßen und begleiten, sie muss aber von unseren Medien und Journalisten selbst durchgeführt und konsequent zu Ende gebracht werden:

- Sie sind für sich und ihre Berufsauffassung selbst verantwortlich. Und für ihre Glaubwürdigkeit.

Das ist wie bei einem Unternehmen, dem die Kunden davonlaufen. Die nötigen Veränderungen müssen aus dem Unternehmen selbst kommen, von seinen Führungskräften und Mitarbeitern.

Die Bewältigung dieser Herausforderung trauen wir unseren Medien zu - auch ohne Gouvernante. Die offene Gesellschaft zeigt nämlich immer wieder erstaunliches Potential zu Problemlösung, Richtungswechsel und Reform - oft im Zickzackkurs, meistens fast zu spät und mit sehr hohem nervlichem Aufwand. Aber: Ihre Erfolgsgeschichte ist beeindruckend. Und warum sollte das ausgerechnet im Journalismus nicht funktionieren?

Also: Wenn wir wirkungsvoll gegen die weitverbreitete Irrationalität in unserer Gesellschaft und speziell Verschwörungskonstrukte etwas tun wollen, dann sollten wir ganz einfach das Menschheitsprojekt Aufklärung ernst nehmen und nach Kräften stärken. Dazu gehören Leitmedien und Journalisten, die sich als Informationsinstanz, als Vertreter und Anwalt der Bürger im Sinne liberaler Machtkontrolle verstehen und das in ihrer täglichen Arbeit konsequent umsetzen. Darin liegt die Verantwortung einer freien Presse, dafür garantiert ihr unsere Verfassung bestimmte Privilegien. Zur

Zeit wird sie dieser Verantwortung nur sehr bedingt gerecht - höchste Zeit, das zu ändern.

Eigenverantwortung: Was kann *ich* tun?

Ohne die Bereitschaft der meisten Bürger zur Übernahme von Verantwortung für das Gelingen der offenen Gesellschaft kann diese nicht funktionieren. Um erhalten zu werden, müssen Freiräume in Eigenverantwortung besetzt und sinnvoll genutzt werden. Freiheit muss geübt und kompetent ausgeübt werden - sonst geht sie schnell verloren!

Es stimmt: Das sind liberale Binsenwahrheiten. Es stimmt aber auch, dass diese zur Zeit nicht besonders gut umgesetzt werden. Was heißt das für unser Thema *Umgang mit Verschwörungskonstrukten*? Zur Veranschaulichung drei Beispiele:

- Falschmeldungen und sogar völlig abstruse Verschwörungskonstrukte verbreiten sich im Internet viel schneller als Wahrheit. Das geschieht aber nicht durch Zauberei, sondern, ganz handfest, weil sehr viele Menschen dabei mitmachen. Das aber heißt, dass entweder aus Bequemlichkeit oder Gedankenlosigkeit eine halbwegs solide Recherche unterbleibt - oder absichtlich eine Lüge, Falschinformation oder unseriöse Theorie verbreitet wird. Muss das wirklich so sein? **Muss man da wirklich mitmachen?**

- *Shitstorms* im Internet bzw. in den sogenannten *sozialen* Medien, *Dissen, Haten und Mobben* funktionieren. Auch früher gab es Rufmordkampagnen, Verleumdung und eine aktive Gerüchteküche. Aber in aller Regel war deren Dynamik, Wucht und Reichweite schwächer: Man hatte viel mehr Zeit, um miteinander, mit Beteiligten, mit potentiellen Verbündeten etc. zu reden, Dinge richtigzustellen, auf Vorwürfe zu reagieren. Der Kreis der Beteiligten war kleiner und überschaubarer. Man konnte diesen Kampagnen auch deshalb leichter entgegentreten, sich ihnen entziehen. Im Internet geschieht alles in Echtzeit, verstärkt durch die Brutalität der Anonymität und vor den Augen „der ganzen Welt". Zusätzlich hat das Netz keine Vergessensfunktion - alles bleibt erhalten und kann jederzeit wieder abgerufen und aufgewärmt werden. Muss das wirklich so sein? **Muss man da wirklich mitmachen?**

- Das Internet erleichtert die Meinungsbildung enorm. Man findet sofort und zu allem „Informationsmaterial", meistens sogar mit hohem Unterhaltungswert und geringen Anforderungen an Konzentrations- und Denkvermögen. Die „Auswertung" dieses Materials geht auch sehr schnell: Bewertungen in Form von Likes oder Sternchen durch andere „Nutzer" werden praktischerweise gleich mitgeliefert. Das Motto: *Wenn 287532 User das glauben und empfehlen, dann muss ja was dran sein!* Tatsächlich orientieren wir uns sehr oft an dem, was andere denken, wie sie die ganze Sache einschätzen und bewerten.[293] Muss das wirklich so sein? **Muss man da wirklich mitmachen?** Denn: Nicht nur Freiheit muss geübt und kompetent ausgeübt werden - gleiches gilt für die Fähigkeit, sich eine belastbare Meinung zu bilden und den Mut, für diese einzustehen.

Also: Wenn wir wirkungsvoll gegen die weitverbreitete Irrationalität in unserer Gesellschaft und speziell Verschwörungskonstrukte etwas tun wollen, dann sollten wir ganz einfach das Menschheitsprojekt Aufklärung ernst nehmen und nach Kräften stärken. Dazu brauchen wir Bürger, die auch im Internet anständig miteinander

---

[293] Rüdiger Maas: **Generation lebensunfähig.** München, 2021.

umgehen, aktives Informations- und Wissensmanagement betreiben und Mut zur eigenen Meinung haben. Für sich selbst hat das jeder von uns in der eigenen Hand.

Unser Fazit: Anstelle einer langen Liste mit 154 Maßnahmen zur Perfektionierung der Welt und zeitnahen Elimination sämtlicher Verschwörungskonstrukte haben wir uns auf drei konkrete Vorschläge konzentriert: Ausbildung in RDEH als Grundlage unseres Bildungssystems, die Renaissance unseres Journalismus und die konsequente Übernahme von Eigenverantwortung in Bezug auf Nutzung des Internets und das eigene Informationsmanagement. Diese drei Dinge lassen sich leicht, schnell und mit hoher Erfolgswahrscheinlichkeit umsetzen: ***Auf geht`s!***